La fascinante historia de la humanidad

1000 hechos intrigantes y 101 momentos históricos insólitos

Índice de contenidos

Primera Parte: Historia de la humanidad

1000 datos interesantes de la humanidad desde la Antigüedad hasta nuestros días

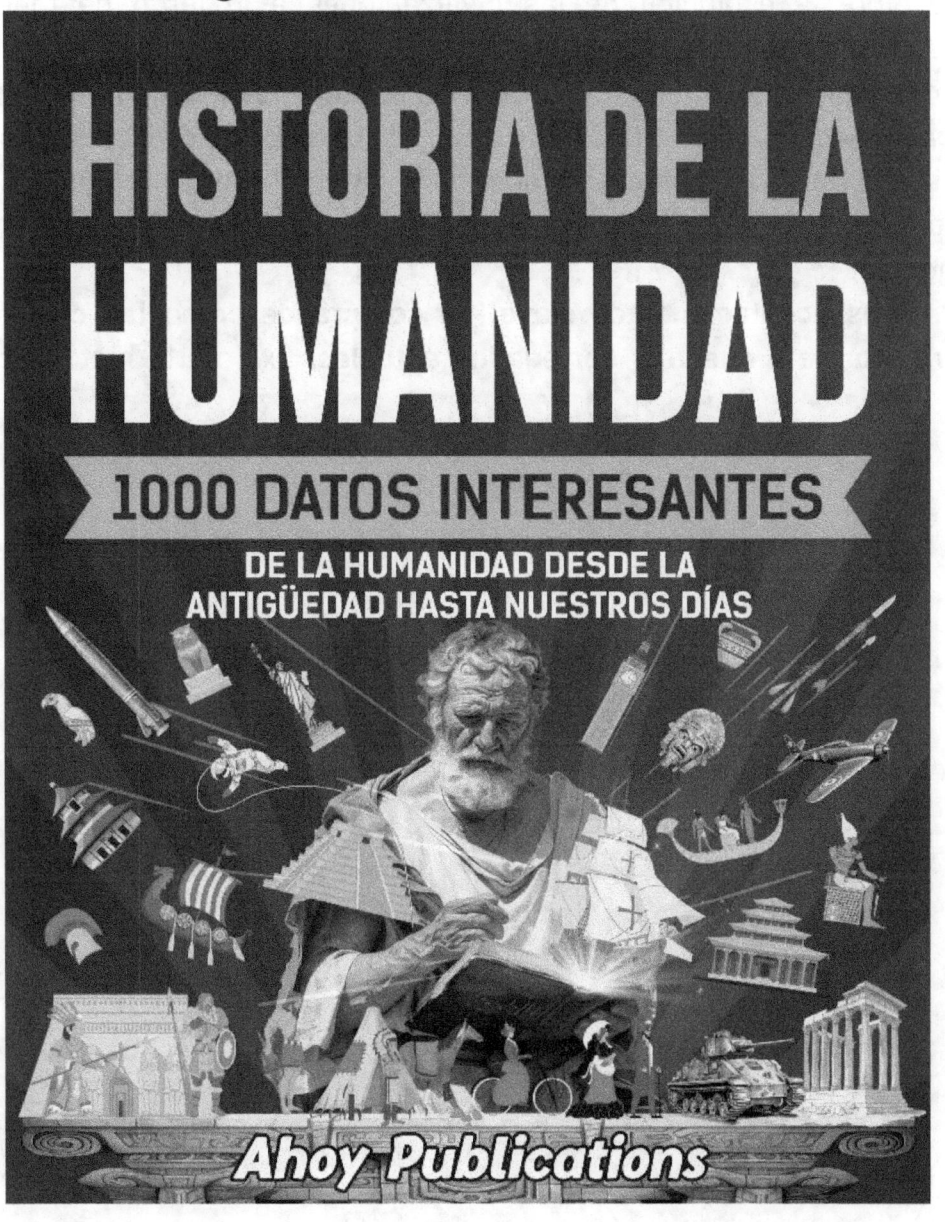

Introducción

Desde tiempos muy antiguos, **la humanidad crea e innova**. Este libro es un viaje **desde los primeros inventos humanos hasta los avances tecnológicos actuales**. Viaje al pasado y explore la evolución de las civilizaciones a lo largo de miles de años, respondiendo a sus entornos y experiencias.

En principio, se examinan algunas de **las primeras innovaciones de la humanidad**, como la **domesticación de animales y la construcción de ciudades y civilizaciones**. Cada siglo de la historia fue testigo de avances y acontecimientos importantes, ya sea el **auge del cristianismo o las invasiones bárbaras**. Estos hitos marcan el camino de la humanidad hacia el progreso.

Al explorar estos acontecimientos clave, se comprende cómo las civilizaciones del pasado dieron forma a nuestras sociedades actuales. Explore la historia de los seres humanos.

Primeras migraciones humanas
(aprox. 200.000 a. C.)

Explore la historia antigua de nuestra especie mientras descubre veinte hechos intrigantes sobre las primeras migraciones humanas durante la Edad de Piedra. Conozca cómo los humanos se desplazaron desde su hogar original **en África** y se adaptaron a entornos diferentes.

1. Los primeros humanos se desplazaban mucho. **Migraban de un lugar a otro en busca de alimentos y recursos.**

2. **La mayoría de las primeras migraciones humanas se produjeron durante la Edad de Piedra,** un período que duró unos 3,4 millones de años y finalizó alrededor del 4000 a. C.

3. **Durante este período, la humanidad viajó a través de África, Europa y Asia, a pie o en barco,** para encontrar nuevos lugares donde vivir.

4. **En algunos casos, los patrones migratorios crearon las primeras conexiones entre diferentes partes del mundo.**

5. **Se utilizaban herramientas de piedra, como hachas de mano y puntas de lanza,** para cazar animales o fabricar armas durante los viajes.

6. **Las pinturas rupestres son quizás la forma más antigua de expresión artística humana.** Las más antiguas datan de hace más de 64.000 años.

7. **Los primeros *Homo sapiens* aparecieron hace unos 300.000 años en el norte de África y posteriormente emigraron a otros continentes.**

8. Algunos de los primeros patrones de migración humana incluían **viajes de África a Arabia y luego a la India.**

9. **Durante este periodo, a medida que los humanos se extendieron por el mundo,** adaptaron sus herramientas y estilos de vida en función de los recursos disponibles en cada lugar.

10. Los hallazgos arqueológicos sugieren que **las primeras migraciones se produjeron a través de vastas extensiones de océano en barcos** o balsas hechas con pieles de animales.

11. Los hallazgos arqueológicos sugieren que **las primeras migraciones se produjeron a través de vastas extensiones de océano en barcos** o balsas hechas con pieles de animales.

12. Se cree que los primeros humanos aprovecharon las capas de hielo y cruzaron un puente terrestre entre las actuales Rusia y Alaska, lo que **les permitió migrar de Asia a Norteamérica**.

13. Además de las nuevas experiencias y adaptaciones, **las primeras migraciones humanas fueron importantes** porque los humanos iniciaron el proceso de alteración de los entornos vitales en diferentes regiones del mundo, lo que dio lugar a distintos resultados ambientales o históricos.

14. **La mezcla de culturas durante este periodo ayudó a las personas a desarrollar diferentes lenguas**, costumbres, creencias y prácticas.

15. **Aunque algunas partes del mundo no fueron exploradas** hasta mucho más tarde (como desiertos o selvas de difícil acceso), **la mayoría de los continentes ya estaban poblados por humanos** hace 15.000 años.

16. **Los patrones migratorios de la Edad de Piedra** siguen influyendo en muchos aspectos de las sociedades actuales, como la distribución lingüística, la genética y las costumbres culturales.

17. **Las pruebas genéticas sugieren que los humanos de Asia y Europa** se cruzaron durante la Edad de Piedra, dando lugar a una mezcla de ancestros en muchas partes del mundo.

18. **Al entrar en contacto diferentes grupos humanos**, se produjeron resultados devastadores, como guerras y la transmisión de enfermedades.

19. **Los análisis de ADN demuestran que los primeros humanos** que vivían en Australia eran muy diferentes a los de África y Eurasia.

20. **Los primeros humanos siguieron migrando y evolucionando**, hasta constituir la especie humana que somos hoy.

Los primeros inventos de la humanidad
(75.000-1000 a. C.)

Este capítulo **explora increíbles inventos de nuestros antepasados entre 75.000 y 1.000 años a. C.** Estos veinte datos fascinantes muestran lo que era importante para los antiguos humanos. **¡Puede que le sorprenda** encontrar muchos inventos que hoy parecen obvios!

21. **Los primeros indicios de herramientas de piedra** datan de hace tres millones de años. Las herramientas permitían cazar, cortar, moldear materiales e incluso fabricar armas.

22. **El fuego fue otro invento vital que ayudó a los humanos a protegerse de los depredadores y del frío.** También lo utilizaban para cocinar los alimentos, lo que les proporcionaba una mejor nutrición. El hombre descubrió el fuego hace cientos de miles de años.

23. **Controlar el fuego significó la invención de las antorchas o lámparas**, que se hicieron comunes durante esta época. Estas lámparas no funcionaban con electricidad como las actuales, pero iluminaban de forma eficaz las zonas oscuras.

24. **La cueva de Altamira posee algunas de las pinturas rupestres más antiguas y famosas del mundo.** Se encuentra en España, y las pinturas datan de alrededor de 36.000 años a. C.

25. **En Francia y España se han descubierto hasta 350 yacimientos de pinturas rupestres**, lo que significa la importancia de estas pinturas para los primeros habitantes de esta región.

26. **Los arqueólogos han descubierto en diferentes partes del mundo huesos finos y afilados que creen que se usaban para coser y que datan de 50.000 a. C. Estas agujas permitían a los humanos crear prendas de vestir con pieles de animales** para protegerse de las duras condiciones ambientales, como la nieve o las tormentas de lluvia.

27. **Los barcos también se inventaron durante este período**, proporcionando una forma más eficiente de viajar a través de lagos, ríos y océanos, lo que llevó a una exploración más amplia por parte de nuestros antepasados hacia tierras desconocidas.

28. **La cerámica se inventó en el 28.000 a. C.** y permitió a los humanos crear recipientes para su comida y agua.

29. **En el año 5.000 a. C.** ya se habían implementado muchos inventos importantes, como los **instrumentos musicales (flautas y tambores) y la rueda**. Las fechas exactas de estos inventos varían entre una región y otra.

30. **Se utilizaban cuerdas hechas de fibras animales** para construcciones o redes de pesca.

31. **La agricultura comenzó alrededor del año 10.000 a. C.** Se plantaban semillas recogidas de plantas silvestres en los campos para luego cosechar el sustento que tanto necesitaban.

32. **La agricultura comenzó alrededor del año 10.000 a. C.** Se plantaban semillas recogidas de plantas silvestres en los campos para luego cosechar el sustento que tanto necesitaban.

33. **El vidrio se inventó alrededor del año 3.500 a. C.** y se utilizó originalmente con fines artísticos.

34. **Se cree que el torno de alfarero se inventó en Mesopotamia,** donde se produjeron numerosas primicias. Los antiguos sumerios ya utilizaban el torno de alfarero en el año 3.250 a. C. para dar forma a recipientes de arcilla, como ollas, cuencos y jarras.

35. **La invención de los textiles permitió crear prendas de vestir de manera más eficiente, hilando fibras de animales** en hilos que luego podían tejerse juntos usando telares, obteniendo prendas mucho más cálidas y cómodas.

36. **La metalurgia temprana comenzó en torno al 6.000 a. C.,** y permitió a los humanos crear herramientas y armas más resistentes.

37. Al principio **se utilizaban mucho los metales como el cobre y el bronce**. Más tarde, las herramientas de hierro cobraron importancia y sustituyeron a las de cobre y bronce debido a su durabilidad.

38. Antes de que se inventara el papel, la información se registraba de diferentes maneras, como **tallando tablillas de piedra o escribiendo en papiros**.

39. **Las primeras tablillas de piedra se descubrieron en el actual Irak** y datan de 3.500 a. C.

40. **En esta época se utilizaban sistemas matemáticos muy básicos.** En todo el mundo se han descubierto sistemas de recuento mediante marcas en huesos, palos o piedras.

La domesticación de los animales
(13.000-600 a. C.)

Explore la fascinante historia de la domesticación de los animales y su impacto en las culturas humanas. Descubra cómo la humanidad adaptó algunas especies para sus propias necesidades y por qué la domesticación de animales ha sido tan beneficiosa con estos veinte datos interesantes.

41. **La domesticación de animales es el proceso de domesticar animales salvajes para el uso humano.**

42. **El primer animal domesticado fue el perro,** alrededor del año 13.000 a. C.

43. Poco después, hace unos 11.000 años, **se domesticaron otros animales como cabras, ovejas, cerdos y vacas, en Asia y Europa.**

44. **Los caballos fueron uno de los primeros animales domesticados en Asia Central,** entre 4.500 y 3.500 a. C.

45. Los investigadores creen que **las gallinas se tenían como mascotas o fuente de alimento en el sudeste asiático hace unos 3.500 años**. Algunos creen que fueron domesticadas hace más o menos diez mil años.

46. **La domesticación permitió a los humanos tener una fuente de alimento más fiable**, ya que podían contar con rebaños o manadas en lugar de cazar presas todos los días.

47. **La domesticación de animales significó que la gente podía viajar grandes distancias sin preocuparse** por su próxima comida, porque tenían un suministro constante con ellos en todo momento.

48. **El vínculo entre los seres humanos y los animales domésticos llegó a ser tan fuerte**, que ciertas especies son vistas como miembros de la familia o incluso como dioses en algunas culturas.

49. **Se comenzaron a utilizar burros y caballos para transportar mercancías** por tierra y para arar los campos durante la temporada de siembra.

50. **Animales como vacas, ovejas, cabras y camellos ayudaban en la agricultura** y proporcionaban leche o lana, entre otras cosas.

51. **Las llamas y las alpacas se utilizaban principalmente en la cordillera de los Andes de Sudamérica,** por su carne y su piel y para transportar cargas pesadas por las laderas de las montañas.

52. **Los gatos fueron domesticados** hace 10.000 años en la Creciente Fértil.

53. **Los perros han sido utilizados por los humanos con muchos propósitos**, incluyendo la caza, la compañía, la protección contra los depredadores y el pastoreo de ganado.

54. **Las abejas son otro ejemplo de animal domesticado con éxito desde aproximadamente el año 9.000 a. C.** Proporcionan miel y ayudan a la alimentación. Además, polinizan los cultivos.

55. **Los conejos se criaron como fuente de alimento mucho más tarde**, durante la República romana. Los primeros registros escritos que hablan de la domesticación del conejo en Europa datan del siglo I a. C., aunque el animal era abundante en la región.

56. **Las cabras han sido utilizadas por el hombre desde al menos el año 9.000 a. C.** Se domesticaron por primera vez en el Cercano Oriente para obtener leche y queso, entre otras cosas.

57. **El cerdo fue uno de los primeros animales domesticados**. Los habitantes de las cercanías de la actual Turquía los domesticaron hace unos 9.000 años. Son una valiosa fuente de alimento, pero también se tienen como animales de compañía.

58. **Las ovejas empezaron a criarse para obtener carne y lana** hace unos 11.000 años en la Creciente Fértil.

59. **Los humanos han utilizado vacas desde aproximadamente el año 8.000 a. C.**, cuando se pastorearon por primera vez en las actuales India y Pakistán.

60. **Los patos fueron domesticados por primera vez en el año 2.000 a. C. en China** para obtener huevos y plumas, pero también se tenían como animales de compañía.

La creación de las primeras ciudades
(7500-4000 a. C.)

Este capítulo **explora la fascinante historia de las primeras ciudades**. Se presentan veinte **datos interesantes sobre cómo se desarrollaron estos primeros asentamientos** y se habla de importantes ciudades antiguas que influyeron en la historia.

61. Entre el año 7.500 y el 7.000 a. C., **muchas personas habían comenzado a asentarse juntas para formar aldeas,** que con el tiempo se convirtieron en grandes centros urbanos llamados ciudades.

62. **Las primeras ciudades se construyeron en Medio Oriente** y Asia central.

63. **Estas ciudades solían tener una muralla para protegerse de los invasores** y a menudo tenían un templo o palacio en su centro.

64. **Las personas que vivían en estas primeras ciudades desarrollaron nuevas formas de producir alimentos** que les permitían mantener poblaciones más grandes que antes, además del pastoreo de animales para obtener carne y productos lácteos.

65. **Algunas de las primeras ciudades conocidas son Çatalhöyük** (Turquía), **Jericó** (cerca de Jerusalén), **Mohenjo-daro** (Pakistán), **Ur, Eridu y Uruk** (en lo que hoy es Irak).

66. Los historiadores no se ponen de acuerdo sobre cuál fue la «primera» ciudad. **La mayoría coincide en que Çatalhöyük es la más antigua.**

67. Estas **primeras ciudades tenían edificios públicos, como templos y palacios**, así como mercados y lugares donde la gente podía trabajar.

68. **Las ciudades antiguas solían estar divididas en distritos** según el tipo de trabajo que se realizaba en cada zona, como un distrito residencial o una zona industrial.

69. **Una de las ciudades antiguas más famosas es Babilonia, situada en el actual Irak**. Sus legendarios jardines colgantes fueron considerados una de las Siete Maravillas del Mundo Antiguo.

70. **Llegó un momento en el que las ciudades eran tan grandes, que necesitaron establecer gobiernos** con leyes para mantener el orden entre sus ciudadanos. Así se desarrollaron las primeras civilizaciones.

71. **En las primeras ciudades a menudo se construían proyectos públicos como acueductos o carreteras pavimentadas**, que las conectaban con otras partes de su región o país.

72. Algunas ciudades también comerciaban entre sí. Las especias de la India llegaban a **Mesopotamia**, mientras que las herramientas de metal de **Anatolia** se encontraban en **África**.

73. **La vida en las ciudades antiguas no siempre era pacífica**. Las guerras entre ciudades eran frecuentes, especialmente por recursos como la tierra, el agua o las rutas comerciales.

74. **No todas las ciudades se construyeron con fines bélicos o de asentamiento**. Algunas tenían fines religiosos, como Göbekli Tepe.

75. **El surgimiento de estos primeros centros urbanos provocó cambios sociales**, ya que las personas vivían más cerca unas de otras y formaban comunidades que trabajaban juntas en proyectos.

76. **En este periodo se produjeron grandes innovaciones por parte de inventores que crearon herramientas y máquinas** que aún se utilizan hoy en día, como poleas, palancas, arados y carros con ruedas.

77. **Las ciudades también servían como centros culturales donde se compartían y discutían diferentes creencias religiosas** y donde florecían el arte y la música.

78. **Algunas ciudades incluso crearon sistemas monetarios** para facilitar el intercambio de mercancías. Las monedas se utilizaron por primera vez en Asia Menor alrededor del año 600 a. C.

79. **La vida en las ciudades antiguas no estaba exenta de problemas. Brotes de enfermedades**, escasez de alimentos y desastres ambientales ocurrían con frecuencia.

80. A pesar de los retos a los que se enfrentaban estas primeras ciudades, **se les atribuye el mérito de haber sentado las bases de las sociedades actuales**, que han crecido y se han expandido sobre esos mismos principios de innovación.

El auge de las civilizaciones antiguas

Explore las vibrantes y complejas culturas y civilizaciones de la antigüedad con este capítulo, en el que se presentan **veinte datos interesantes sobre los poderosos imperios de Mesopotamia, Egipto y China**, entre otros. Esta visión general del **surgimiento de las civilizaciones** proporciona una buena idea de cómo se crearon las sociedades. Más adelante, se profundiza en algunas de ellas. ¡Embárquese en este asombroso viaje a través del tiempo y explore las **fascinantes civilizaciones antiguas**!

81. **Las civilizaciones antiguas comenzaron alrededor del año 3.500 a. C.** en zonas con tierras fértiles, como el valle del río Nilo y Mesopotamia.

82. **La primera civilización antigua era conocida como Sumeria** y se encontraba en lo que hoy es el sur de Irak.

83. **Otras civilizaciones tempranas fueron la egipcia** (a lo largo del río Nilo), la **india** (en el valle del Indo) y la **china** (en el río Amarillo).

84. **Los antiguos egipcios eran famosos por su arquitectura monumental, como las pirámides**, que se utilizaban como tumbas para los gobernantes.

85. **La antigua Roma fue una de las civilizaciones más poderosas de su época**. Surgió un poco más tarde, en el siglo VIII a. C., y alcanzó su apogeo en el siglo II de nuestra era. Entre sus logros estaba una extensa red de carreteras que **conectaba Europa con el norte de África y Asia Menor** (la actual Turquía).

86. **La antigua Grecia fue un destacado centro de aprendizaje, cultura y filosofía** durante su época.

87. **El periodo védico marca el final de la civilización del valle del Indo**, en torno al 1.500 a. C., y la llegada de las tribus indo arias a la región. Trajeron consigo ideas sagradas, los Vedas, de ahí el nombre del periodo.

88. **En el Cercano Oriente, entre el 1.300 y el 612 a. C., Asiria se alzó con el poder,** convirtiéndose en uno de los imperios más poderosos de su época. Este imperio cayó tras ser conquistado por **los babilonios, que posteriormente fueron derrotados por los persas** (actuales iraníes).

89. En África, **la antigua civilización nubia alcanzó el poder en torno al año 2.000 a. C.** y es famosa por sus grandes monumentos, como los templos de Meroë, que aún se conservan.

90. **Las antiguas civilizaciones chinas tuvieron un gran impacto en la sociedad actual a través de inventos como el papel, la pólvora, la imprenta y la brújula** (la mayoría de ellos se fabricaron a principios de la era cristiana).

91. **La civilización maya fue una de las más avanzadas de América Central.** Desarrollaron un sistema de calendario preciso.

92. **En Sudamérica, en el siglo XII d. C., surgió en Perú el Imperio inca,** que se convirtió en uno de los mayores imperios jamás vistos (abarcaba más de cuatro mil millas).

93. **Los aztecas, que alcanzaron el poder en México en el siglo XIV** y tenían una cultura muy avanzada, desarrollaron la escritura jeroglífica. Su intrincado sistema de calendario tenía un ciclo de 260 días; este calendario era conocido como *tonalpohualli.*

94. **Las civilizaciones antiguas desarrollaron sistemas de gobierno únicos, incluyendo monarquías** (como los egipcios), **ciudades-estado** (como Atenas) o **imperios** (como Asiria).

95. **Muchas sociedades antiguas creían que los dioses controlaban acontecimientos naturales** como las tormentas, las inundaciones y las sequías. Por eso construían templos dedicados a adorar a estas deidades.

96. **El comercio entre diferentes civilizaciones antiguas ayudó a difundir bienes diversos,** como especias, telas, herramientas y armas, a través de vastas distancias de tierra.

97. **Las civilizaciones antiguas eran a menudo muy creativas**, produjeron obras de arte y literatura que aún hoy nos inspiran.

98. **Los antiguos egipcios desarrollaron un complejo sistema de escritura llamado jeroglíficos,** en el que se marcaban tablillas de piedra o rollos de papiro para comunicarse.

99. **Los antiguos griegos sentaron las bases de la democracia actual.** En algunas ciudades-estado, los ciudadanos votaban en asambleas las leyes y las políticas que afectaban a la sociedad.

100. **Los arqueólogos estudian las civilizaciones antiguas desenterrando objetos como piezas de cerámica, herramientas, armas y monedas.** Estos objetos nos ayudan a saber más sobre cómo vivían estas sociedades hace siglos.

La invención de la rueda y la escritura (4.500-3.000 a. C.)

En este capítulo se exploran los increíbles inventos de la rueda y la escritura en Mesopotamia entre los años 4.500 y 3.000 a. C. Se presentan quince datos interesantes sobre estos descubrimientos monumentales y cómo condujeron a mejoras en otras áreas de la sociedad.

101. **La rueda y la escritura se inventaron en Mesopotamia,** una zona situada entre los ríos Tigris y Éufrates, entre los años 4.500 y 3.000 a. C.

102. **Para la principal forma de escritura en Sumeria se utilizaba una herramienta en forma de cuña llamada estilete** para crear símbolos en tablillas de arcilla.

103. **Los sumerios desarrollaron la escritura cuneiforme** con caracteres en forma de cuña, que continuó utilizándose hasta aproximadamente el año 100 después de Cristo.

104. **Los sistemas de escritura evolucionaron hasta convertirse en silabarios**, en los que los símbolos representan los sonidos de las palabras, hasta llegar finalmente a alfabetos formados por letras que simbolizan cada sonido.

105. **La escritura hizo posible que los humanos compartieran conocimientos, ideas y pensamientos** a través de diferentes culturas o países sin tener que hablar cara a cara.

106. **Los antiguos mesopotámicos también desarrollaron un sistema de medición de longitudes** que sentó las bases de las matemáticas modernas actuales.

107. **Se han identificado sellos cilíndricos de este periodo**, con diseños que representan animales o dioses, mostrando que la escritura también tenía un uso decorativo.

108. **Se cree que los sumerios fueron la primera civilización en desarrollar la rueda.**

109. Los inventores descubrieron cómo utilizar objetos redondos, como troncos, piedras y discos de madera con agujeros, para unir radios y fabricar ruedas de madera duraderas con ejes.

110. La invención de la rueda facilitó el transporte de mercancías a largas distancias de forma rápida y eficaz.

111. Las ruedas se utilizaron primero para la alfarería, pero más tarde pasaron a formar parte de carruajes y otros vehículos, como carros o carretas, que podían ser tirados por animales o seres humanos para cubrir necesidades de transporte.

112. Antes de la invención de la rueda, **el transporte dependía exclusivamente de la fuerza de animales** como camellos, asnos y caballos.

113. **La escritura permitió a los pueblos registrar de forma organizada su historia**, sus leyes, su literatura, su ciencia y sus acontecimientos.

114. **En antigua Mesopotamia se crearon caminos pavimentados con ladrillos**, lo que permitió que los carros tirados por animales o seres humanos recorrieran largas distancias, haciendo que el transporte fuera más rápido.

115. **Con la invención de la escritura**, los pueblos pudieron comerciar más fácilmente y crear sistemas económicos para **intercambiar dinero o divisas.**

La Edad de Bronce
(3.300-1.200 a. C.)

Explore la cautivadora historia de la Edad de Bronce y su amplio impacto en la vida moderna. Prepárese para profundizar en veinte datos interesantes sobre cómo el bronce cambió el funcionamiento de las sociedades.

116. **La Edad de Bronce fue una época en la que se comenzaron a utilizar herramientas y armas de bronce por primera vez.**

117. **Fue una época de grandes avances tecnológicos y culturales** en varias civilizaciones de África, Asia y Europa.

118. **Se utilizaban caballos, burros y bueyes** para tirar carros **para el transporte** o para arar los campos agrícolas de la época.

119. **El carbón vegetal se quemaba en hornos para crear aleaciones de bronce** a las que se daba forma de herramientas o armas, como hachas y espadas, que luego se afilaban utilizando piedras llamadas piedras de afilar.

120. **Los habitantes de la Edad del Bronce llevaban joyas de bronce,** oro o plata, algunas de las cuales han sido encontradas por los arqueólogos.

121. **Entre los monumentos memorables de este periodo se encuentran Stonehenge, en Inglaterra, y el palacio de Cnosos, en la isla griega de Creta.**

122. Algunas de las **religiones** modernas se remontan a la **Edad de Bronce. El judaísmo surgió en Israel**, mientras que **el hinduismo comenzó en la India** durante este período.

123. **El fin de la Edad de Bronce, que se produjo durante el siglo XII a. C.,** sigue siendo uno de los acontecimientos más importantes de la historia de la humanidad hasta la fecha. En el transcurso de unos cien años, casi todas **las sociedades del Mediterráneo oriental sufrieron un colapso social** que afectó a su desarrollo cultural y tecnológico.

124. **La Grecia micénica, el Imperio hitita, el Nuevo Reino en Egipto** y el Imperio asirio medio se vieron afectados por el colapso de la Edad del Bronce.

125. **Las herramientas de hierro se desarrollaron hacia el final de la Edad de Bronce,** dando lugar a una nueva era, llamada Edad de Hierro (1200-600 a. C.).

126. **Los habitantes de las sociedades de la Edad de Bronce hablaban muchas lenguas**, como el sumerio en Mesopotamia, el griego micénico en Grecia y el sánscrito védico (la lengua del hinduismo) en la India.

127. **Durante la Edad de Bronce se verificaron muchos inventos científicos**, como los relojes de sol, utilizados para medir el tiempo.

128. **Los chinos inventaron la escritura durante la Edad de Bronce, escribiendo en un material llamado hueso de oráculo**, que se utilizaba para comunicarse con los antepasados y los dioses. Algunos estudiosos creen que el chino fue la primera lengua escrita.

129. **Los tejedores utilizaban telares para crear intrincados motivos**, mientras que los orfebres elaboraban objetos decorativos utilizando metales preciosos como el oro o la plata.

130. **La astronomía avanzó con la cartografía de las estrellas realizada por los astrónomos babilonios**, que utilizaban sus observaciones también con fines adivinatorios.

131. **La invención del torno de alfarero en Mesopotamia** permitió la producción masiva de piezas de cerámica en toda la región.

132. **Las primeras monedas se acuñaron en Lidia** (actual Turquía) alrededor del año 600 a. C., aunque el trueque se utilizaba a menudo como sistema económico durante este periodo.

133. **En el Cercano Oriente, los metalúrgicos fabricaron los primeros carros durante este periodo.** En Inglaterra, se construyeron poblaciones fortificadas para proteger a las comunidades de los ataques.

134. **Algunos deportes modernos, como la lucha, el lanzamiento de jabalina y el boxeo**, surgieron por primera vez durante este período.

135. **El código legal más antiguo** que se conoce fue redactado durante la Edad de Bronce. Se llamaba *Código de Ur-Nammu.*

Antigua civilización mesopotámica
(5000-539 a. C.)

Explore la intrigante historia de la **antigua civilización mesopotámica**, que existió en lo que hoy es **Irak, Kuwait, Siria y Turquía.** Este capítulo examina veinte hechos interesantes sobre los pueblos que habitaban esta región, incluyendo sus creencias, historias e inventos.

136. **Mesopotamia se conoce como la Cuna de la Civilización** porque fue una de las primeras regiones donde surgió una sociedad compleja.

137. **Las principales ciudades de la antigua Mesopotamia eran Uruk, Ur, Babilonia y Eridu.** Todas estas ciudades estaban situadas cerca de los ríos Tigris y Éufrates.

138. **Muchos imperios llamaron a Mesopotamia su hogar a lo largo de la historia, incluyendo los de Acadia, Babilonia y Asiria,** cada uno con características culturales distintivas, como lenguas y creencias religiosas propias.

139. **Los pueblos que vivían en Mesopotamia desarrollaron la agricultura**, lo que les permitió cultivar trigo y cebada y domesticar animales.

140. **La epopeya de *Gilgamesh* es un antiguo poema de Mesopotamia** que narra la historia de un rey heroico que busca la inmortalidad tras la muerte de su amigo Enkidu.

141. **Los habitantes de la civilización sumeria desarrollaron una forma de escritura llamada cuneiforme** para comunicarse entre sí. Esta innovación dio lugar al desarrollo posterior de los ideogramas.

142. La antigua religión mesopotámica era politeísta, con dioses asociados a diferentes aspectos de la naturaleza, como el **cielo** (Anu), la **fertilidad** (Inanna) o el **agua** (Enki).

143. **Los habitantes de la antigua Mesopotamia creían que sus almas iban al más allá tras la muerte.** Este lugar mítico era conocido como la Irkalla o el «Gran Abajo» y estaba situado bajo este mundo.

144. **Los mesopotámicos utilizaban las matemáticas y la astronomía con fines prácticos**, como medir el tiempo y predecir los eclipses. Desarrollaron un sistema con base 60 que fue adoptado por los babilonios y que se sigue utilizando en la actualidad.

145. **La antigua Mesopotamia estaba dividida en ciudades-estado** que tenían reyes o gobernantes que las regían con leyes; algunas de estas leyes siguen vigentes hoy en día.

146. **El Imperio acadio es considerado el primer imperio antiguo.** Fue fundado por un gobernante legendario llamado **Sargón** y alcanzó su apogeo alrededor del año 2.200 a.C.

147. **El arte de la antigua Mesopotamia incluye estatuas, relieves** (tallas en piedra), cerámica, sellos cilíndricos y joyas con piedras preciosas como el lapislázuli o el oro.

148. **Los habitantes de esta civilización desarrollaron un sistema de riego llamado** *shaduf*, que era una herramienta para trasladar el agua de los ríos a los campos de cultivo.

149. **La música desempeñaba un papel importante en la sociedad**, con instrumentos como las liras, muy populares entre la nobleza. Los tambores se utilizaban a menudo durante festivales o ceremonias.

150. **Desde el punto de vista económico, el comercio era muy importante** debido a la disponibilidad de recursos, como los minerales que se encontraban cerca de los ríos. **Los mercaderes viajaban entre ciudades para intercambiar bienes** que recogían en diferentes lugares.

151. **Los antiguos mesopotámicos eran hábiles artesanos** que trabajaban con diversos materiales para crear herramientas, armas y joyas. Utilizaban técnicas como la fundición o la incrustación de piedras en oro.

152. **Los médicos eran capaces de diagnosticar enfermedades, examinar el cuerpo y prescribir tratamientos con hierbas o cataplasmas.**

153. **La arquitectura jugaba un gran papel en la sociedad mesopotámica**, con impresionantes *zigurats* (un tipo de pirámide) hechos de ladrillos de barro.

154. **Varios inventos surgieron en Mesopotamia** y aún hoy se utilizan ampliamente en todo el mundo, como la rueda.

155. **Babilonia, una de las más grandes civilizaciones mesopotámicas, fue conquistada por los persas en 539 a. C.,** poniendo fin a la época de esplendor de Mesopotamia. Las culturas de esta región se siguen estudiando hoy en día como recordatorio de lo lejos que ha llegado el progreso humano.

La civilización del antiguo Egipto
(3100-30 a. C.)

Este capítulo explora **la rica historia de la antigua civilización egipcia**. Se presentan veinte datos interesantes sobre la cultura, las creencias y las artes de esta civilización.

156. El antiguo Egipto fue una de las civilizaciones más antiguas de la historia, que alcanzó su apogeo alrededor del año 3.100 a. C. El año de su conquista por parte los romanos (30 a. C.) se considera la fecha de su final.

157. Los egipcios creían que sus faraones eran dioses que los gobernaban con poder divino.

158. Como deidad sagrada, el faraón no solo era el gobernante del pueblo egipcio, sino también el intermediario con los dioses.

159. Los egipcios creían en la vida después de la muerte, por lo que preservaban los cuerpos mediante el proceso de momificación.

160. Al igual que nuestro calendario actual, **los egipcios crearon un calendario con doce meses, cada uno con treinta días, más cinco días extra, lo que suma 365 días.**

161. **Los antiguos egipcios también eran grandes matemáticos** y estudiaban la geometría para medir terrenos o construir estructuras.

162. **Las tumbas de los faraones se llenaban de tesoros y artefactos** para que los usaran en la otra vida, incluyendo muebles, comida, joyas y ropa.

163. **Los antiguos egipcios creían en muchos dioses y diosas,** como **Ra** (el dios del sol), **Isis** (la diosa de la maternidad) y **Anubis** (el dios de la muerte).

164. **Los antiguos egipcios creían en la magia y la utilizaban para curar enfermedades,** predecir el futuro y protegerse de las fuerzas del mal.

165. **El sistema de escritura jeroglífica egipcia es una de las formas de comunicación escrita más antiguas que se conocen.**

166. **Los egipcios eran maestros de la construcción,** ya que crearon templos y tumbas. **También construyeron barcos**, que les permitieron explorar lugares lejanos como África y la India.

167. **El río Nilo proporcionaba agua para la agricultura** y se usaba para transportar mercancías y viajar largas distancias.

168. **Los antiguos egipcios practicaban varios juegos, como el** *senet* (un juego de mesa), juegos de pelota similares a los actuales fútbol y hockey y lanzamiento de jabalina.

169. **Los artesanos egipcios eran muy hábiles en la fabricación de joyas de oro** y en la creación de diseños intrincadamente detallados con piedras preciosas y gemas.

170. **Los antiguos egipcios también hacían piezas de cerámica, esculturas y** pinturas para celebrar a sus dioses o conmemorar acontecimientos de la vida.

171. **La gran pirámide de Giza es la única de las Siete Maravillas del Mundo Antiguo que existe en la actualidad.** Fue construida alrededor del año 2.560 a. C.

172. **Los antiguos médicos egipcios utilizaban plantas y hierbas como medicinas**. Comprendían la anatomía humana gracias al proceso de momificación.

173. **La piedra de Rosetta, descubierta en 1799,** contiene escrituras en tres idiomas, incluido un mensaje jeroglífico **escrito durante el periodo ptolemaico** que ayudó a los eruditos a descifrar la **antigua lengua egipcia.**

174. **Los egipcios dejaron tras de sí innumerables artefactos**, incluidos rollos de papiro con historias de la mitología, **ataúdes tallados con intrincados diseños** y altos obeliscos hechos de granito, muchos de los cuales siguen en pie hoy en día.

175. **El antiguo Egipto fue una de las primeras culturas en utilizar las monedas como forma de cambio**, adoptando la de los lidios, que fueron la primera civilización en acuñar monedas en el siglo VII a. C.

La Edad de Hierro
(1.200-550 a. C.)

La Edad de Hierro marcó un punto de inflexión en la historia de la humanidad. El descubrimiento del hierro permitió construir estructuras más grandes y fabricar armas y herramientas más potentes. **En este periodo también surgieron muchos imperios famosos.** Descubra veinte hechos sobre esta época fascinante.

176. **La Edad de Hierro fue una época de la historia entre los años 1.200 y 550 a. C.** en la que se empezó a utilizar el hierro para crear herramientas y armas.

177. **La Edad de Hierro en China comenzó un poco más tarde, alrededor del 600 a. C., durante el reinado de la dinastía Zhou.**

178. Antes de la Edad de Hierro, **las herramientas y armas se construían con bronce porque era más fácil de moldear que el hierro.**

179. **Con el tiempo, se descubrió que el hierro era mucho más resistente.** El hierro permitió crear armas más fuertes, como espadas, hachas, lanzas y escudos para protegerse de los enemigos.

180 **Durante este periodo surgieron algunos de los imperios más famosos del mundo**, como el **Imperio persa** y el **Imperio romano**. Ambos han dado forma a nuestro mundo actual.

181. **La transición a la Edad de Hierro se produjo tras el colapso de la Edad de Bronce.** Algunas civilizaciones recuperaron lentamente la estabilidad tras siglos de decadencia, gracias, en parte, al uso del hierro.

182. **Durante la Edad de Hierro comenzaron a surgir nuevas ciudades-estado**, algunas de las cuales se convirtieron en poderosos imperios como el de Persia (actual Irán) y Asiria (actual Irak).

183. **Las nuevas herramientas agrícolas eran más desarrolladas, como las hoces de hierro**, que se han encontrado en múltiples yacimientos de la Edad del Hierro en la India.

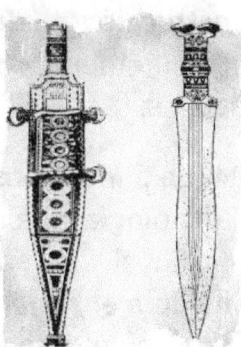

184. **Los arqueólogos han encontrado pruebas que sugieren que muchas sociedades de la Edad de Hierro tenían sistemas políticos**, jerarquías sociales y creencias religiosas complejas.

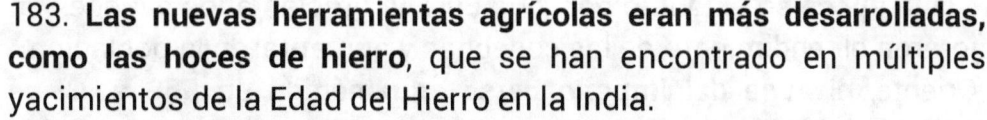

185. **El pueblo celta habitó la mayor parte de Europa central y occidental durante esta época.** Eran conocidos por sus fantásticos trabajos de arte, metalistería y joyería.

186. **A pesar de su prominencia en el pasado, las lenguas celtas** solo se hablan ahora en partes del noroeste de Francia, Irlanda, Gales y Escocia.

187. **En la Edad de Hierro se produjeron grandes avances tecnológicos**, como el desarrollo de las monedas y otras formas de comercio, además de nuevos medios para viajar, como los grandes barcos.

188. **Durante la Edad de Hierro se crearon numerosas aldeas fortificadas en Inglaterra** y otras zonas donde se asentaban los pueblos celtas. La existencia de estas estructuras demuestra que las distintas tribus celtas estaban muy interconectadas.

189. **La Edad del Hierro también fue conocida por sus hermosas piezas de cerámica, hechas de terracota** y decoradas con motivos geométricos o escenas de la vida cotidiana.

190. Durante este periodo, se empezó a utilizar el lenguaje escrito con más regularidad que nunca. **Se desarrollaron muchas escrituras en Asia, Europa y África.**

191. **Las técnicas de trabajo del bronce continuaron junto con el trabajo del hierro en gran parte de Europa hasta alrededor del año 600 a. C.,** cuando el hierro pasó a dominar definitivamente debido a su resistencia.

192. **El arte de la Edad del Hierro era altamente simbólico y a menudo representaba a dioses, diosas** y elementos naturales como el sol, la luna y las estrellas.

193. **La invención de herramientas de hierro hizo posible la construcción de estructuras grandes como puentes** suficientemente fuertes como para soportar las corrientes fluviales.

194. **La agricultura de esta época se extendió por toda Europa** gracias a los avances en la tecnología, que mejoraron el rendimiento de las cosechas y aumentaron la población.

195. En el Cercano Oriente, **el auge del Imperio persa aqueménida en 550 a. C. se considera el «final» de la Edad de Hierro,** mientras **que la expansión romana en el siglo I d. C. es su último momento en Europa.**

La civilización de la antigua Grecia
(800-323 a. C.)

En este capítulo se explora la fascinante historia del periodo griego clásico. Se presentan **veinte datos** sobre **la cultura, las artes, el gobierno y la religión** de esta civilización.

196. **La civilización egea es el nombre para referirse colectivamente a varias civilizaciones de la antigua Grecia durante la Edad de Bronce**, antes de su colapso, entre el 1.200 y el 1.000 a. C. Se incluyen las civilizaciones cicládica, minoica y micénica. El periodo griego clásico comenzó alrededor del 800 a. C. y duró hasta el 323 a. C.

197. **Los griegos creían en muchos dioses**, cada uno con poderes y responsabilidades especiales.

198. **Uno de los dioses más importantes era Zeus**, que gobernaba sobre todos los demás dioses y diosas desde el **monte Olimpo,** la montaña más alta de Grecia.

199. **La antigua civilización griega estaba formada por varias ciudades-estado como Atenas, Corinto y Esparta**. Cada una de estas ciudades-estado tenía sus propias leyes y gobierno; la antigua Grecia no estaba unida, salvo en tiempos de guerra contra enemigos comunes. Muchas de estas civilizaciones tenían culturas similares, pero cada ciudad-estado era única.

200. **La arquitectura de la antigua Grecia es famosa por los bellos templos dedicados a los dioses,** como **el Partenón**, dedicado a **Atenea**, o **el templo de Poseidón**, en Sunio.

201. **Los primeros Juegos Olímpicos** tuvieron lugar en el año 776 a. C. durante un festival religioso en honor al dios Zeus.

202. **Los antiguos griegos valoraban mucho el arte y la música**. Escribían obras de teatro sobre mitos y leyendas, pintaban cerámica y esculturas y tocaban instrumentos musicales como la lira y el aulós (un instrumento de viento).

203. **Los filósofos griegos, como Sócrates, Platón y Aristóteles**, desarrollaron teorías sobre el conocimiento, la política, la ciencia, las matemáticas y la ética que han influido en la sociedad occidental durante siglos.

204. **Los antiguos griegos creían que la materia estaba formada por cuatro elementos: tierra, aire, fuego y agua, también conocidos como los elementos clásicos.** Una concepción similar de la materia y la vida puede rastrearse en otras civilizaciones antiguas de todo el mundo.

205. **Los antiguos griegos eran grandes navegantes que exploraban el mar Mediterráneo** con sus flotas de barcos y comerciaban mercancías con otras culturas cercanas.

206. **Los griegos creían en el equilibrio de los humores** (sangre, flema, bilis amarilla y bilis negra) a través del ejercicio y la dieta en lugar de la medicina o las cirugías.

207. **El secuestro de Helena de Esparta por parte de Paris de Troya desencadenó la legendaria guerra de Troya.** Los historiadores aún no están seguros de si ocurrió realmente, aunque hay pruebas de que existió una ciudad llamada Troya.

208. **Los antiguos griegos creían en muchos mitos, como el de la caja de Pandora,** que advertía que la curiosidad puede ser peligrosa si no se controla.

209. Los antiguos griegos realizaron importantes avances matemáticos, con **Euclides creando la geometría y Pitágoras desarrollando teoría**s sobre las matemáticas y la música.

210. **La antigua lengua griega evolucionó a lo largo de los siglos**, formando el griego que se habla hoy en día. Muchas palabras inglesas derivan del griego.

211. **La antigua Grecia fue la cuna del teatro.** Allí se representaron por primera vez tragedias y comedias, a menudo como parte de **festivales religiosos en honor a Dioniso** (el dios del vino).

212. **Esparta tenía uno de los sistemas de entrenamiento militar más duros**. Los niños eran entrenados desde los siete hasta los treinta años para convertirse en fuertes guerreros, conocidos como hoplitas.

213. Tras el colapso de la Edad de Bronce, **se abandonó el uso de la escritura en los territorios griegos.** El alfabeto griego se desarrolló alrededor del año 800 a. C., poniendo fin a siglos de vida sin una lengua escrita.

214. **Los antiguos griegos creían en el poder de la «*areté*», un ideal de excelencia y virtud.**

215. **Grecia fue conquistada por los romanos** en el siglo II a. C. y se convirtió en una provincia romana, aunque algunas zonas siguieron siendo semiautónomas. **La conquista romana se considera el fin de la antigua civilización griega.**

La antigua civilización romana
(753 a. C.-476 d. C.)

Explore **la rica historia de la antigua Roma** y descubra su poderoso legado, que ha dejado una huella que perdura en el mundo actual. En este capítulo, se descubren veinte **hechos** fascinantes **sobre la civilización romana**, incluyendo su **tecnología, su gobierno y algunas de sus estructuras icónicas.**

216. **La antigua Roma fue una civilización poderosa e influyente** que duró más de mil años.

217. **Según el mito, Rómulo y Remo son los dos hermanos que fundaron Roma** tras ser rescatados por una loba cuando eran bebés.

218. **La tecnología de los romanos era muy avanzada**. Construyeron complejos sistemas de carreteras, puentes y acueductos, algunos de los cuales todavía se utilizan hoy en día.

219. **El latín, la lengua de la antigua Roma,** fue adquiriendo importancia a medida que **los romanos se expandieron desde Italia y conquistaron Europa y el Cercano Oriente**. Hoy en día, las lenguas romances (francés, italiano, portugués, español y rumano) comparten influencias latinas.

220. **Roma dejó de ser una monarquía** en el año 509 a. C., cuando fue derrocado su último rey, **Tarquinio Superbo**. Se estableció una **democracia** representativa (una república).

221. **Los romanos sustituyeron al rey por dos cónsules**, que eran elegidos para un mandato de un año. **El Senado era el órgano legislativo más importante** y estaba compuesto por varios centenares de senadores vitalicios.

222. Formado principalmente por patricios ricos, **el trabajo del Senado consistía en votar leyes y tomar decisiones para Roma**. La influencia del Senado disminuyó cuando Roma se convirtió en un imperio.

223. **Julio César es quizás el gobernante más famoso de Roma**. Introdujo grandes cambios en la antigua Roma al derrocar la república y convertirse en dictador vitalicio.

224. **La República romana no terminó oficialmente hasta el año 27 a. C., cuando César Augusto** (también conocido como Octavio), hijo adoptivo y heredero de Julio, se convirtió en emperador.

225. El Coliseo de Roma es una de las estructuras más impresionantes de este periodo. La gente acudía allí para ver las luchas de gladiadores y otros espectáculos.

226. Los habitantes de la antigua Roma se dividían en dos clases: patricios (ricos) y **plebeyos** (pobres). Al principio, los patricios tenían prácticamente todo el poder político, mientras que el poder de los plebeyos era muy limitado. Con el paso del tiempo, los plebeyos fueron ganando más poder.

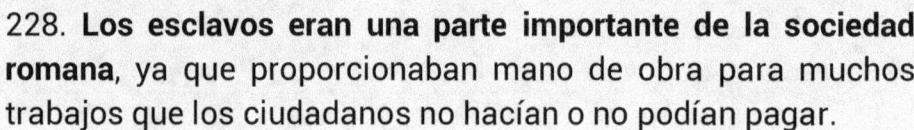

227. La religión jugó un papel importante durante esta época, ya que se honraba a los dioses en templos y se hacían sacrificios y festivales en su honor.

228. Los esclavos eran una parte importante de la sociedad romana, ya que proporcionaban mano de obra para muchos trabajos que los ciudadanos no hacían o no podían pagar.

229. La educación era muy valorada durante este periodo. Diversas escuelas enseñaban materias como literatura, matemáticas y ciencias.

230. Las luchas de gladiadores eran formas populares de entretenimiento en la antigua Roma. Se llevaban a cabo por parte de algunos hombres que eran capturados en la guerra y se convertían en luchadores profesionales. Posteriormente, muchos se apuntaban a ser gladiadores con la ilusión de ser famosos.

231. Las termas de Caracalla, con sus enormes piscinas al aire libre, eran una de las estructuras más impresionantes de Roma.

232. Aunque los antiguos romanos no inventaron el hormigón, sí fueron los primeros en utilizarlo a gran escala. **Los romanos mezclaron cal y ceniza volcánica con agua, creando un material resistente y duradero.**

233. El Circo Máximo era el mayor estadio de carros de Roma. La gente se reunía para ver y apostar a las carreras de cuadrigas.

234. Muchos monumentos famosos, como **el arco de Tito o el arco de Constantino**, se construyeron durante este periodo para honrar a los líderes.

235. Uno de los aspectos más influyentes de la antigua Roma fue su sistema legal, que proporcionaba leyes justas que se aplicaban a todas las provincias del imperio. Este sistema se basaba en **el concepto de ley natural**, que sostenía que la ley debía basarse en la razón y la justicia y no en la voluntad arbitraria de un gobernante.

El auge del cristianismo
(siglos I-IV d. C.)

En este capítulo se analiza la extraordinaria introducción del **cristianismo a partir del siglo I d. C.** Se examinan veinte hechos intrigantes sobre este período revolucionario, incluyendo **la difusión de las enseñanzas de Jesucristo** y algunas de las primeras figuras influyentes en la historia cristiana.

236. **Los eruditos creen que Jesucristo nació en Belén, cerca de la ciudad de Jerusalén**, entre el VI y el IV a. C.

237. **Los primeros seguidores de Jesús fueron llamados cristianos por los demás**. Difundieron las enseñanzas de Jesús por todo el Imperio romano.

238. **Muchos de los primeros cristianos fueron bautizados por Juan el Bautista.** La mayoría de los estudiosos están de acuerdo en que el bautismo del mismo **Jesús** en **el río Jordán** es uno de los acontecimientos de la *Biblia* que más probablemente haya sucedido.

239. Antes de que surgiera el cristianismo, **la mayoría de la población europea seguía diferentes religiones paganas y politeístas** como la griega y la romana.

240. **Después de la crucifixión de Jesús, algunos de sus apóstoles escribieron relatos sobre él,** que pasaron a formar parte de lo que hoy conocemos como el Nuevo Testamento. Algunas personas creen que los apóstoles no escribieron estas historias, aunque esa es la creencia tradicional.

241. **San Pedro, uno de los doce apóstoles de Jesús, fue el fundador de la Iglesia de Roma,** institución que más tarde se convirtió en la Iglesia católica romana, gobernada por el papado. Por esta razón, San Pedro también es considerado el primer papa.

242. **Pablo fue una figura importante que ayudó a difundir las creencias cristianas.** Recorrió grandes distancias y escribió cartas que hoy se encuentran en el Nuevo Testamento.

243. **Muchos mártires de esta época dieron su vida por su fe en Cristo.** Sus sacrificios aún son recordados por los cristianos de todo el mundo.

244. **Después de una visión de Dios, el emperador romano Constantino I promulgó el Edicto de Milán**, que hizo posible que los cristianos practicaran libremente su religión en el imperio.

245. **El Edicto de Milán no solo se refería al cristianismo;** concedía libertad para que se practicara cualquier religión, lo que lo convertía en un acto de mucha tolerancia.

246. **El emperador Constantino fue uno de los emperadores más influyentes del cristianismo primitivo**, ya que hizo a Jesús patrón de su ejército y se convirtió en el año 312.

247. **Los primeros monasterios surgieron en el siglo IV.** Los monasterios son lugares donde los monjes se reúnen para rezar y estudiar entre ellos las escrituras cristianas.

248. **San Agustín** (354-430) fue una figura importante que **contribuyó significativamente al desarrollo del conocimiento de la fe y la teología de la Iglesia** a través de muchas escrituras sobre las enseñanzas cristianas.

249. En el año 325 d. C. **se reunió el Primer Concilio de Nicea** en el que se debatieron muchas cuestiones doctrinales del cristianismo. En última instancia, esto ayudó a definir el cristianismo como una religión unificada con su propio conjunto de creencias y prácticas que fueron aceptadas por los miembros presentes en el concilio.

250. **Los primeros cristianos comenzaron a construir lugares para reuniones y servicios de adoración, lo que permitió que más personas tuvieran acceso a escuchar la palabra de Dios**.

251. **Estos edificios tenían suntuosas decoraciones** que representaban escenas bíblicas para inspirar a los asistentes de los servicios que se celebraban.

252. En el 380 d. C., **el emperador Teodosio declaró al cristianismo religión oficial del Estado de Roma**, otorgándole privilegios especiales y apoyo.

253. En 392, **el mismo Teodosio prohibió todas las prácticas religiosas no cristianas** y ordenó que se destruyeran todos los templos o lugares de culto de otras creencias, lo que llevó a la ruina de muchos lugares sagrados.

254. **Las cinco ciudades más importantes del cristianismo primitivo fueron** Jerusalén, Roma, Constantinopla, Alejandría y Antioquía.

255. **El cristianismo se ha seguido extendiendo y evolucionando a lo largo de los siglos,** hasta el punto que hoy en día es una de las mayores religiones del mundo, con millones de seguidores en todo el planeta.

Invasiones bárbaras
(siglo V al VII d. C.)

Las invasiones bárbaras en Europa cambiaron para siempre la faz del continente. Estas tribus perturbaron las reglas romanas y de otros estados grandes. Este capítulo explora quince datos interesantes **sobre las tribus bárbaras**, incluyendo de dónde venían y quiénes las lideraban.

256. **Los romanos llamaban «bárbaros» a los grupos de personas de culturas no romanas.**

257. **La palabra «bárbaro» proviene del término griego para extranjero, es decir, aquel que habla una lengua desconocida** o sigue costumbres diferentes. ¡Los griegos incluso se referían a los romanos como bárbaros!

258. **Algunas interacciones bárbaras con el Imperio romano fueron pacíficas,** mientras que otras dieron lugar a grandes batallas y a la destrucción de ciudades enteras.

259. **Los hunos, los godos, los francos, los vándalos, los lombardos y los alanos fueron los grupos bárbaros más destacados** en las invasiones bárbaras durante los últimos años del Imperio romano.

260. **Muchas tribus bárbaras procedían de Asia Central y Europa Oriental.**

261. **Una famosa invasión bárbara fue la de Atila, el huno**, que amenazó Roma entre los años 441 y 451 d. C.

262. **La caída del Imperio romano de occidente se atribuye a menudo a estas invasiones bárbaras,** que lo debilitaron con el tiempo.

263. **Los sajones hicieron famosas incursiones en Gran Bretaña hacia el 450 d. C**. con resultados muy rentables en varias invasiones.

264. **Las invasiones bárbaras tuvieron un gran impacto en la expansión del cristianismo en Europa,** ya que muchas tribus se convirtieron a la religión durante este período.

265. **Uno de los líderes bárbaros más famosos fue Clodoveo, rey de los francos**, que se convirtió al cristianismo en el año 496 d. C.

266. **Los visigodos saquearon Roma en el 410 d. C**. y la debilitaron considerablemente.

267. Uno de los principales resultados de estas invasiones fue la formación de nuevos reinos en toda Europa, como cuando **los lombardos crearon el reino de Italia**.

268. **Algunos grupos bárbaros, como los lombardos, adoptaron la lengua latina** y el sistema de escritura desarrollado por los romanos.

269. **Los estudios lingüísticos demuestran que muchas lenguas europeas modernas descienden de las que hablaban diversas tribus bárbaras**, incluidas las familias de lenguas germánicas, romances y eslavas.

270. En el siglo VII, **la mayor parte de Europa se había dividido entre los distintos reinos formados por estos invasores**, que perduraron hasta la Baja Edad Media (1350-1500).

Caída del Imperio romano de occidente
(476 d. C.)

En este capítulo se analiza la caída del Imperio romano de occidente a través de veinte datos interesantes sobre su declive. **¿Por qué cayó el otrora gran Imperio romano?** ¿Y quién o qué fue responsable de ello?

271. **En el siglo II d. C., el Imperio romano alcanzó su mayor extensión,** ocupando tierras no solo en Italia y Europa Occidental, sino también en los Balcanes, Anatolia, Mesopotamia, Egipto y Britania.

272. En el siglo IV, **se hizo evidente que el Imperio romano era demasiado grande para gobernarlo**. En el año 395 d. C., para resolver muchos de los problemas de gobierno, el imperio se **dividió** oficialmente en **oriente** (bizantino) y **occidente** (romano).

273. **Roma fue saqueada por los visigodos** en el 410 d. C., lo que inició su declive como gran potencia.

274. **Los hunos invadieron Italia** en el 452 d. C. y causaron aún más daños a las tierras imperiales.

275. **Las tribus germánicas se apoderaron de antiguas provincias romanas** entre el 476 y el 500 d. C., con los vándalos apoderándose de Cartago y los ostrogodos ocupando Sicilia e Italia.

276. **Estilicón, uno de los últimos grandes generales romanos,** intentó contener las invasiones bárbaras, pero fracasó debido a las luchas políticas internas, entre otros factores.

277. **Rómulo Augústulo es considerado el último emperador romano de occidente** y gobernó poco más de un año (475-476). Abdicó tras ser derrocado por Odoacro, poniendo fin al Imperio romano de occidente.

278. **El Imperio romano de oriente** (también conocido como Imperio bizantino) duró alrededor de mil años más, hasta su desaparición en 1453.

279. **El cristianismo, que se convirtió en la religión oficial de Roma**, sobrevivió al colapso del imperio y continuó siendo muy influyente en la Europa posromana.

280. En el año 476 d. C. **se juntaron una serie de problemas económicos**, como la inflación y los elevados impuestos, que debilitaron las infraestructuras y el poderío militar.

281. **La inestabilidad política creció debido a que los emperadores eran incapaces de mantener un control firme de los territorios bajo su dominio.** Su ineficacia permitió a las tribus bárbaras acceder más fácilmente a las tierras imperiales sin resistencia por parte de las fuerzas gubernamentales.

282. **La creciente dependencia de ejércitos mercenarios en lugar de soldados profesionales** hizo ineficaces los esfuerzos militares contra las naciones enemigas, lo que contribuyó a la caída final de Roma.

283. **La población disminuyó en diferentes provincias debido a plagas,** hambrunas y guerras.

284. **La caída del Imperio romano de occidente condujo a un largo período de inestabilidad y agitación en Europa,** con el surgimiento de nuevos reinos que se desafiaban unos a otros por el dominio en un mundo sin un imperio unificador.

285. **Este periodo se conoce a menudo como la edad oscura**, aunque en la actualidad se considera un término equivocado. Sin embargo, hubo un periodo de regresión cultural y tecnológica tras la caída de Roma, que se estabilizó con el **Renacimiento**.

286. **Las redes comerciales se desplazaron hacia zonas más localizadas,** puesto que ya no existía un imperio que protegiera las rutas comerciales.

287. **Las tribus germánicas comenzaron a apoderarse de las tierras que antes estaban bajo el control de Roma,** introduciendo su lengua y sus leyes en lugar de las latinas utilizadas anteriormente por los romanos.

288. Después del 476 d. C., **las antiguas provincias romanas empezaron a desarrollar sus propias identidades y culturas** que continúan hoy en día en diferentes partes de Europa.

289. **El feudalismo se convirtió en la forma de gobierno dominante en Europa** tras la caída de Roma, ya que proporcionaba una sensación de protección y estabilidad.

290. **La Iglesia asumió parte del poder y la autoridad del Estado durante este periodo**, lo que condujo a un aumento de la influencia religiosa en la sociedad.

La expansión del islam
(del siglo VII a la actualidad)

Este capítulo explora la increíble expansión del islam a lo largo de la historia y sus numerosas repercusiones en la sociedad, la cultura, el arte y la política. Se repasan veinte datos sobre esta fascinante religión, que comenzó en **la península arábiga** hace más de 1400 años.

291. **El profeta Mahoma nació en el año 570 de la era cristiana y recibió su primera revelación de Dios en el año 610.**

292. **Los musulmanes creen que solo hay un Dios (Alá)** y que Mahoma es su mensajero o profeta.

293. Después de recibir estas revelaciones, **Mahoma comenzó a predicar sobre el monoteísmo y la justicia social**, que eran muy diferentes de las tradiciones tribales de Arabia en ese momento.

294. En el año 622 d. C., debido a la creciente presión ejercida sobre él por quienes se oponían a su mensaje, **se trasladó con sus seguidores a Medina**.

295. **El año 622 marca el inicio del calendario musulmán.**

296. En el 661 **se estableció un imperio llamado Califato omeya**. Fue la primera dinastía islámica. **El Califato omeya** expandió sus territorios, popularizando el islam en Asia Central y Europa.

297. **Durante la primera mitad del siglo VIII, el Califato omeya conquistó Iberia al reino visigodo** e intentó invadir Francia, pero fue derrotado por las fuerzas francas, dirigidas por Carlos Martel, en la batalla de Tours en 732.

298. **Tras su establecimiento, el islam se extendió rápidamente por la mayor parte del suroeste de Asia.** Los musulmanes cruzaron al norte de África alrededor del 670 d. C. antes de llegar a España alrededor del 711 d. C.

299. **El Califato rashidun capturó la ciudad santa de Jerusalén tras un largo asedio en el 637. Jerusalén** y el resto de la Tierra Santa no fueron recuperadas por una potencia cristiana hasta las Cruzadas.

300. A partir del **reinado del califa Harun al-Rashid en el siglo VIII y hasta el siglo XIII**, el mundo islámico vivió un periodo de excelencia científica, cultural y económica conocido como **la Edad de Oro islámica.**

301. En 1258**, Bagdad fue saqueada por las fuerzas mongolas al mando de Hulegu Khan**, lo que provocó el declive del poder islámico en la región.

302. Después de ese periodo, **hubo varias olas importantes de conversión al islam**, como durante el dominio otomano (1299-1922).

303. **En la actualidad, casi dos mil millones de personas practican esta religión en todo el mundo**, lo que la convierte en uno de los mayores grupos religiosos.

304. **El islam se mezcló con muchas culturas diversas en distintas partes del mundo,** como la cultura **árabe** en el **norte de África y Medio Oriente,** la cultura **persa** en **Irán y la cultura del subcontinente indio.**

305. **Los musulmanes se rigen por un código ético conocido como *shariah*,** que guía su conducta y se deriva de las enseñanzas del *Corán* y la *Sunnah.*

306. **Prestan especial atención a las fiestas religiosas como el Eid al-Fitr, que marca el final del Ramadán,** o la realización del Hayy, una peregrinación a la ciudad santa de La Meca al menos una vez en la vida.

307. **El arte islámico incluye caligrafía, motivos geométricos y diseños arabescos** que reflejan las creencias islámicas. Las mezquitas, la vestimenta y los manuscritos demuestran el buen ojo de los musulmanes para los detalles y la belleza.

308. **El islam desempeñó un papel importante en el cambio de la historia política de Europa cuando el Imperio otomano se expandió** en el siglo XVI d. C. El flujo de mercancías asiáticas hacia Europa se vio restringido y obligó a los europeos a encontrar una nueva ruta, lo que dio comienzo a la Era de las Exploraciones.

309. **Entre los países con una considerable población musulmana en la actualidad, se encuentran Pakistán, Bangladesh, Indonesia e India.** En la India viven más de doscientos millones de musulmanes, la cifra más alta de todos los países de mayoría no musulmana.

310. **La expansión del islam se ha asociado a menudo con la violencia y el terrorismo,** pero esto solo se refiere a un número muy reducido de grupos extremistas que malinterpretan los principios del islam para adaptarlos a sus agendas o intereses.

El Imperio mongol
(1206-1368)

Explore la extraordinaria historia de uno **de los mayores imperios de la historia mundial**. A continuación, se presentan veinte hechos sobre **los mongoles**, desde su ambicioso fundador hasta ilustres gobernantes como **Kublai Khan**.

311. **El Imperio mongol fue el mayor imperio terrestre contiguo de la historia,** extendiéndose desde el mar de Japón hasta el este de Europa en su apogeo.

312. **Fue fundado por Gengis Kan**, que unió tribus nómadas bajo su dominio y conquistó muchas tierras para formar un imperio.

313. **Otro gobernante mongol memorable es Kublai Khan, nieto de Gengis Khan**. Estableció la dinastía Yuan en China y gobernó la mayor parte de Asia Oriental.

314. Durante sus conquistas, **los mongoles desarrollaron nuevas formas de comunicación**, como el sistema Yam, que utilizaba estaciones de mensajería a ciertos intervalos para transmitir rápidamente la información.

315. **Los mongoles tenían un sistema eficiente de impuestos**, que les permitía financiar sus campañas militares sin poner demasiados impuestos a los habitantes del imperio, haciendo posible que se expandieran aún más.

316. **Sus tácticas militares eran muy eficaces.** A menudo fingían retiradas o falsas rendiciones para atraer a sus oponentes a trampas en las que morían un gran número de ellos, con pérdidas mínimas para los mongoles gracias a su excelente uso de los arqueros.

317. **Los mongoles eran infames por su uso de tácticas de terror**, a menudo destruyendo ciudades enteras para sembrar el miedo y asegurar la sumisión de los oponentes.

318. **Los mongoles eran expertos en montar a caballo** y eran increíblemente hábiles disparando flechas desde su montura.

319. **El general mongol Subutai fue uno de los caudillos más distinguidos durante el reinado de Gengis Kan**. Dirigió muchas campañas y se dice que nunca perdió una batalla.

320. Construyeron una vasta red de rutas comerciales que conectaban China con Medio Oriente y Europa, permitiendo que mercancías como la seda y las especias llegaran a tierras lejanas.

321. Gengis Kan también estableció el primer código legal escrito de los mongoles, el *Yassa,* que se utilizó en todo su imperio. Incluía leyes sobre el matrimonio, los castigos y los derechos de propiedad.

322. El Imperio mongol fomentó el intercambio cultural entre diferentes regiones, reuniendo a personas que compartían conocimientos sobre temas como medicina, filosofía y religión, entre otros.

323. Bajo el gobierno de Kublai Khan, la cultura china floreció a través de la literatura y la pintura. Este emperador incluso construyó un gran palacio en Pekín, la capital de China.

324. El imperio comenzó a declinar tras la muerte de Gengis Kan debido a las luchas de poder entre sus descendientes y otros líderes.

325. Tras la muerte de Gengis Kan, los territorios conquistados fueron divididos por diferentes caudillos y generales mongoles. La parte suroccidental del imperio quedó bajo el control del **Iljanato**, que controlaba el Cercano Oriente y se centraba en **Persia**. La parte **noroccidental** del imperio abarcaba la actual **Rusia y**

partes de la estepa de Asia Central. Esta región estaba supervisada por **la Horda de Oro.**

326. Sin embargo, **muchos aspectos de la cultura mongola permanecen hoy en día**, como la lengua y las costumbres practicadas por ciertas tribus que viven cerca de las regiones fronterizas de Mongolia.

327. En 1271, **Marco Polo, un mercader veneciano, visitó China después de atravesar Mongolia**. El relato de su viaje fue escrito **por Rustichello da Pisa** en *Los viajes de Marco Polo*. A pesar de la popularidad del libro, no hay pruebas firmes de que **Marco Polo** llegara alguna vez a China.

328. El concepto de papel moneda mongol se originó durante este período, ya que Kublai Khan emitió monedas para facilitar el comercio en todo el imperio que gobernaba.

329. Los mongoles eran conocidos por su estricta disciplina. A menudo castigaban severamente a los criminales, mientras recompensaban a quienes les servían lealmente.

330. Aunque solo duró unos 160 años, el Imperio mongol cambió la historia del mundo con sus avances en comunicación, redes comerciales y tácticas militares que han sido adoptadas por muchas naciones desde entonces.

La Edad Media
(finales del siglo V-finales del siglo XV)

Un libro sobre la historia de la humanidad no estaría completo sin una mirada a **la Edad Media.** Mucha gente considera **la Edad Media** un periodo de estancamiento y atraso. Estos veinte datos le mostrarán lo interesante y formativo que fue este periodo.

331. **La Edad Media, también conocida como periodo medieval,** se extendió aproximadamente desde el colapso del Imperio romano de occidente hasta finales del siglo XV.

332. **No existe una fecha exacta para el final de la Edad Media,** pero a menudo se acepta la caída de Constantinopla, en 1453, como el término de este periodo.

333. La Edad Media se divide en tres periodos: **la Temprana, la Alta, y la Baja Edad Media**.

334. **La Temprana Edad Media** duró aproximadamente desde el siglo V hasta el X y también se la denomina **edad oscura.**

335. **Europa se volvió muy inestable tras la caída de Roma.** La población disminuyó, el comercio se redujo y los pueblos perdieron las conexiones de las que habían disfrutado en periodos anteriores.

336. **Tras la caída del Imperio romano de occidente, en el 476,** los antiguos territorios de Roma fueron divididos por los **pueblos germánicos** recién llegados, que crearon sus propios estados por toda Europa.

337. **La Iglesia cristiana se convirtió en la autoridad más reputada de la Temprana Edad Media**. La religión continuó extendiéndose y fue adoptada por los nuevos gobernantes de Europa Occidental en los siglos venideros.

338. **En Occidente, el cristianismo evolucionó de forma algo diferente,** con la Iglesia de Roma posicionándose como rival de **la Iglesia de Constantinopla,** lo que dio lugar **al Gran Cisma,** que vio la división de la Iglesia en **católica romana** (occidental) y **ortodoxa griega** (oriental).

339. **Los francos crearon un estado en Europa occidental** que terminó convirtiéndose **en el reino de Francia.**

340. **El gobernante franco más famoso y consumado fue Carlomagno** o Carlos el Grande. Subió al trono franco en el 768 y conquistó territorios en la actual Francia, el norte de Italia, el noreste de España y el oeste de Alemania, fundando el Imperio carolingio.

341. En el año 800, **Carlomagno fue coronado emperador de los romanos por el papa León III en la ciudad de Roma.**

342. **La Alta Edad Media** comenzó alrededor del siglo X y duró aproximadamente hasta el año 1350.

343. **Estuvo marcada por un ritmo creciente de urbanización, el apogeo del feudalismo,** la estabilización de las fronteras estatales y el inicio del redescubrimiento del pasado clásico, que terminó por dar paso al Renacimiento.

344. **La Alta Edad Media fue también la época de las Cruzadas,** cuando los cristianos europeos lanzaron múltiples invasiones a las tierras controladas por los musulmanes en Palestina con la esperanza de recuperar los lugares santos cristianos.

345. **La Reconquista tuvo lugar paralelamente a las Cruzadas,** con las facciones cristianas esperando derrotar a los musulmanes en Iberia.

346. A mediados del siglo XIV, **Europa fue devastada por un brote de peste bubónica,** comúnmente conocida como **la peste negra.**

347. Probablemente propagada desde Oriente, la peste negra acabó con cerca de un tercio de la población europea hacia el año 1350.

348. **La Baja Edad Media comenzó después de la peste negra** y terminó con la caída de Constantinopla, en 1453.

349. **En este periodo se produjeron muchos conflictos importantes en Europa,** como **la famosa guerra de los Cien Años entre Francia e Inglaterra y el ascenso del Imperio otomano,** que se apoderó de muchos de los territorios antes controlados por el Imperio bizantino.

350. **La forma de organización política más extendida durante la Edad Media fue la monarquía,** existiendo solo algunas repúblicas u oligarquías en la Europa de la época, como Venecia o Nóvgorod.

El Renacimiento
(siglo XIV d. C. al XVII d. C.)

Este capítulo explora el increíble periodo de la historia conocido como el **Renacimiento**. Fue una época de **grandes avances en el arte, la escritura, la música, la ciencia y la tecnología en toda Europa**. Se presentan veinte datos interesantes sobre artistas, escritores e inventores famosos.

351. **El Renacimiento fue un periodo entre los siglos XIV y XVII** en el que Europa experimentó una explosión en el arte, la escritura, la música, la ciencia y la tecnología.

352. **Durante el Renacimiento, se empezaron a explorar nuevas ideas sobre religión, política y derechos humanos.**

353. Muchos artistas famosos vivieron durante esta época, entre ellos **Leonardo da Vinci**, cuyas obras incluyen **la Mona Lisa.**

354. **Las antiguas filosofías griega y romana**, que se centraban en la razón en lugar de la fe o la superstición, **influenciaron profundamente esta época.**

355. **William Shakespeare** escribió muchas obras que siguen siendo populares hoy en día, como *Romeo y Julieta*.

356. **Johannes Gutenberg desarrolló una imprenta más eficiente**, que utilizaba tipos móviles. Esto permitió imprimir libros de forma más rápida y barata que nunca.

357. **La imprenta** permitió que las ideas de libros, periódicos, revistas y panfletos se difundieran rápidamente por Europa y otros lugares.

358. **Los mapas se hicieron mucho más precisos gracias a los avances en las técnicas de cartografía** (elaboración de mapas).

359. **Los escritos de Nicolás Maquiavelo contribuyeron a configurar el pensamiento político moderno** al enseñar dinámicas de poder y estrategias para los gobernantes. Sus obras, como *El Príncipe* y los *Discursos sobre Livio*, abrieron la puerta a una nueva forma de ver la política.

360. **Se empezó a estudiar la anatomía y a utilizar microscopios**, lo que ayudó a comprender mejor el cuerpo humano.

361. **Una de las primeras óperas fue *L'Orfeo*, escrita por Claudio Monteverdi** en 1607. Se considera la primera gran obra de teatro musical.

362. **Galileo Galilei utilizó un telescopio para observar los planetas por primera vez.** Descubrió que la Tierra no es el centro del universo, sino que gravita alrededor del Sol.

363. Durante este periodo **se inventaron** algunos instrumentos nuevos, como los **violines**, que permitieron explorar y desarrollar una gama más amplia de estilos musicales.

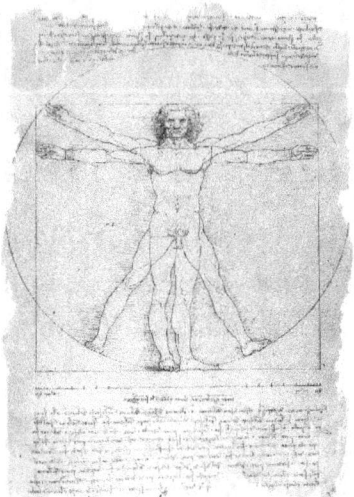

364. **El arte renacentista presenta a menudo dibujos en perspectiva**, en los que los objetos se hacen más pequeños a medida que se alejan del espectador.

365. **La relativa estabilidad y el progreso en Europa** condujeron al establecimiento de fronteras más firmes y varios reinos europeos comenzaron a avanzar en sus propias identidades nacionales.

366. Algunos gobernantes memorables de este periodo **son el rey Luis XIV, que gobernó Francia** de 1643 a 1715, **y la reina Isabel I, que gobernó Inglaterra** de 1558 a 1603.

367. **La banca se convirtió en una industria importante** gracias a innovaciones económicas como el método de contabilidad por partida doble.

368. **En el siglo XVI, comenzó la Reforma protestante**, que condujo a la división entre católicos y protestantes.

369. **En esta época, surgieron nuevos estilos arquitectónicos como el barroco**. Esta arquitectura llegó con diseños grandiosos que incorporaban ornamentación fastuosa y detalles recargados.

370. Algunos historiadores consideran **la guerra de los Treinta Años (1618-1648) como el final del Renacimiento**. Sin embargo, no existe una fecha exacta para esto. Las enseñanzas e ideas de esta época fueron desarrolladas en los siglos siguientes por pensadores y artistas europeos.

La Era de las Exploraciones
(siglos XV-XVII de nuestra era)

La Era de las Exploraciones, también conocida como la era de los descubrimientos, fue un periodo de grandes aventuras, peligros y descubrimientos. **Famosos exploradores** se aventuraron en busca de nuevas tierras y rutas comerciales. A continuación, se explora el impacto de este periodo crucial a través de veinte datos interesantes.

371. **Durante esta época, exploradores de muchos países, principalmente de España, Portugal, Francia y Gran Bretaña,** navegaron alrededor del mundo para encontrar nuevas tierras y rutas comerciales.

372. **Muchos países europeos compitieron entre sí para explorar nuevas tierras,** lo que provocó rivalidades entre las naciones por los derechos comerciales y los recursos.

373. **Cristóbal Colón fue uno de los exploradores más famosos de este periodo.** Cruzó el Océano Atlántico en 1492 para intentar llegar a la India, pero acabó descubriendo las Américas.

374. **Cristóbal Colón realizó cuatro viajes de Europa a América.** En sus viajes descubrió muchas islas, como Cuba y La Española, y exploró América Central y del Sur.

375. **Fernando de Magallanes fue otro explorador famoso.** Dirigió un viaje alrededor del mundo durante tres años, a partir de 1519. Mucha gente le sigue atribuyendo el mérito de ser el primero en circunnavegar el globo, aunque murió antes de terminar el viaje.

376. Al explorar mares extranjeros y tierras lejanas, **los europeos encontraron nuevas fuentes de riqueza como especias, oro, plata y pieles**. Incluso esclavizaron a pueblos de África y América.

377. **Durante la exploración, se propagaron muchas enfermedades**. Los europeos habían desarrollado inmunidad a ciertas enfermedades, mientras que los nativos nunca las habían padecido. Murieron millones de personas.

378. **Los exploradores utilizaron nuevas tecnologías** que les permitían viajar más lejos que antes, mejores **barcos** con velas, y herramientas de navegación avanzadas, como la **brújula, para orientarse.**

379. Hernán Cortés fue un conquistador español que conquistó la mayor parte de México entre 1519 y 1521. Es famoso por haber provocado el fin de la civilización azteca.

380. En 1588, **la armada española fue enviada a invadir Inglaterra, pero fracasó estrepitosamente** debido al mal tiempo y a la superioridad táctica de la armada inglesa. Esto marcó un importante **cambio de poder entre España e Inglaterra**. La colonización británica también comenzó a despegar a partir de este momento.

381. En 1497, **el explorador portugués Vasco de Gama realizó un viaje alrededor del Cabo de Buena Esperanza**, estableciendo contacto directo con la India.

382. El viaje de Vasco da Gama ayudó a Portugal a establecer estrechos lazos comerciales con el subcontinente indio. Estos lazos duraron siglos y dieron lugar a un periodo de dominio económico portugués en el comercio de productos orientales.

383. Juan Ponce de León fue un explorador español que navegó hasta la Florida en busca de oro. En su lugar, encontró algo aún mejor: manantiales de agua dulce a los que algunas personas atribuían propiedades curativas.

384. Jacques Cartier fue un explorador francés que organizó tres viajes a Canadá, entre 1534 y 1542. Sus exploraciones dieron como resultado el establecimiento de Francia en Canadá.

385. El Nuevo Mundo recibió su nombre del explorador italiano Américo Vespucio, que navegó a lo largo de la costa este de Sudamérica en 1499.

386. El navegante holandés Willem Barentsz dirigió tres viajes al Ártico entre 1594 y 1597, cartografiando gran parte del norte de Rusia y Noruega.

387. Henry Hudson fue un explorador inglés que buscó una forma más fácil de llegar de Europa a Asia. Descubrió lo que hoy se conoce como la bahía de Hudson, en 1610.

388. El explorador inglés Francis Drake se hizo famoso tras circunnavegar el globo entre 1577 y 1580. Zarpó desde Inglaterra y siguió en gran parte la ruta de Magallanes.

389. Bernardino de Sahagún escribió uno de los primeros relatos sobre los nativos americanos. Fue enviado a México **por el rey Carlos V** en 1529 y pasó muchos años estudiando a los **aztecas**. Sus estudios están plasmados en **el *Códice Florentino.***

390. La Era de las Exploraciones fue una época de grandes peligros, pero también abrió nuevas oportunidades para el comercio y el intercambio cultural entre Europa y el resto del mundo.

La Reforma
(1517)

La Reforma fue un periodo de grandes transformaciones religiosas y sociales. Este capítulo profundiza en **la historia, las figuras, los cambios sociales** y los efectos de esta época a través de veinte datos fascinantes.

391. **La Reforma fue un movimiento religioso, político y social que comenzó en Europa** durante el siglo XVI.

392. **La Reforma desafió la autoridad de la Iglesia católica** y cuestionó las creencias tradicionales sobre la religión y la moral.

393. **Se atribuye a Martín Lutero el inicio de la Reforma.** Supuestamente clavó sus *Noventa y Cinco Tesis* en la puerta de una iglesia en Alemania en 1517.

394. **La gente quería reformar** (o cambiar) **algunas prácticas del cristianismo**, como la venta de indulgencias o el poder de los sacerdotes en lugar de Dios. Muchos veían estas prácticas como injustas o erróneas.

395. **Debido a desacuerdos religiosos, se quemaron libros**, se destruyeron casas, se persiguieron ideas y se perdieron vidas.

396. **La Reforma protestante dio origen a nuevas formas de culto como el luteranismo** y el calvinismo en Alemania, Escandinavia, Suiza y Francia.

397. En Inglaterra, Enrique VIII se separó de la Iglesia católica y formó su propia Iglesia anglicana en 1534.

398. **La Contrarreforma fue una respuesta a la Reforma protestante**, ya que los católicos querían preservar sus creencias y prácticas tradicionales al tiempo que introducían cambios cuando era necesario.

399. **Una de las principales figuras de la Contrarreforma fue Ignacio de Loyola.** Fundó **la Compañía de Jesús** (jesuitas), que buscaba reformar el catolicismo a través de la educación y el trabajo misionero.

400. **Varios documentos religiosos ayudaron a orientar a católicos y protestantes**, como el Concilio de Trento, la Dieta de Augsburgo y la Confesión de Westminster, entre otros.

401. **La República holandesa se convirtió en uno de los países más tolerantes durante este periodo,** permitiendo la libertad de practicar cualquier religión sin persecuciones contra nadie.

402. **En Suiza, Calvino se convirtió en el líder de la Reforma en la ciudad de Ginebra**. El calvinismo se convirtió en una de las confesiones protestantes más populares.

403. **Martín Lutero tradujo la *Biblia* al alemán** para que la gente pudiera leerla más fácilmente. De este modo, Lutero contribuyó a aumentar significativamente los índices de alfabetización en Alemania.

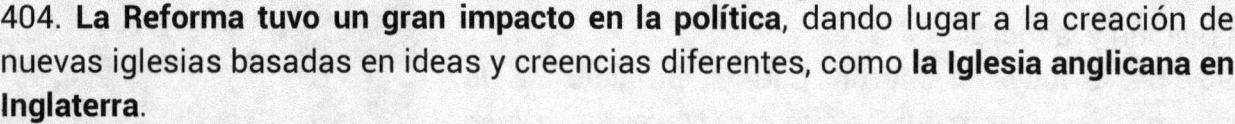

404. **La Reforma tuvo un gran impacto en la política**, dando lugar a la creación de nuevas iglesias basadas en ideas y creencias diferentes, como **la Iglesia anglicana en Inglaterra**.

405. **La guerra de los Treinta Años fue uno de los resultados indirectos de la Reforma protestante**. Casi todos los grandes estados europeos lucharon en esta guerra en complejas alianzas, y se calcula que el número de víctimas fue de entre 4,5 y 8 millones de personas.

406. **La Paz de Westfalia puso fin a la guerra de los Treinta Años**, estableciendo que los estados del Sacro Imperio romano germánico podían decidir qué religión querían practicar sin interferencia de otros.

407. **Una de las figuras más significativas durante este periodo fue el rey Jaime I**, que autorizó **la *Biblia* del rey Jaime para los angloparlantes**, en 1611.

408. Otros líderes de **la Reforma incluyen al suizo Huldrych Zwingli**, cuyas enseñanzas en la ciudad de Zúrich tuvieron un papel importante en la Reforma suiza, así como en el desarrollo del nacionalismo suizo.

409. Al conseguir que la religión fuera más accesible a personas de todos los estratos sociales, **la Reforma ayudó a promover los ideales democráticos a los que hoy se adhieren las naciones europeas.** Esto fue cada vez más generalizado a finales del siglo XVIII.

410. **Todos estos cambios tuvieron un gran efecto en el arte y la literatura de la época,** desde la composición de **himnos protestantes** hasta pinturas que representaban temas de la Reforma, como *El regreso del hijo pródigo*.

La Revolución Científica
(siglos XVI-XVIII d. C.)

Este capítulo se adentra en la apasionante historia de **la Revolución Científica**. Se exploran veinte **hechos** increíbles **sobre los científicos y los descubrimientos** que hicieron durante esta época revolucionaria.

411. **La Revolución Científica fue un periodo en el que se empezó a utilizar la ciencia y las matemáticas** para aprender más sobre el mundo.

412. **El astrónomo Nicolás Copérnico desarrolló una teoría que demostraba que la Tierra no era el centro del universo.** En su lugar, era uno de los muchos planetas que orbitaban alrededor del Sol.

413. **Galileo Galilei ayudó a demostrar la teoría de Copérnico** utilizando su telescopio para observar el sistema solar desde la Tierra.

414. **El astrónomo Johannes Kepler descubrió las leyes del movimiento planetario** que explicaban cómo los planetas se movían por el espacio de forma ordenada.

415. **El genio de las matemáticas René Descartes creó la geometría cartesiana**, un lenguaje matemático para describir formas sobre el papel.

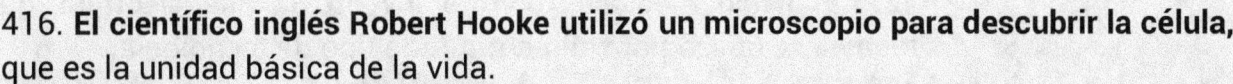

416. **El científico inglés Robert Hooke utilizó un microscopio para descubrir la célula,** que es la unidad básica de la vida.

417. **El fabricante de gafas holandés Antonie van Leeuwenhoek construyó potentes microscopios** y pasó a ser conocido como el **«padre de la microbiología»** tras observar por primera vez organismos diminutos como bacterias y protozoos.

418. **El físico Isaac Newton desarrolló sus teorías sobre la gravedad y el movimiento**, que explican cómo se desplazan los objetos por el espacio.

419. **El científico John Ray estudió plantas, animales, insectos y aves** y fue uno de los primeros científicos en reconocer que todas las especies tienen características únicas que las hacen diferentes de otras especies.

420. **Francis Bacon escribió sobre nuevas formas de pensar la naturaleza utilizando el razonamiento inductivo**, un método en el que se sacan conclusiones basadas en observaciones en lugar de basarse únicamente en hechos históricos o creencias tradicionales.

421. **El astrónomo británico Edmond Halley predijo cuándo volvería un cometa.** Su predicción se cumplió más tarde y el cometa pasó a conocerse como el cometa Halley.

422. **El físico Daniel Fahrenheit desarrolló una nueva escala de temperatura** que todavía se utiliza hoy en día.

423. En 1735, **el botánico sueco Carl Linnaeus creó un sistema para nombrar plantas** y animales. Este sistema se llama taxonomía y se sigue utilizando hoy en día.

424. **El geólogo británico James Hutton estudió rocas y fósiles para descubrir cómo se formó la Tierra.** Su trabajo lo llevó a desarrollar la teoría según la cual los procesos geológicos ocurren lentamente a lo largo del tiempo y no rápidamente por causa de acontecimientos catastróficos como inundaciones o explosiones volcánicas.

425. **El químico Joseph Priestly descubrió el oxígeno**, un elemento esencial para la vida que constituye alrededor del 21 % de la atmósfera de la Tierra.

426. **El matemático francés Pierre-Simon Laplace publicó su famosa obra en cinco volúmenes**, *Mecánica celeste*, que describe cómo las estrellas interactúan entre sí mediante la gravedad.

427. **El físico Alessandro Volta inventó la pila eléctrica**, que todavía se utiliza para alimentar todo tipo de tecnología.

428. **El ingeniero británico James Watt desarrolló nuevas formas de utilizar las máquinas de vapor** y revolucionó la manera de viajar y trabajar.

429. **El químico John Dalton descubrió los átomos**, diminutas partículas que lo forman todo en nuestro universo, desde las rocas hasta las plantas y los animales, lo que lo llevó a desarrollar una teoría sobre la **estructura atómica** que explica cómo interactúan los elementos entre sí.

430. **El médico inglés Edward Jenner creó una vacuna contra la viruela** que salvó millones de vidas al ayudar a prevenir brotes de esta enfermedad mortal.

La Edad de la Razón y la Ilustración
(siglos XVII-XVIII d. C.)

Explore el periodo de **la Ilustración**. En este capítulo se repasan veinte **hechos interesantes que muestran cómo esta época marcó un cambio de la superstición al pensamiento racional** sobre la política, la sociedad y la ciencia.

431. **En esta época se empezaron a ampliar los horizontes de la ciencia, tecnología, filosofía y arte.**

432. **Se cuestionaron las creencias tradicionales** y se impulsó una mayor libertad en la sociedad, incluida la tolerancia religiosa y los derechos individuales, como el derecho al voto de todos los ciudadanos.

433. Entre los personajes famosos que lideraron este movimiento se encuentran **Isaac Newton** (científico), **John Locke** (filósofo), **Montesquieu** (filósofo político), **Voltaire** (escritor), **Beethoven** (compositor) y **Mozart** (compositor).

434. **La Ilustración también se llamó la Edad de la Razón** porque se intentaba usar la razón en lugar de la tradición o la religión a la hora de tomar decisiones sobre cómo vivir la vida o gobernar los países.

435. Durante este período, **los libros se imprimieron con tipos móviles**, lo que permitió que las ideas de la Ilustración se difundieran rápidamente.

436. **La Ilustración apoyó la libertad de cada persona para pensar y expresarse.**

437. **En este periodo creció el capitalismo** (sistema económico basado en la compraventa de bienes) y el colonialismo (apropiación de territorios por parte de otros países).

438. **El filósofo y economista escocés Adam Smith escribió su influyente obra** *La riqueza de las naciones*, en la que trató la economía como una disciplina académica y allanó el camino para la teoría del libre mercado. Debido a esto, a menudo se hace referencia a Smith como el «padre de la economía».

439. El desarrollo intelectual en la política y la filosofía condujeron al **surgimiento de movimientos que se oponían al gobierno absoluto de las monarquías.**

440. Aunque algunos pensadores de la Ilustración creían en la abolición gradual y eventual de la esclavitud**, como Jefferson y Adam Smith, la Ilustración también permitió una nueva forma de concebir la esclavitud**, como la dominación justificada sobre razas inferiores.

441. **Las mujeres tenían más oportunidades que antes**, pero seguían limitadas a funciones domésticas como el cuidado del hogar y la familia.

442. **La gente empezó a viajar más por Europa**, por lo que las ideas se difundieron rápidamente entre los distintos países.

443. El arte floreció y muchos pintores famosos crearon obras que reflejan pensamientos de esta época, como **la obra maestra *La lechera*, del pintor holandés Johannes Vermeer** en 1658.

444. La música no solo servía para entretener, sino que también expresaba creencias políticas. **Ludwig van Beethoven escribió su Sinfonía nº 9** (una sinfonía coral) sobre la hermandad entre las naciones.

445. **Los filósofos utilizaron la razón para argumentar en contra de leyes o tradiciones** que consideraban erróneas, como las que apoyaban la esclavitud y las persecuciones religiosas.

446. **La Ilustración cuestionó muchos dogmas tradicionales**, lo que condujo al declive de la religión, en particular de la Iglesia católica.

447. **En esta época se creía que el conocimiento debía ser compartido** y no mantenido en secreto por unas pocas personas en el poder.

448. **Los filósofos discrepaban en muchas cuestiones**, pero todos querían hacer la vida más agradable para todos.

449. **La Ilustración condujo al inicio de la Revolución Industrial** (1760-1840), en la que las nuevas tecnologías cambiaron la forma de fabricar y distribuir los bienes.

450. **Este periodo también influyó mucho en el inicio de la Revolución estadounidense** (1775-1783), cuando los colonos declararon su independencia del dominio británico y formaron un nuevo país.

La Revolución estadounidense
(1775-1783)

Desde la *Declaración de Independencia* hasta la adopción de **la Constitución de Estados Unidos**, este capítulo explora veinte hechos fascinantes **sobre la Revolución estadounidense**. Se presentan detalles importantes como quién dirigió el ejército colonial, las famosas batallas libradas durante esta época y el papel que desempeñaron los países extranjeros para asegurar la libertad de los estadounidenses.

451. **La Revolución estadounidense** fue un período de agitación política y social en **Estados Unidos** que comenzó en 1775.

452. **La guerra se libró entre el ejército británico y los colonos que vivían en América** y querían independizarse de Gran Bretaña.

453. **George Washington fue el líder del ejército colonial durante la Revolución estadounidense** y más tarde se convirtió en el primer presidente de Estados Unidos.

454. **Thomas Jefferson fue uno de los autores de un importante documento llamado la *Declaración de Independencia***, que declaraba que todas las personas son iguales y tienen ciertos derechos como la vida, la libertad y la búsqueda de la felicidad.

455. Durante este periodo tuvieron lugar muchas batallas famosas, como **Bunker Hill** (1775), **Trenton** (1776), **Saratoga** (1777), **Cowpens** (1781) y **Yorktown** (1781).

456. **Los franceses, españoles y holandeses ayudaron a los colonos** proporcionándoles suministros durante la guerra.

457. **Durante la revolución se formó una red de espionaje que proporcionó información importante a ambos bandos.** Aunque **Paul Revere es más conocido por su famosa cabalgata** para advertir que se acercaban los británicos, también dirigió una red de espionaje.

458. **Las mujeres desempeñaron un papel importante en la Revolución estadounidense.** Trabajaban en las granjas mientras sus maridos estaban fuera luchando o cuidaban de los soldados heridos.

459. **Se calcula que unos cinco mil estadounidenses negros libres lucharon por la causa revolucionaria.** Este número es relativamente grande si se tiene en cuenta que cerca del 90 % de los 500.000 afroamericanos que vivían en las Trece Colonias durante la guerra eran esclavos.

460. En 1776, **el Segundo Congreso Continental decidió el nombre de «Colonias Unidas»,** que más tarde se transformó en **«Estados Unidos de América».**

461. **Tras ganar varias batallas clave contra Gran Bretaña, Estados Unidos obtuvo finalmente su independencia** con la firma del **Tratado de París** en 1783.

462. Se estima que **la guerra de la Revolución estadounidense** tuvo un número de bajas cercano a 60.000. Aunque esta cifra es pequeña comparada con otras guerras en la Europa de la época, sigue siendo relativamente alta teniendo en cuenta el número de militares de las Trece Colonias.

463. **Se cree que la bandera estadounidense ondeó por primera vez en Fort Schuyler,** pero fue adoptada oficialmente el 14 de junio de 1777, fecha que hoy se celebra como el Día de la Bandera.

464. **El marqués de Lafayette fue un militar francés que luchó en el Ejército Continental a las órdenes de George Washington** durante la guerra y ayudó a los estadounidenses a conseguir su independencia. Más tarde, a su regreso a Francia, participó en la Revolución francesa, lo que le valió un estatus único como héroe de ambas revoluciones.

465. **La Revolución estadounidense inspiró a otros países del mundo a luchar también por su libertad,** como Francia, cuya revolución comenzó pocos años después.

466. Después de que **Estados Unidos logró su independencia**, **adoptó la Constitución**, que determinaba cómo debía dividirse el poder entre las diferentes ramas del gobierno. En la actualidad, Estados Unidos sigue utilizando su constitución original.

467. **La guerra de la Revolución estadounidense creó nuevas oportunidades económicas** para muchas personas que vivían en Estados Unidos en esa época, como comerciantes y agricultores que empezaron a comerciar de nuevo con Europa tras independizarse de los impuestos de Gran Bretaña.

468. Con sus recursos agotados tras años de lucha y endeudado con naciones como Francia y España, **Estados Unidos se vio en una situación precaria. El conflicto con los británicos** estalló de nuevo en 1812.

469. **La Revolución estadounidense aportó nuevas ideas de gobierno**, que finalmente llevaron a la creación de un sistema democrático, permitiendo a los ciudadanos tener más derechos y libertades que nunca.

470. El resultado de **esta guerra fue extremadamente importante para la historia de Estados Unidos**, llevándolo a convertirse en una de las naciones más poderosas de la Tierra en la actualidad.

La Revolución Industrial
(1760-1840)

La Revolución Industrial fue una época de grandes cambios y avances tecnológicos que configuraron el mundo tal y como lo conocemos hoy. Este capítulo explora este periodo en profundidad, examinando veinte datos interesantes sobre las innovaciones, los efectos en la vida cotidiana y los legados duraderos que dejó.

471. **La Revolución Industrial fue una época en la que se comenzaron a utilizar máquinas** para hacer las cosas de manera más eficiente.

472. **La Revolución Industrial comenzó en Gran Bretaña,** pero pronto se extendió por todo el mundo.

473. **Durante este periodo se desarrollaron nuevas tecnologías, como las máquinas de vapor, los ferrocarriles y las fábricas**, que cambiaron la forma de fabricar y transportar mercancías.

474. Antes de **la Revolución Industrial,** la mayoría de los productos eran fabricados a mano por hábiles artesanos o que utilizaban

herramientas manuales como martillos o cinceles para dar forma a los materiales y convertirlos en artículos valiosos para su venta en mercados o tiendas.

475. **La mejora de los métodos agrícolas permitió a los agricultores producir más alimentos** que nunca, lo que significó que las personas podían trasladarse de las zonas rurales a las ciudades, donde trabajaban en fábricas elaborando productos.

476. **Inventos como la máquina de vapor de James Watt impulsaron nuevas industrias** que crearon grandes riquezas para los propietarios de las fábricas a la vez que proporcionaban empleo a los trabajadores.

477. **El carbón proporcionó la energía necesaria** para hacer funcionar muchas de estas nuevas máquinas y fábricas.

478. **La invención de la hilandería permitió producir grandes cantidades** de hilo en menos tiempo que nunca.

479. **La desmotadora de algodón hizo posible que las máquinas separaran rápidamente las fibras de algodón** de sus semillas, aumentando la demanda de algodón en bruto, cuya producción era ahora más barata.

480. **Los trabajos en las fábricas eran a menudo peligrosos.** Los trabajadores tenían largas jornadas laborales sin vacaciones y con descansos mínimos concedidos por los empresarios.

481. Algunos propietarios de fábricas crearon espacios vitales llamados ciudades de empresa, donde **los trabajadores podían vivir cerca de los lugares donde trabajaban,** aunque sujetos a las normas establecidas por los empresarios.

482. **La mejora de las redes de transporte permitió transportar mercancías a distancias más largas de forma más barata y rápida.** La gente podía comprar más fácilmente productos de todo el mundo y no solo artículos locales.

483. **La invención del barco de vapor permitió transportar mercancías rápidamente a través de grandes masas de agua,** como los océanos o ríos

484. **Los avances tecnológicos durante este periodo** condujeron a desarrollos médicos, incluyendo vacunas para varias enfermedades.

485. **La industrialización provocó un gran crecimiento demográfico** debido a la mejora de las condiciones de vida y a la mayor disponibilidad de alimentos.

486. **La clase trabajadora empezó a formar sindicatos** para luchar contra las prácticas laborales injustas y mejorar los salarios.

487. **El trabajo infantil era una práctica común durante esta época y los niños solían empezar a trabajar** en las fábricas alrededor de los once años.

488. **La Revolución Industrial cambió drásticamente la vida cotidiana.** Hizo que los productos fueran más baratos, pero eso tuvo un costo: aire y agua contaminados, condiciones de trabajo insalubres y pobreza entre los trabajadores que no podían competir con las máquinas por los puestos de trabajo.

489. **La Revolución Industrial** allanó el camino para muchas de las comodidades de hoy en día, como los autos y la electricidad.

490. **La Revolución Industrial marcó el comienzo de una nueva era en la historia del mundo,** con una mayor dependencia de las máquinas y la tecnología que continúa hasta nuestros días.

La Revolución francesa y las guerras napoleónicas (1789-1815)

Este capítulo es un apasionante viaje a través de **la Revolución francesa y las guerras napoleónicas**, dos de los acontecimientos más cruciales de la **historia europea**. Se presentan veinte datos asombrosos sobre este periodo, que incluyen desde figuras icónicas como **Napoleón Bonaparte** hasta revoluciones que dieron forma al mundo tal y como lo conocemos hoy en día.

491. **La población en Francia quería más libertad y menos poder para el rey, que era Luis XVI.**

492. Durante este periodo, **los libros sobre política y filosofía se hicieron populares** entre los ciudadanos de Francia, difundiendo ideas sobre democracia y libertad.

493. El 14 de julio, **el pueblo asaltó una prisión llamada la Bastilla**, este es un día festivo en Francia llamado **Día de la Bastilla**.

494. **Tras el asalto a la Bastilla, se promulgaron muchas leyes** que otorgaban a las personas los mismos derechos ante la ley, independientemente de su clase social o nivel de riqueza.

495. En junio de 1791, la **familia real intentó huir de Francia. El rey Luis XVI y la reina María Antonieta** fueron detenidos en la pequeña ciudad de Varennes y fueron arrestados por los revolucionarios.

496. **Los revolucionarios decidieron reorganizar Francia en una república y derrocaron la monarquía,** dando muerte al rey Luis XVI y a su esposa, María Antonieta.

497. Según la leyenda, **María Antonieta dijo una vez: «Que coman pastel»,** cuando se enteró de que su pueblo se moría de hambre por falta de pan. Sin embargo, se discute si alguna vez pronunció esas palabras. Es posible que se le atribuyeran debido a su impopularidad.

498. Tras la etapa inicial de **la Revolución francesa**, de septiembre de 1793 a julio de 1794, Francia vivió un periodo conocido como **el Reinado del Terror**, durante el cual miles de miles de personas sospechosas de estar en contra de la revolución fueron detenidas y ejecutadas por **el Comité de Seguridad Pública**.

499. **La guillotina fue muy utilizada durante la Revolución francesa** para decapitar rápidamente a las personas de forma menos cruel que otros castigos de la época, aunque desde entonces se ha prohibido su uso debido a su crueldad.

500. **El himno nacional de Francia fue escrito durante la Revolución francesa** y se llama *La Marsellesa*. Todavía se canta en la actualidad.

501. **La Revolución francesa ayudó a dar lugar a otras revoluciones en todo el mundo,** como las revoluciones en América Latina.

502. **El primer emperador de Francia fue Napoleón Bonaparte,** que subió al poder tras derrocar al gobierno francés.

503. **Napoleón cambió muchas cosas** en el aspecto político, económico y social **de Europa**.

504. **Napoleón hizo guerras contra otras naciones europeas** y sus conquistas lo llevaron hasta Rusia.

505. **Quería asegurarse de que Francia reinara con supremacía**, por lo que luchó contra países europeos como Gran Bretaña, España, Austria, Rusia y Prusia para demostrar su poderío. **Napoleón tuvo a menudo mucho éxito en las batallas que libró**.

506. En 1815, **muchos países europeos se aliaron para derrotar a Napoleón**, poniendo fin al periodo de la Revolución francesa y las guerras napoleónicas.

507. **Napoleón fue finalmente derrotado tras perder la batalla de Waterloo en 1815.**

508. Incluso después de **la derrota de Napoleón, Francia no se convirtió en una república democrática**. En su lugar, la familia gobernante de los Borbones fue reinstituida por los aliados vencedores.

509. **Muchos artistas famosos como Jacques-Louis David** estuvieron activos durante este periodo y pintaron retratos de figuras importantes como **Napoleón Bonaparte.**

510. **Las guerras napoleónicas cambiaron Europa drásticamente al desplazar las fronteras**, establecer nuevos países y crear diferentes tipos de gobiernos en toda Europa.

Las guerras de independencia hispanoamericanas (1809-1825)

Las guerras de independencia hispanoamericanas sucedieron en una época tumultuosa en la historia de América Latina. A lo largo de casi dos décadas, los pueblos lucharon por su derecho a liberarse del dominio español y crear **naciones independientes**. Este capítulo explora veinte **datos** interesantes **sobre este periodo crucial**, incluyendo sus figuras clave, las batallas que tuvieron lugar y el legado duradero que dejaron estas guerras en la economía y la cultura de **América Latina**.

511. **Las guerras de independencia hispanoamericanas se libraron entre España y las colonias** que tenía en América, como **México y Perú**.

512. **Muchas colonias querían independizarse del dominio español** debido a la opresión social estructural.

513. **Un líder importante de estas guerras fue Simón Bolívar, un líder militar y político venezolano** que dirigió muchas batallas contra las fuerzas españolas en Sudamérica.

514. **En México, Miguel Hidalgo y Costilla inició la lucha por la independencia** emitiendo el grito de Dolores el 16 de septiembre de 1810.

515. **A las personas que luchaban por su libertad se les llamaba patriotas o insurgentes.** Algunos de los más patriotas fueron José de San Martín, Bernardo O'Higgins y Agustín Iturbide.

516. **Un punto de inflexión importante en la guerra de Independencia peruana** se produjo cuando un ejército dirigido por el **general Antonio José de Sucre** derrotó a una fuerza española mucho mayor en la **batalla de Ayacucho, en 1824**. Esto puso fin a la dominación española en Sudamérica y estableció a la **Gran Colombia y Perú como naciones independientes**.

517. **El país de Bolivia lleva el nombre de Simón Bolívar,** que también participó en la liberación de Colombia, Venezuela, Panamá, Ecuador y Perú.

518. **Estas guerras de independencia se inspiraron en gran medida en la Revolución estadounidense, la Revolución francesa y la Revolución haitiana.**

519. **Estas guerras por la independencia ayudaron a difundir ideas** como la libertad, la autodeterminación y el nacionalismo por toda América Latina.

520. **Algunas de las primeras naciones independientes que surgieron a partir de estas guerras fueron Venezuela y Paraguay**, en 1811.

521. **Se libraron muchas batallas entre independentistas y fuerzas leales** que querían mantener sus colonias bajo control español. Algunas batallas famosas son **La Paz** (1812), **Ayacucho** (1824) y **Carabobo** (1821).

522. **Las guerras tuvieron un enorme impacto en la economía y la cultura de América Latina,** con muchas ciudades destruidas e industrias perturbadas por los combates.

523. **Estas guerras también supusieron una oportunidad para que Gran Bretaña, Francia y Estados Unidos** se involucraran y ganaran influencia sobre estos nuevos países.

524. **España perdió todas sus colonias tras la guerra hispano-estadounidense** de 1898, tras lo cual Estados Unidos se hizo con el control de Puerto Rico y Filipinas.

525. **Durante la guerra se produjeron avances en las tácticas militares**, como la guerra de guerrillas, en la que pequeños grupos atacaban por sorpresa a ejércitos más grandes.

526. **Los héroes que lucharon durante estas guerras siguen siendo celebrados hoy en día**. En toda América Latina se han construido estatuas en su honor. Sus historias son parte integral de la **cultura latinoamericana** y siguen siendo fuente de orgullo e inspiración para muchos ciudadanos.

527. **El legado de estas batallas** también es importante, ya que allanaron el camino para la democracia y los sistemas de gobierno modernos en toda **América Latina.**

528. **Las guerras también inspiraron a otros países a luchar** por su independencia, como Grecia y Serbia.

529. **Las costumbres, tradiciones y culturas** de las naciones recién liberadas de América Latina son similares entre sí, debido a siglos de dominación **colonial española** que resultaron en la asimilación de muchas costumbres por parte de los pueblos de estas naciones.

530. **Se formaron nuevos países** a partir de territorios que anteriormente habían formado parte de las colonias españolas. Entre estos países se encuentran **Bolivia, Uruguay, Colombia, Ecuador y Chile.**

La unificación de Italia
(1859-1871)

Descubra **la fascinante historia de la unificación de Italia**. En este capítulo, se exploran quince hechos sobre el proceso de unificación y las personas que lo lideraron.

531. **La unificación de Italia** tuvo lugar entre 1859 y 1871, cuando diferentes regiones se unieron para formar una sola nación.

532. **La unificación de Italia fue liderada por un hombre llamado Giuseppe Garibaldi,** que llegó a ser conocido como el «héroe de los dos mundos».

533. Cuando **Giuseppe Garibaldi se convirtió en héroe nacional italiano**, ya había adquirido mucha experiencia participando en revoluciones en América Latina, de ahí su apodo.

534. Antes de la unificación de Italia, **la nación estaba dividida en muchos estados más pequeños** influidos por potencias extranjeras como **Austria o Francia**.

535. Tras años de luchas y batallas, el 17 de marzo de 1861, la mayor parte de **la península itálica se unió** en un solo reino: **el reino de Italia**.

536. **El rey Víctor Manuel II se convirtió en el primer monarca**, con Turín como capital.

537. **Durante este periodo, hubo dos fuerzas políticas principales**: las que estaban a favor de la unificación (lideradas por Cavour, primer ministro del **reino de Cerdeña-Piamonte) y las que se** oponían a ella (dirigida por el papa Pío IX).

538. **Una de las figuras más importantes en la unificación de Italia fue Giuseppe Mazzini**, que fundó la Joven Italia, una organización destinada a unir al pueblo a través de la educación y la cultura.

539. La guerra por la unificación incluyó varias **batallas**, como la **de Solferino** en 1859, que ayudó a asegurar la independencia italiana del dominio austriaco; la **batalla de Volturno** en 1860, que puso fin al reinado borbónico sobre varias partes de Italia; y la **batalla de Mentana** en 1867, que aplastó la última **resistencia contra la unificación**.

540. **En 1870, Roma fue declarada parte de la nación italiana después de que las tropas francesas la abandonaran** tras un plebiscito (una votación).

541. **La unificación de Italia tuvo un impacto en la cultura** al traer nuevas ideas de diferentes regiones, creando una identidad nacional única.

542. **La lengua italiana se comenzó a hablar mucho más en este periodo**, con muchas palabras prestadas de países vecinos como Francia o Alemania.

543. **Se crearon varias leyes para fusionar todos estos estados menores en una nación mayor,** permitiendo el comercio entre zonas y fomentando la libertad de expresión.

544. **Italia se convirtió en una monarquía constitucional con parlamento** y sufragio limitado, una figura bastante avanzada para su época. **La monarquía** fue abolida posteriormente por los fascistas en el siglo XX.

545. **La unificación de Italia fue un gran logro** y marcó el inicio de la Italia moderna tal y como la conocemos hoy.

La guerra civil estadounidense
(1861-1865)

Conozca **los acontecimientos que condujeron al estallido de la guerra civil estadounidense**, que cambió para siempre el panorama político de la nación. **Estos veinte datos describen las principales batallas y figuras** implicadas en este conflicto.

546. **La guerra civil estadounidense fue la más mortífera de la historia de Estados Unidos,** con más de 600.000 soldados muertos durante el conflicto.

547. **La guerra se libró principalmente entre dos bandos: la Unión** (también conocida como el Norte) **y la Confederación** (o el Sur).

548. **Abraham Lincoln fue presidente de los Estados Unidos** (la Unión) durante la mayor parte de la guerra. El **presidente Jefferson Davis** dirigió las fuerzas confederadas desde Richmond, Virginia.

549. **La causa principal de este sangriento conflicto fue la esclavitud**, específicamente si se debía permitir o no que continuara en los nuevos territorios de Estados Unidos que se estaban formando en ese momento (como Kansas).

550. **La primera gran batalla tuvo lugar cerca de Manassas Junction, Virginia**, el 21 de julio de 1861. **La batalla terminó con una victoria confederada.** Los norteños suelen referirse a este conflicto como **la batalla de First Bull Run** y **los sureños como First Manassas.**

551. Dos de los generales más famosos de la historia de Estados Unidos, **Ulysses S. Grant y Robert E. Lee**, fueron oficiales durante la guerra y lucharon en bandos opuestos.

552. **El ejército de la Unión era mayor que el ejército confederado** en una proporción de dos a uno, pero también tenía menos moral y menos suministros.

553. A lo largo de la guerra se produjeron varios puntos de inflexión que condujeron finalmente a una **victoria** general de las **fuerzas de la Unión**. Entre ellos, **la batalla de Gettysburg** (julio de 1863) y **la campaña de Vicksburg** (julio de 1863).

554. **La Confederación utilizó tácticas de guerrilla** para intentar superar sus desventajas militares frente a sus oponentes mejor equipados.

555. **El bloqueo naval impuesto por la armada de la Unión** fue un factor importante para limitar los suministros a las fuerzas confederadas y cortar su capacidad de exportar bienes y obtener ingresos.

556. **Los afroamericanos, tanto libres como esclavos, desempeñaron un papel importante en la victoria de la Unión** en la guerra. Proporcionaron inteligencia y apoyo logístico e incluso se alistaron como soldados.

557. **La *Proclamación de la Emancipación*, emitida por el presidente Lincoln** el 1 de enero de 1863, declaró la libertad de los esclavos que vivían en todas las zonas bajo control confederado.

558. **Las mujeres hicieron valiosas contribuciones durante la guerra civil.** Algunas sirvieron como enfermeras en los hospitales del ejército, mientras que otras se disfrazaron para poder luchar junto a los hombres.

559. **La guerra civil estadounidense** fue testigo de algunos de los primeros usos de la guerra industrializada en tierra, incluyendo la producción masiva de armas como rifles y cañones.

560. En abril de 1865, el **general Robert E. Lee rindió su Ejército de Virginia del Norte en Appomattox Court House, Virginia**, poniendo fin a todas las hostilidades terrestres entre ambos bandos.

561. El 6 de diciembre de 1865, tras años de amargo conflicto, **la esclavitud fue oficialmente abolida** con la ratificación de **la Decimotercera Enmienda** a la Constitución de Estados Unidos.

562. **A veces se hace referencia a la guerra de Secesión como la segunda Revolución estadounidense** debido a su profundo impacto en la sociedad y la política de Estados Unidos.

563. Muchos estadounidenses famosos lucharon o sirvieron durante la guerra civil, entre ellos el **presidente Rutherford B. Hayes, el general William Tecumseh Sherman** y el escritor **Mark Twain.**

564. **En este conflicto se utilizaron por primera vez globos aerostáticos con fines de reconocimiento militar.**

565. Tras la guerra, comenzó un periodo conocido como la **Reconstrucción**. Su objetivo era **reunificar** económica y políticamente **el norte y el sur.**

La unificación de Alemania
(1866-1871)

Este capítulo explora **la increíble historia de la unificación alemana.** Se presentan veinte hechos interesantes sobre cómo Prusia unificó los estados de habla alemana.

566. **En 1871, Prusia lideró la unificación de la mayoría de los estados de habla alemana, creando el Imperio alemán.**

567. **El líder de Prusia en ese momento era Otto von Bismarck**, también conocido como el Canciller de hierro, porque tenía una fuerte voluntad y ambición de unificar al **pueblo alemán.**

568. Antes de la unificación, en 1871, Alemania estaba formada por **varios estados más pequeños.** Aunque eran políticamente independientes entre sí, **todos se consideraban alemanes** debido a las similitudes de sus culturas y sociedades.

569. **Antes del inicio de las campañas militares para unificar Alemania**, Prusia condujo a los estados alemanes más pequeños a una unión aduanera conocida como Zollverein, que integraba a muchos estados alemanes en una zona económica.

570. Una de las batallas más importantes de la unificación alemana fue **la batalla de Koniggratz**, que terminó con una decisiva **victoria prusiana sobre Austria** en 1866 y condujo a la anexión de la **Confederación del Norte de Alemania** por parte de Prusia.

571. **La nueva nación alemana adoptó el *reichstag*** (parlamento) como órgano legislativo. Todavía existe.

572. En 1888, **Guillermo II se convirtió en káiser** (emperador) **del Imperio alemán.** Gobernó durante la Primera Guerra Mundial, pero se vio obligado a abdicar cuando Alemania perdió la guerra.

573. Como parte del proceso de unificación, **Alemania estableció una nueva moneda unificada, el marco** (posteriormente sustituido por el euro).

574. La unificación de Alemania la convirtió en uno de los países más poderosos de Europa en aquella época y sentó las bases de su futuro éxito económico.

575. El desarrollo industrial durante este periodo fue inmenso, ya que se desarrolló rápidamente el carbón, el acero y otras industrias pesadas para satisfacer las crecientes necesidades de la población. **Estos avances fueron esenciales para la Primera Guerra Mundial**, que tuvo lugar unos cuarenta años después de la creación del Imperio alemán.

576. En 1887, **Otto von Bismarck logró un acuerdo con Rusia para aislar a Francia.** Este acuerdo se conoció como el Tratado de Reaseguro.

577. La cultura alemana floreció durante esta época, con grandes logros en arte, literatura y música.

578. La unificación de Alemania trajo consigo muchos cambios en el sistema educativo. Se hizo obligatoria la escolarización de los niños entre seis y catorce años y se abrieron universidades para fomentar la formación continua.

579. Los alemanes adoptaron nuevas tecnologías durante este periodo, como el ferrocarril, que permitía transportar mercancías, personas e información con rapidez por todo el imperio.

580. Berlín se convirtió en la capital de Alemania y rápidamente se convirtió en la ciudad más poblada y grande del país.

581. En este periodo se produjo un aumento del nacionalismo entre los alemanes, ya que muchos creían que su cultura y su lengua debían tener prioridad sobre otros países europeos.

582. El ejército prusiano fue el núcleo de la fuerza militar de la Alemania unida. Consiguió derrotar a las fuerzas francesas y a las austriacas, dos imperios que parecían mucho más poderosos que el recién creado estado alemán.

583. La unificación de Alemania también ayudó a fomentar la lengua alemana, que se hablaba en todo el imperio.

584. La unificación de Alemania causó un gran revuelo en los países vecinos que habían estado en guerra con algunos estados alemanes en el pasado.

585. El éxito de la unificación de Alemania y la creación de un poderoso imperio sirvió de ejemplo a otras naciones europeas, especialmente en lo que se refiere a los méritos militares y económicos de los alemanes durante este periodo.

Primera Guerra Mundial
(1914-1918)

Explore los tumultuosos y trascendentales **acontecimientos de la Primera Guerra Mundial, un conflicto devastador que se cobró millones de vidas**. A continuación, se presentan veinte datos interesantes sobre esta **guerra mundial** partiendo de sus causas, sus **principales batallas, las nuevas tecnologías** que se usaron y las potencias que participaron.

586. **La Primera Guerra Mundial se libró entre dos bandos: los Aliados** (Francia, Rusia, Italia, Gran Bretaña, Japón y, más tarde, Estados Unidos) y **las Potencias Centrales** (Alemania, Austria-Hungría y el Imperio otomano).

587. **Además, de las grandes potencias, los Aliados y las Potencias Centrales tenían a otras naciones más pequeñas de su lado. Algunas de las se pusieron del lado de los Aliados fueron Serbia y Grecia. Bulgaria, en cambio, ayudó a las Potencias Centrales.**

588. **El asesinato del archiduque Francisco Fernando de Austria-Hungría fue la chispa que encendió la guerra**, aunque las tensiones habían ido en aumento en Europa desde hacía bastante tiempo, especialmente en las naciones balcánicas.

589. **Las batallas más famosas de la Primera Guerra Mundial fueron Gallipoli, Verdún, Isonzo, Tannenberg y el Somme**, todas ellas con millones de bajas en ambos bandos.

590. La Primera Guerra Mundial fue el primer gran conflicto en el que se utilizaron tanques, aviones, armas químicas y ametralladoras.

591. **Nuevas tecnologías como los submarinos y los zepelines** (dirigibles) fueron utilizadas por primera vez durante la Primera Guerra Mundial por parte de Alemania.

592. **Las mujeres desempeñaron un papel importante en la Primera Guerra Mundial.** Trabajaron en las fábricas de municiones y otros artículos esenciales para los soldados en guerra.

593. **Una vez que los hombres volvieron a casa, la mayoría de las mujeres fueron despedidas de sus trabajos.** Sin embargo, habían demostrado que podían desempeñar un trabajo y cuidar de sus hijos, sentando las bases para ser más activas en la fuerza laboral.

594. **El Barón Rojo, cuyo verdadero nombre era Manfred von Richthofen,** fue uno de los pilotos de caza alemanes más famosos que volaron durante la guerra. Se le atribuyó el derribo de ochenta aviones enemigos durante su carrera.

595. **Las fuerzas australianas y neozelandesas se unieron** para formar el ANZAC, que luchó en Gallipoli.

596. **Los primeros tanques fueron introducidos por Gran Bretaña en 1916** y ayudaron a cambiar el desarrollo de las batallas terrestres contra las fuerzas alemanas.

597. Todos los bandos sufrieron enormes pérdidas. **Las estimaciones varían, pero murieron entre quince y veintidós millones de militares y civiles.** Muchos más quedaron heridos.

598. **Las nuevas tácticas, incluida la guerra de trincheras, obligaron a pasar largos periodos bajo tierra para protegerse,** lo que causó daños psicológicos en los soldados que persistieron cuando estos regresaron a casa.

599. **El gas venenoso se utilizó ampliamente durante la Primera Guerra Mundial,** estimándose que unas 100.000 personas murieron a causa de esta arma.

600. **Estados Unidos decidió unirse a la guerra del lado de los Aliados tras el infame incidente del Telegrama Zimmermann.** El secretario de Asuntos Exteriores alemán Arthur Zimmermann envió en secreto un telegrama a México, invitando al país a atacar a Estados Unidos, neutral hasta entonces, que apoyaba económicamente a Gran Bretaña.

601. En 1917, tras **infructuosas campañas militares y una revolución interna, Rusia negoció una retirada de la guerra con Alemania.** Esta decisión fue tomada por el nuevo gobierno bolchevique de Rusia, que firmó el Tratado de Brest-Litovsk en marzo de 1918, cediendo el control de muchos de los territorios occidentales de Rusia.

602. **El presidente estadounidense Woodrow Wilson propuso los Catorce Puntos,** un plan que incluía la diplomacia abierta, la libertad de los mares y la eliminación de las barreras económicas entre las naciones como parte del esfuerzo por la paz y el final de la guerra.

603. **La contienda terminó el 11 de noviembre de 1918**, que se conoce ahora como **el Día del Armisticio o Día del Recuerdo** y se conmemora anualmente en todo el mundo.

604. **El Tratado de Versalles puso fin oficialmente a la Primera Guerra Mundial** el 28 de junio de 1919, cinco años después de su inicio. En **este documento se culpaba a Alemania de iniciar la guerra** y se imponían severas restricciones a la nación. El tratado desempeñó un papel importante en el inicio de la Segunda Guerra Mundial.

605. **La Sociedad de Naciones se creó tras el final de la Primera Guerra Mundial** para unir a los países y evitar futuras guerras. Estaba compuesta por un consejo de representantes de cada estado miembro y una secretaría.

La Revolución rusa
(1917-1923)

La Revolución rusa fue una compleja serie de acontecimientos que cambiaron el curso de la historia. Esta revolución, que impulsó el cambio de una monarquía autocrática por un estado comunista, tuvo un impacto profundo y duradero en la política, la cultura y la sociedad. A continuación, se presentan veinte hechos fascinantes para entender este acontecimiento.

606. **La Revolución rusa comenzó el 8 de marzo de 1917**, cuando cientos de miles de personas marcharon por las calles para protestar contra las políticas opresivas de su gobierno.

607. **Una serie de revoluciones en Rusia cambiaron el gobierno de una autocracia a un estado comunista llamado Unión Soviética.**

608. Un eslogan popular durante la revolución fue «**Paz, Tierra y Pan**», que eran las cosas más importantes para la clase obrera.

609. **El zar Nicolás II se vio obligado a abdicar de su trono** durante este levantamiento, poniendo fin a más de trescientos años de dominio de los Romanov sobre Rusia.

610. **El Partido Comunista Bolchevique**, tras derrocar al zar, se hizo con el poder en noviembre, iniciando una guerra civil que duró cinco años y que ganó.

611. **La familia real Romanov fue encarcelada y finalmente ejecutada por los bolcheviques** en julio de 1918, en la Casa Ipatiev de la ciudad de Ekaterimburgo. El asesinato de la familia real, incluido el **zar Nicolás II, su esposa Alexandra, sus cinco hijos** y otras cuatro personas del séquito real, fue inicialmente encubierto.

612. **El Partido Bolchevique se hizo con el control de la mayoría de los aspectos de la vida en Rusia** y estableció la Unión Soviética con principios **marxistas-leninistas** como guía para gobernar la sociedad y la economía.

613. **El pueblo ruso fue testigo de cambios drásticos**, como las reformas agrarias que eliminaron los derechos aristocráticos de propiedad de la tierra, la legalización del matrimonio civil (separación de la Iglesia y el Estado), **la introducción de la educación universal** y el establecimiento de los derechos laborales.

614. **La guerra civil que siguió a la revolución fue un conflicto brutal entre la facción del Ejército Rojo** (bolchevique) y las fuerzas del **Ejército Blanco** (monárquico/zarista). Millones de personas lucharon en la guerra.

615. **La Unión Soviética emergió como superpotencia** y su agenda principal fue extender el comunismo a otras partes del mundo.

616. Tan pronto como **los bolcheviques comenzaron a ganar la guerra civil rusa**, empezaron a atacar y anexionar países vecinos, donde establecieron repúblicas comunistas hermanas.

617. **Al final, quince países formaron la Unión Soviética:** Rusia, Ucrania, Bielorrusia, Georgia, Azerbaiyán, Armenia, Letonia, Lituania, Estonia, Kazajistán, Tayikistán, Uzbekistán, Kirguistán, Turkmenistán y Moldavia.

618. **En 1921, Lenin introdujo la Nueva Política Económica (NEP),** que recuperó la empresa privada limitada al tiempo que mantenía el control sobre algunos aspectos de la economía.

619. **Tras la muerte de Lenin, un hombre llamado Joseph Stalin tomó el poder.** Asesinó a sus oponentes políticos y creó un régimen autocrático basado en el miedo y el terror a través de una fuerza policial secreta llamada KGB.

620. **Se construyeron muchas industrias nuevas**, como **acerías y minas de carbón**, lo que convirtió a **la Unión Soviética** en uno de los estados más poderosos durante las décadas de 1920 y 1930.

621. **León Trotsky, uno de los principales revolucionarios junto a Lenin,** se vio obligado a exiliarse tras la muerte de Lenin en 1924. En el exilio, siguió predicando la causa socialista, pero culpó a Stalin de usurpar el poder en la URSS. En 1940, **Trotsky fue asesinado por la policía secreta soviética** en Ciudad de México.

622. Aunque **la Revolución rusa** produjo algunos resultados positivos, como el crecimiento económico en la industrialización y la mejora de los servicios de sanidad pública, **los rusos sufrieron enormemente durante el reinado de Stalin**, con millones de muertos debido a sus purgas o a las hambrunas creadas por las políticas agrícolas.

623. **La Unión Soviética se derrumbó en 1991** debido a los problemas económicos, el auge del nacionalismo y el creciente descontento con el régimen de partido único.

624. **Hoy en día, todavía quedan vestigios de este periodo,** como el uso generalizado de la lengua rusa en Europa del Este y Asia Central debido a la influencia de la era soviética.

625. **El legado de la Revolución rusa puede verse en el arte, la literatura y la política,** y muchas de estas ideas se siguen practicando hoy en día.

El ascenso del fascismo
(1920-1940)

Este capítulo explora la oscura y tumultuosa historia del ascenso del fascismo en Europa. Se presentan a veinte hechos interesantes sobre los gobiernos fascistas, sus líderes y sus puntos de vista.

626. **El fascismo es una ideología política ultranacionalista y autoritaria** que aboga por la creación de un estado fuerte con un gobierno centralizado.

627. **El término fue acuñado por Benito Mussolini,** en Italia en 1919, y la idea se extendió a otros países.

628. **El Partido Nacionalsocialista Obrero Alemán** (el Partido Nazi) en Alemania es un ejemplo notable de fascismo. Llegó al poder a finales de la década de 1920 y se mantuvo en la década de 1930.

629. **Los fascistas consideran que su propia nacionalidad o etnia es superior a las demás.** La ideología fascista solía utilizar a las minorías como chivos expiatorios. El pueblo judío es un ejemplo destacado de un grupo que fue utilizado como chivo expiatorio por un régimen fascista.

630. **Los fascistas tienden a ser hostiles hacia el comunismo**, viéndolo como una amenaza a su forma de vida.

631. **Los gobiernos fascistas utilizan ampliamente la propaganda para promover sus valores y desalentar la oposición.**

632. **Los discursos de Hitler fueron increíblemente influyentes en las personas que vivían bajo su régimen en aquella época,** aunque hoy en día parezcan anticuados o ridículos.

633. El fascismo durante las décadas de 1920 y 1930 fue en gran medida **una reacción a la política europea tras la Primera Guerra Mundial.**

634. **Los gobiernos fascistas tienen un líder que ostenta el poder supremo, como Mussolini en Italia o Hitler en Alemania.**

635. **Mussolini y Hitler se centraron en promover el orgullo nacional**, a menudo a través de exhibiciones militaristas, como desfiles o discursos patrióticos.

636. **Los fascistas creían que un control gubernamental firme podía devolver el orden a la sociedad tras el caos de la Primera Guerra Mundial,** que llevó a muchos países a una depresión económica.

637. **Las potencias fascistas participaron en múltiples guerras durante este periodo.** Por ejemplo, **Japón invadió China**, Italia atacó Etiopía y **Alemania luchó contra la mayor parte de Europa.**

638. **Durante la Segunda Guerra Mundial, Alemania, Italia y Japón se aliaron y lucharon juntos contra los Aliados.**

639. **Los fascistas utilizaron la censura** para controlar los medios de comunicación y a menudo reprimieron a la oposición.

640. **En Japón, los militares se consideraban superiores a los civiles, y el gobierno veía a las demás nacionalidades como «inferiores».** Los historiadores no están de acuerdo en si Japón tuvo o no un gobierno fascista.

641. **Hungría, Portugal y España también adoptaron gobiernos fascistas** durante el siglo XX.

642. **El auge del fascismo condujo a una mayor militarización y a un gobierno autoritario en muchas naciones europeas**, lo que causó importantes daños legales y morales.

643. **El ascenso del fascismo condujo a la Segunda Guerra Mundial**, que mató a más de setenta millones de personas en todo el mundo, convirtiéndola en una de las guerras más devastadoras de la historia.

644. **Los principales líderes fascistas fueron finalmente derrotados** en 1945, cuando las fuerzas aliadas ganaron la Segunda Guerra Mundial y restauraron la democracia en Europa.

645. **Aunque los regímenes fascistas de Italia y Alemania aportaron ciertos beneficios económicos e industriales temporales,** cualquier «aspecto positivo» del fascismo es fácilmente eclipsado por las atrocidades y crímenes de guerra que cometieron estos regímenes.

La Gran Depresión
(1929-1939)

Este capítulo explora los efectos de una de **las mayores crisis económicas de la historia moderna: la Gran Depresión**. Se examinan veinte hechos interesantes sobre este período, incluyendo su inicio, sus efectos sobre las familias y la economía y algunas formas creativas en que la gente trató de ganar dinero durante estos tiempos difíciles.

646. **La Gran Depresión fue una época de dificultades económicas en el mundo.** Casi todas las naciones se vieron afectadas por ella.

647. **Fue causada por el desplome de la bolsa de Nueva York** el 29 de octubre de 1929 (también conocido como «Martes Negro»).

648. En 1933, en el punto álgido de **la Gran Depresión, cerca de una cuarta parte de la población activa estadounidense estaba en paro.** Hasta la fecha, esa es la tasa de desempleo más alta de la historia de Estados Unidos.

649. **Entre 1929 y 1933, los salarios de quienes no perdieron su empleo en EE. UU. cayeron en promedio un 42,5 %.**

650. **Mucha gente perdió su trabajo, su casa y sus ahorros durante este periodo,** lo que dificultaba a las familias llegar a fin de mes.

651. **Millones de estadounidenses se quedaron sin hogar** porque no podían pagar el alquiler o la hipoteca.

652. **Recurrían a entretenimientos baratos como películas, programas de radio y libros** para distraerse de los duros momentos que vivían a diario.

653. **Las avalanchas bancarias fueron comunes durante la Gran Depresión.** Cuando los clientes temían que sus ahorros se perdieran, hacían fila afuera de los bancos y trataban de retirar todo su dinero antes de que desapareciera por completo.

654. **Muchas familias de EE. UU. se trasladaron al oeste en busca de nuevas oportunidades de trabajo** o mejores condiciones de vida que las que podían encontrar en su país de origen.

655. **Para hacer frente al hambre en tiempos difíciles, algunos estadounidenses comían «estofado Hoover»,** que era una combinación de cualquier alimento que tuvieran a mano.

656. **En Estados Unidos, la gente se unió para formar** *«hoovervilles»*, ciudades improvisadas hechas con cajas de cartón y otros materiales que recibieron el nombre del **presidente Herbert Hoover.**

657. **El** *Dust Bowl* **también afectó a la Gran Depresión**. Fue un desastre medioambiental causado por las malas prácticas agrícolas. La sequía y los fuertes vientos se juntaron para crear enormes tormentas de polvo en todas **las grandes llanuras.**

658. **Durante esta época, los niños a menudo realizaban trabajos ocasionales**, como vender periódicos o lustrar zapatos, para ayudar económicamente a sus familias.

659. **Muchas personas perdieron sus casas debido a la ejecución hipotecaria,** lo que significa que los bancos tomaron posesión cuando las personas ya no podían mantenerse al día con los pagos.

660. **Para combatir los efectos de la Gran Depresión, el presidente estadounidense Franklin D. Roosevelt puso en marcha el New Deal,** que consistía en una serie de nuevos programas gubernamentales, como la seguridad social y el seguro de desempleo, para ayudar a la gente a recuperarse económicamente.

661. En 1933, **tras la puesta en marcha de estas iniciativas gubernamentales, la economía estadounidense comenzó a mejorar gradualmente**, pero no se recuperó del todo hasta que estalló la Segunda Guerra Mundial.

662. **En 1939, las tasas de desempleo habían descendido del 25 % al 14 %** y el sector público había asumido un papel más importante en la economía, con un aumento del gasto público de 3.600 millones de dólares en 1933 a 9.400 millones en 1939.

663. **La economía comenzó a recuperarse más rápidamente en 1940 porque la Segunda Guerra Mundial** aumentó la demanda de bienes y servicios en EE. UU.

664. **Solo hubo un puñado de países en los que la Gran Depresión no condujo a un colapso financiero total, como Gran Bretaña y China.** Curiosamente, China evitó el desplome del mercado porque utilizaba la plata como referencia. **Gran Bretaña y los** países **nórdicos,** donde **la Gran Depresión tampoco tuvo su efecto,** abandonaron el oro como referencia poco después del desplome.

665. **Después de la Primera Guerra Mundial, Alemania fue el país más afectado de Europa.** Debido a la enorme deuda externa de Alemania por las reparaciones que debió pagar tras su derrota en **la Primera Guerra Mundial**, la economía alemana era muy frágil y fue devastada por **la Gran Depresión.**

La Segunda Guerra Mundial
(1939-1945)

Este capítulo explora la oscura y violenta historia de la Segunda Guerra Mundial. Se presentan veinte **hechos interesantes sobre esta guerra, incluyendo sus causas, las principales batallas y las figuras importantes** que estuvieron involucradas.

666. **La Segunda Guerra Mundial fue la guerra más mortífera de la historia, con más de setenta millones de muertos.**

667. **Adolf Hitler subió al poder en Alemania** en 1933, cuando fue nombrado canciller. Rápidamente comenzó a introducir cambios radicales.

668. **En 1939, Hitler inició la Segunda Guerra Mundial al invadir Polonia.**

669. **Los Aliados**, que incluían países como **Estados Unidos, Gran Bretaña, Francia y la Unión Soviética,** lucharon contra **Alemania y Japón durante la Segunda Guerra Mundial.**

670. **Más de dieciséis millones de estadounidenses sirvieron en la Segunda Guerra Mundial.** Es un número elevado, teniendo en cuenta que EE. UU. tenía una población de unos 113 millones de habitantes.

671. **La batalla de Inglaterra se libró sobre los cielos británicos** entre julio y octubre de 1940 entre **la RAF** británica (Fuerza Aérea Real, por sus siglas en inglés) y **la Luftwaffe** (la fuerza aérea alemana). Esta batalla fue un momento crucial en la Segunda Guerra Mundial.

672. En 1941, **Japón atacó Pearl Harbor** y llevó a Estados Unidos a la guerra del lado de los Aliados.

673. **La batalla de Stalingrado** (1942-1943) **fue una de las más brutales jamás libradas.** Murieron más de un millón de personas de ambos bandos.

674. **La batalla de Midway** (junio de 1942) fue una victoria decisiva de **Estados Unidos contra Japón en el Pacífico**. En esta batalla, la US Navy hundió cuatro portaaviones japoneses, mientras que solo un portaaviones estadounidense se perdió en combate.

675. **Las fuerzas aliadas capturaron Roma** el 4 de junio de 1944, tras encarnizados combates con las tropas alemanas.

676. El Día D, un acontecimiento que marcó un importante punto de inflexión en la Segunda Guerra Mundial, fue un día importante para los Aliados, ya que invadieron Francia, ocupada por los alemanes, con más de 150.000 soldados el 6 de junio de 1944.

677. La Segunda Guerra Mundial terminó en Europa cuando las fuerzas aliadas capturaron Berlín en la primavera de 1945, obligando a Alemania a rendirse incondicionalmente.

678. Las bombas atómicas fueron lanzadas sobre Hiroshima y Nagasaki en 1945 para poner fin a la guerra, y Japón se rindió poco después.

679. Durante la Segunda Guerra Mundial, se crearon muchos inventos importantes, como el radar, los motores a reacción y la penicilina, entre otros.

680. Ana Frank es famosa por escribir su diario mientras se escondía de los nazis durante la Segunda Guerra Mundial en Ámsterdam. Murió en un campo de concentración, pero su libro, *Memorias de Ana Frank*, se publicó póstumamente. Es uno de los libros más leídos de la historia; algunos dicen que es el segundo libro más popular después de la *Biblia*.

681. El Holocausto fue una terrible tragedia durante la Segunda Guerra Mundial. Millones de judíos y otros grupos minoritarios fueron asesinados por los nazis.

682. Elie Wiesel, premio nobel de la paz y superviviente del Holocausto, escribió su famoso libro *Noche* sobre sus experiencias durante la Segunda Guerra Mundial. Describió los horrores de verse separado de sus seres queridos y enfrentarse a un trato inhumano a manos de los soldados nazis.

683. Durante la Segunda Guerra Mundial, unas setenta millones de personas prestaron servicio militar en todo el mundo; esta cifra incluye a las fuerzas aliadas y a las potencias centrales.

684. Las mujeres desempeñaron un gran papel durante esta guerra, trabajando duro en casa y en el extranjero. Trabajaron en fábricas o como enfermeras. Las mujeres también lucharon en la guerra o apoyaron de otras formas el esfuerzo bélico, descifrando códigos y siendo espías.

685. Los juicios de Nuremberg se celebraron tras el final de la Segunda Guerra Mundial. Los criminales de guerra nazis fueron juzgados por sus crímenes contra la humanidad.

La Guerra Fría
(1945-1991)

Este capítulo explora la turbulenta historia de la Guerra Fría, un periodo de tensión entre Estados Unidos y la Unión Soviética. Se presentan veinte datos interesantes sobre esta época, incluida la cuestión de las **armas nucleares, las guerras por poderes y los esfuerzos diplomáticos** para lograr la paz.

686. **La Guerra Fría comenzó cuando Estados Unidos y la Unión Soviética no se pusieron de acuerdo sobre cómo debía dividirse Alemania tras el fin de la Segunda Guerra Mundial,** en 1945.

687. **Otro punto de discordia entre estas potencias mundiales eran las ideologías**. La Unión Soviética quería extender el comunismo por todo el mundo, algo que amenazaba los principios democráticos propagados por Estados Unidos.

688. **Ambos bandos disponían de armas nucleares, lo que hizo que la Guerra Fría fuera muy peligrosa.** Por suerte, no se produjo ningún enfrentamiento armado directo entre soviéticos y estadounidenses y no se utilizaron armas nucleares.

689. Aun así, **ambos bandos participaron en guerras indirectas contra el otro**, financiando y tomando parte en varias guerras civiles y revoluciones para instalar regímenes que impidieran al otro seguir extendiendo su ideología.

690. **La competencia económica también fue una parte importante de este conflicto.** Estados Unidos seguía principios capitalistas, mientras que la Unión Soviética seguía principios de propiedad pública.

691. Algunos momentos famosos de este conflicto son el **discurso del presidente John F. Kennedy en la Universidad Rice** (1962), **la Crisis de los Misiles en Cuba** (1962), la construcción del **Muro de Berlín** en 1961 y su caída en 1989, **la guerra de Corea** (1950-1953) y **la guerra de Vietnam** (1959-1975).

692. En 1947, **George Marshall anunció su plan para reconstruir Europa tras la Segunda Guerra Mundial.** Se denominó **Plan Marshall**. Ayudó a los países occidentales a recuperarse económicamente. Estados Unidos quería asegurarse de que estos países pudieran resistir la oleada comunista.

693. **El puente aéreo de Berlín** tuvo lugar en 1948 cuando **los soviéticos bloquearon todas las rutas de acceso desde Berlín Occidental**. Occidente respondió rápidamente con puentes aéreos que proporcionaron alimentos y suministros hasta que el bloqueo se levantó de nuevo meses después.

694. En 1949, la **OTAN** (Organización del Tratado del Atlántico Norte) fue **formada por los países occidentales** para protegerse de cualquier posible ataque de los soviéticos.

695. **Los estados comunistas de Europa del Este se organizaron a través del liderazgo de la Unión Soviética** en un tratado de defensa llamado Pacto de Varsovia, que buscaba hacer contrapeso a la OTAN.

696. **La Guerra Fría no fue solo un enfrentamiento militar.** Los dos bandos compitieron entre sí en otros campos, sobre todo en los deportes y la exploración espacial.

697. **En la carrera espacial, Estados Unidos y la Unión Soviética compitieron por el dominio del espacio.**

698. Durante esta época se produjeron muchas actividades de espionaje por parte de ambos bandos. **La información era robada o recopilada ilegalmente por los gobiernos**, lo que añadía más tensión.

699. *Radio Free Europe* y *Voice of America* **fueron dos programas de radio desarrollados por Estados Unidos** que emitían noticias sobre libertad y democracia a los países de Europa del Este para concienciar a la población sobre lo que ocurría fuera de sus fronteras.

700. **Ambos países construyeron bases militares en distintas partes del mundo** para mostrar su poder y su fuerza. Estados Unidos tenía la bahía de Guantánamo en Cuba, mientras que la URSS tenía bases en Afganistán.

701. **La Guerra Fría creó una carrera armamentística** en la que ambos bandos competían por conseguir armas más avanzadas, como misiles nucleares y submarinos.

702. A finales de los sesenta y en los setenta, cuando la posibilidad de que **estallara una guerra entre ambos bandos estaba en su punto más crítico**, algunas figuras políticas estadounidenses tenían una visión idealista de la guerra que alimentó **la Guerra Fría. La administración Nixon,** por ejemplo, quiso aumentar el gasto público destinado a otros aspectos diferentes de la Guerra Fría. Sin embargo, esta política sería revertida por sus sucesores.

703. **Se han escrito muchos libros, películas y canciones sobre esta época**, destacando los efectos que tuvo en la vida de las personas de todo el mundo y mostrando lo poderosas que pueden llegar a ser las fuerzas políticas.

704. **A pesar de todas las tensiones, este periodo se recuerda como uno en el que la ciencia y la tecnología avanzaron** rápidamente debido a la competencia entre ambos bandos.

705. **La Guerra Fría terminó oficialmente tras la disolución de la Unión Soviética.** Su sistema de gobierno comunista se derrumbó, dando lugar a la formación de nuevos países.

La descolonización de África y Asia
(de 1950 a 1970)

Este capítulo explora el proceso de descolonización y su impacto en los países africanos y asiáticos. Se examinan veinte datos interesantes sobre este periodo, incluyendo cómo reaccionaron las potencias coloniales ante los movimientos independentistas y las estrategias utilizadas por las antiguas colonias para conseguir la libertad.

706. **La descolonización es el proceso por el que los países se independizan del control de otros países, en este caso, del control europeo.**

707. **Las colonias de África y Asia** estaban controladas por **Francia, Gran Bretaña, Portugal, Bélgica** y otras naciones europeas antes de obtener su libertad.

708. En 1945, al final de la Segunda Guerra Mundial, **la mayoría de los países africanos y asiáticos seguían bajo dominio colonial**, pero empezaron a luchar por su independencia poco después del final de la guerra.

709. Después de la Segunda Guerra Mundial, **hubo un creciente apoyo a la descolonización, ya que los pueblos querían autodeterminación** y el derecho a elegir sus gobiernos sin la interferencia de potencias externas.

710. **Las Naciones Unidas apoyaron esta causa**, prometiendo a todos los pueblos el derecho a gobernarse a sí mismos, libres de la dominación o explotación extranjera.

711. **Muchos líderes africanos recurrieron a protestas pacíficas contra el colonialismo**, mientras que otros tomaron las armas para liberarse del dominio extranjero. El nigeriano **Nnamdi Azikiwe** lideró una campaña no violenta contra el dominio británico en la década de 1950.

712. **India fue uno de los primeros países en conseguir la independencia,** el 15 de agosto de 1947, tras una lucha liderada por **Mahatma Gandhi y Jawaharlal Nehru** mediante protestas no violentas contra el dominio británico.

713. **Ghana se convirtió en el primer país africano en independizarse de los colonizadores europeos** cuando recuperó su libertad de Gran Bretaña el 6 de marzo de 1957. Kwame Nkrumah se convirtió en su presidente.

714. **Argelia se liberó de Francia** tras una guerra de ocho años que finalizó en 1962.

715. **Vietnam es otro ejemplo de descolonización exitosa**, ya que los vietnamitas obtuvieron su independencia tras la primera guerra de Indochina contra las fuerzas coloniales francesas (1946-1954).

716. **La descolonización tuvo resultados positivos**, como el fin del dominio extranjero y un aumento del desarrollo económico, pero también hubo resultados negativos, como guerras civiles, conflictos étnicos e inestabilidad política.

717. **El proceso de descolonización se desarrolló a lo largo de varias décadas**, desde los años cincuenta hasta los setenta. Algunos lugares, como Namibia, consiguieron la independencia incluso más tarde.

718. Durante este periodo, **muchas naciones formaron nuevos gobiernos** basados en un sistema democrático que permitía elecciones libres y libertad de expresión.

719. **La descolonización condujo a un mayor orgullo entre las personas que vivían en las antiguas colonias**, que ahora tenían sus propias identidades separadas del control europeo.

720. En algunos casos, **las potencias europeas siguieron implicadas o interfirieron incluso después de que un país declarara su independencia**, lo que provocó nuevos conflictos, como la crisis del Congo (1960-1965).

721. **Sudáfrica recorrió un largo camino hasta lograr la independencia completa de Gran Bretaña,** en la década de 1960. Sin embargo, incluso como nación soberana, continuó con las duras prácticas de segregación contra su población negra, conocidas como *apartheid*.

722. **El liderazgo del activista político y estadista Nelson Mandela** contribuyó a poner fin al *apartheid* en la década de 1990.

723. **La descolonización también condujo a la formación de Malasia**, que se creó en 1963 tras separarse del dominio británico.

724. **Durante la descolonización, algunas potencias europeas se negaban a renunciar a sus colonias.** Otras, reconocían que había llegado el momento de abandonarlas y lideraron las negociaciones para una transición pacífica del poder.

725. **El año 1960 se conoce como el año de África**, principalmente porque diecisiete naciones africanas obtuvieron su independencia ese año.

La Revolución cubana
(1953-1959)

La Revolución cubana fue un periodo trascendental en la historia de Cuba. En este capítulo, se presentan veinte datos sobre esta revolución histórica y sus principales protagonistas. Prepárese para un fascinante viaje a través de una de las revoluciones más emblemáticas de la historia moderna.

726. **La Revolución cubana** fue **liderada por Fidel Castro**, que quería derrocar al gobierno de **Fulgencio Batista en Cuba**.

727. **Fidel Castro, Che Guevara y Camilo Cienfuegos fueron algunos de los líderes** clave durante la Revolución cubana.

728. **Las Fuerzas Armadas Revolucionarias Cubanas lucharon contra las fuerzas del ejército del presidente Batista** durante varios años, hasta que finalmente vencieron el 1 de enero de 1959, tras derrotar a sus últimas tropas en Santa Clara, Cuba.

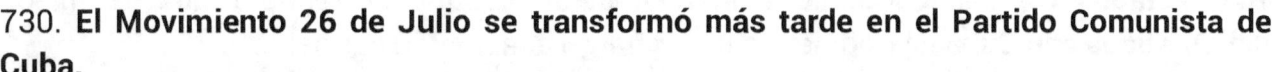

729. **Fidel Castro dirigió un ataque de alrededor de setenta rebeldes contra el Cuartel Moncada de Santiago**, el 26 de julio de 1953, que fracasó estrepitosamente, lo que condujo a la detención de Castro. En prisión, fundó el Movimiento 26 de Julio, organización que impulsó las actividades revolucionarias en Cuba.

730. **El Movimiento 26 de Julio se transformó más tarde en el Partido Comunista de Cuba.**

731. **Mucha gente estaba descontenta con la dictadura de Fulgencio Batista.** La corrupción era generalizada y el presidente tenía vínculos con el crimen organizado.

732. De octubre de 1957 a diciembre de 1958, **el líder rebelde Ernesto «Che» Guevara y su ejército guerrillero** de menos de cien hombres y mujeres marcharon a través de **las montañas de Sierra Maestra en Cuba** para arrebatar ciudades críticas a las fuerzas de Batista.

733. **Fidel Castro declaró la victoria** el 8 de enero de 1959, tras entrar en La Habana.

734. **Tras hacerse con el poder, Castro estableció rápidamente un gobierno comunista** con él mismo como primer ministro y el **Che Guevara** como ministro de Industria.

735. **El gobierno de Castro nacionalizó la mayor parte de la propiedad privada** en 1959, incluidas las empresas extranjeras, como las compañías petroleras y los bancos.

736. **La Revolución cubana trajo consigo numerosos cambios**, entre ellos la reforma agraria que redistribuyó las tierras de los grandes terratenientes entre los campesinos pobres que trabajaban para ellos.

737. **Se concedió asistencia sanitaria universal y gratuita**. La educación pasó a ser gratuita en todos los niveles hasta el universitario y se pusieron en marcha muchos otros programas de bienestar social, como campañas de alfabetización en las zonas rurales.

738. Durante los años siguientes al fin de la revolución de 1959, **cientos de miles de cubanos huyeron del país debido a la difícil situación sociopolítica**. Este acontecimiento se conoce como el éxodo cubano.

739. **La mayoría de los cubanos se asentaron en EE. UU.**, aunque también emigraron a otros países latinoamericanos como **Puerto Rico** y **México**.

740. **Después de la Revolución cubana, Fidel Castro estableció estrechos lazos con la Unión Soviética** y la economía de Cuba comenzó a depender de la gran potencia para el comercio.

741. **Estados Unidos respondió a la Revolución cubana cortando todos los lazos diplomáticos con Cuba** e imponiendo un embargo a la nación caribeña.

742. En 1961, **Fidel Castro declaró que Cuba era un estado socialista**, lo que significaba que el gobierno controlaría la mayoría de los aspectos de la vida de los ciudadanos, como el trabajo y la educación.

743. Durante este periodo, **cientos de miles de opositores políticos fueron encarcelados o enviados al exilio**, al tiempo que se restringía la libertad de expresión y de reunión.

744. **Cuba también se alió estrechamente con otros países socialistas como China y Corea del Norte.**

745. **El líder revolucionario Che Guevara fue ejecutado** en 1967 durante su intento de extender una revolución en **Bolivia**.

La carrera espacial
(1955-1975)

Conozca **la increíble historia de la exploración del espacio con este capítulo en el que se presentan veinte datos interesantes sobre la carrera espacial**. Conozca cómo Estados Unidos y la Unión Soviética lucharon por la supremacía y lograron hazañas notables en el proceso.

746. **La carrera espacial fue una competición entre Estados Unidos y la Unión Soviética para explorar el espacio.**

747. Comenzó en la década de 1950, **cuando ambos países querían demostrar su superioridad** en ciencia y tecnología.

748. En 1957**, la Unión Soviética lanzó el Sputnik 1**, convirtiéndose en el primer país en poner un satélite artificial en órbita alrededor de la Tierra. Este lanzamiento demostró que **los soviéticos dominaban la tecnología de los cohetes.**

749. **Ese mismo año, enviaron al espacio a bordo del Sputnik 2 a una perra llamada Laika,** que se convirtió en el primer animal en orbitar la Tierra. Los soviéticos sabían que no volvería con vida. Hoy en día, hay estatuas en Rusia para conmemorarla.

750. **El presidente John F. Kennedy anunció el objetivo de Estados Unidos de llevar un hombre a la Luna antes de 1970.** Esto puso en marcha el **Programa Apolo** de la NASA, diseñado para desarrollar la tecnología y los recursos necesarios para alcanzar este ambicioso objetivo.

751. **La URSS y Estados Unidos enviaron varias sondas lunares** no tripuladas para estudiar la Luna a lo largo de la década de 1960.

752. **La Unión Soviética también envió al espacio a una mujer llamada Valentina Tereshkova** en 1963. Se convirtió en la primera mujer astronauta en ir al espacio.

753. En la década de 1960, **ambos países empezaron a trabajar en una nave espacial reutilizable**. EE. UU. diseñó el **transbordador espacial**, mientras que la Unión Soviética creó el **Buran**, que realizó su primer vuelo no tripulado al espacio de ida y regreso en 1988.

754. En 1967, **el Apolo 1 se incendió trágicamente durante un lanzamiento de práctica, matando a los tres astronautas que iban a bordo**. El incendio fue causado por una combinación de varios factores, incluyendo una chispa que encendió una acumulación de oxígeno puro en la cabina.

755. **La primera misión tripulada estadounidense exitosa fue la Freedom 7**, en la que **Alan Shepard** se convirtió en el primer estadounidense en ir al espacio.

756. **El Apolo 11 despegó de Cabo Cañaveral en julio de 1969.** **Neil Armstrong**, Edwin «Buzz» Aldrin y Michael Collins iban a bordo.

757. El 20 de julio de 1969, **Neil Armstrong se convirtió en la primera persona en pisar la Luna.** Al bajar del **Apolo 11** sobre la superficie lunar, dijo: «Un pequeño paso para el hombre; un gran salto para la humanidad».

758. **Los soviéticos habían superado a Estados Unidos en la creación de satélites, pero se cree que los estadounidenses ganaron la carrera espacial.**

759. En 1971, **Estados Unidos envió una sonda llamada Mariner 9**, que se convirtió en la primera nave en orbitar otro planeta, Marte.

760. A partir de 1975, **ambos países dejaron de competir entre sí y empezaron a cooperar en proyectos más pacíficos**. Esto marcó el fin de la carrera espacial y un cambio importante en la guerra fría.

761. **Ambos países crearon naves espaciales para poner personas en órbita, como la Vostok 1** (Unión Soviética) y la **Freedom 7** (Estados Unidos).

762. **Desde entonces, ambos países han cooperado en misiones espaciales, como la Estación Espacial Internacional, en 1998.**

763. **Los soviéticos y los estadounidenses enviaron sondas no tripuladas para explorar otros planetas de nuestro sistema solar** como Venus, Marte y Saturno. Este esfuerzo formaba parte de una misión más amplia para explorar el sistema solar y más allá.

764. **Ambos países crearon potentes vehículos de lanzamiento** que podían llevar grandes naves al espacio profundo, como **el cohete Soyuz** (URSS) y **el Saturno V** (EE. UU.).

765. **La Unión Soviética lanzaba cohetes Proton-K desde el puerto espacial de Baikonur,** que aún hoy se utiliza para lanzar satélites, vehículos de reabastecimiento de **la Estación Espacial Internacional** e incluso vuelos espaciales tripulados.

La guerra de Vietnam
(1955-1975)

La guerra de Vietnam fue uno de los acontecimientos más importantes de la historia moderna. Este capítulo explora veinte hechos interesantes sobre esta guerra, incluyendo sus causas, los efectos que tuvo en las personas involucradas, las batallas clave y las negociaciones de paz.

766. **La guerra de Vietnam** fue una guerra muy costosa entre Vietnam del Norte y Vietnam del Sur que duró desde 1955 hasta 1975.

767. Durante la guerra, **Estados Unidos apoyó a Vietnam del Sur, mientras que China y Rusia ayudaron a Vietnam del Norte.**

768. **Se calcula que unas tres millones de personas murieron en el conflicto,** incluidos unos cincuenta y ocho mil soldados estadounidenses y más de dos millones de soldados y civiles vietnamitas de ambos bandos del conflicto.

769. **El presidente John F. Kennedy envió tropas para apoyar a Vietnam del Sur** contra las fuerzas comunistas de Vietnam del Norte en 1961.

770. En 1964, **dos destructores estadounidenses fueron atacados por torpederos norvietnamitas en lo que se conoce como el incidente del golfo de Tonkín,** lo que llevó al Congreso a aprobar la Resolución del golfo de Tonkín, que otorgaba al presidente Lyndon B. Johnson el poder de iniciar bombardeos sin declarar la guerra.

771. **Millones de refugiados huyeron de sus hogares debido a la inestabilidad política o a la violencia durante este periodo,** provocando una crisis humanitaria.

772. **La guerra de Vietnam, también conocida como la segunda guerra de Indochina** o la guerra estadounidense en Vietnam, fue una de las pugnas de poder más importantes de la Guerra Fría.

773. En 1968, durante lo que se conoció como la Ofensiva del Tet, **las fuerzas norvietnamitas capturaron varias ciudades survietnamitas,** lo que provocó un aumento de las tropas estadounidenses enviadas para apoyar a Vietnam del Sur.

774. **El sentimiento antibélico creció significativamente entre los ciudadanos de todos los países implicados,** especialmente en Estados Unidos, donde se celebraron grandes protestas contra la guerra.

775. **En 1968, comenzaron en París las negociaciones de paz entre Estados Unidos y** representantes **norvietnamitas.** Las partes discutieron los términos de la retirada estadounidense de Vietnam.

776. El 27 de enero de 1973, **ambas partes firmaron un acuerdo de paz que ponía fin a la participación directa de Estados Unidos en la guerra**. Sin embargo, esto no puso fin a la violencia, debido a la continua actividad militar.

777. **El último soldado estadounidense abandonó formalmente Vietnam del Sur en 1973,** aunque algunos ciudadanos particulares permanecieron durante muchos años más.

778. En 1975, **Vietnam del Norte conquistó Vietnam del Sur**, lo que dio lugar a la reunificación de los dos estados en un país unificado.

779. A principios de 1979, **Vietnam se vio brevemente envuelto en una guerra con China.** Ninguna de las partes salió totalmente victoriosa de la guerra, y los enfrentamientos fronterizos entre las tropas chinas y vietnamitas continuaron durante muchos años.

780. **La guerra de Vietnam fue la más larga y costosa para Estados Unidos durante la Guerra Fría.**

781. **Tras la victoria de Vietnam del Norte, EE. UU. rompió relaciones diplomáticas e impuso un embargo comercial a Vietnam**. Las relaciones se restablecieron durante la administración Clinton, en la década de 1990.

782. **El uso de defoliantes, como el agente naranja, por parte de las fuerzas estadounidenses causó graves daños medioambientales en todo Vietnam,** lo que provocó problemas de salud a largo plazo para sus habitantes.

783. **Las medicinas, los suministros de alimentos y otras ayudas humanitarias enviadas por diferentes países** ayudaron a millones de refugiados que huían del Sudeste Asiático durante este periodo.

784. **El legado de la guerra continúa hoy en día a través de monumentos, museos y libros** dedicados a los afectados por el conflicto.

785. Después de la guerra, **Estados Unidos proporcionó ayuda financiera a un Vietnam devastado** y hasta ahora sigue intentando reparar las relaciones entre ambos países.

El movimiento por los derechos civiles en Estados Unidos (1955-1968)

Este capítulo explora la importante y poco recordada historia del movimiento por los derechos civiles en Estados Unidos. Se analizan diez datos interesantes sobre este periodo, incluidos los principales acontecimientos y la formación de organizaciones cruciales dirigidas por líderes influyentes.

786. **El movimiento por los derechos civiles en EE. UU**. fue una época de progreso en la lucha por la igualdad y la justicia para los afroamericanos.

787. **Los afroamericanos estaban privados de derechos en Estados Unidos**, a pesar de haber obtenido su libertad durante la guerra civil estadounidense.

788. **Muchos afroamericanos se unieron para formar organizaciones,** como la Southern Christian Leadership Conference (**SCLC**) y el Student Nonviolent Coordinating Committee (**SNCC**).

789. **El Dr. Martin Luther King Jr., Malcolm X y otros líderes influyentes** se pronunciaron contra la injusticia racial durante este periodo.

790. **Se celebraron miles de marchas y otras formas de protesta en todo Estados Unidos** para exigir la igualdad de derechos para todos, independientemente de la raza o el color. Una de las marchas más famosas fue **la histórica marcha de Selma a Montgomery, Alabama**.

791. En 1964, **el Congreso aprobó la Ley de Derechos Civiles,** que prohibía la discriminación por motivos de raza, color, religión u origen nacional en lugares públicos como escuelas, parques y lugares de trabajo.

792. **En 1965 se aprobó la Ley del Derecho al Voto**. Esta ley pretendía proteger el derecho al voto de los estadounidenses de raza negra prohibiendo las prácticas discriminatorias.

793. En 1968, **el Congreso aprobó la Ley de Vivienda Justa**, que puso fin a la discriminación en la vivienda y las prácticas de alquiler.

794. **La desegregación escolar también fue una victoria importante durante este periodo**, ya que condujo a una mayor integración en las instituciones educativas para todos los estudiantes, independientemente de su raza o color.

795. **El movimiento por los derechos civiles fue una lucha larga y difícil**, pero dio resultados muy significativos para los estadounidenses negros. Sin embargo, los casos de racismo sistémico y discriminación continúan hoy en día en todo **Estados Unidos** y son algunos de los problemas sociales más desafiantes a los que se enfrenta el país.

El desarrollo de Internet
(de 1960 a la actualidad)

Este capítulo explora el notable desarrollo de Internet desde su invención, en la década de 1960. Se presentan diecisiete hechos fascinantes que detallan cómo ha crecido y cambiado con el tiempo.

796. **Internet se inventó a finales de los años 60 y no ha dejado de crecer desde entonces.** Comenzó como un proyecto militar llamado **ARPANET**, financiado por el gobierno estadounidense.

797. **El primer navegador web, NCSA Mosaic,** se desarrolló y se puso en marcha en los años 90. Ampliaba en gran medida las posibilidades de ARPANET. Se basó en gran medida en la red ARPANET y fue diseñado en la Universidad de Illinois en Urbana-Champaign.

798. **En 1990, unos tres millones de personas tenían acceso a Internet en todo el mundo.** En el 2000, Internet era utilizada por más de cuatrocientos millones de personas.

799. En 1991, **Tim Berners-Lee creó HTML** (lenguaje de marcado de hipertexto), que permitió transferir fácilmente información entre diferentes tipos de ordenadores de todo el mundo, creando lo que hoy conocemos como la World Wide Web.

800. En 1995 **Amazon** abrió sus puertas virtuales. Al principio, **vendían libros en línea**. **eBay le siguió poco después**; ambas empresas siguen siendo algunos de los mayores sitios de comercio electrónico de la actualidad.

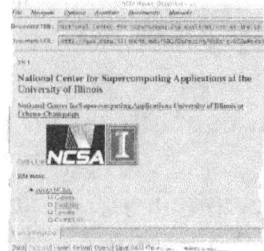

801. **En 1998 se lanzó Google, que se convirtió rápidamente en el motor de búsqueda más popular del mundo.**

802. **El desarrollo de los teléfonos inteligentes aumentó aún más el acceso a Internet** a lo largo de la década de los 2000, con el lanzamiento de aplicaciones como Facebook, en 2004, y Twitter (ahora llamada X), dos años más tarde.

803. **YouTube se lanzó en 2005,** dando la oportunidad de compartir vídeos en línea de forma gratuita a cualquiera con una cámara o un teléfono inteligente.

804. **Los teléfonos inteligentes han ido sustituyendo** a los computadores como principal forma de conectarse a Internet desde su lanzamiento, en la década de 1990. **Apple lanzó su primer iPhone en 2007**, revolucionando la forma en que se utiliza la tecnología hoy en día.

805. **Las redes sociales crecieron rápidamente durante este periodo. Instagram** se fundó en 2010 y **Snapchat** entró en escena en 2011.

806. **Servicios de *streaming* como Netflix también despegaron en esta época,** permitiendo a los usuarios ver películas y programas de televisión sin tener suscripciones por cable o satélite.

807. **Las redes inalámbricas 5G comenzaron a desplegarse en 2018,** proporcionando velocidades de descarga y carga más rápidas que nunca.

808. En abril de 2023, **el número mundial de usuarios de Internet superó los cinco mil millones.**

809. **La inteligencia artificial (IA)** se utiliza ahora para mejorar la experiencia de Internet; ya que incluye herramientas como asistentes de voz y algoritmos de búsqueda predictiva.

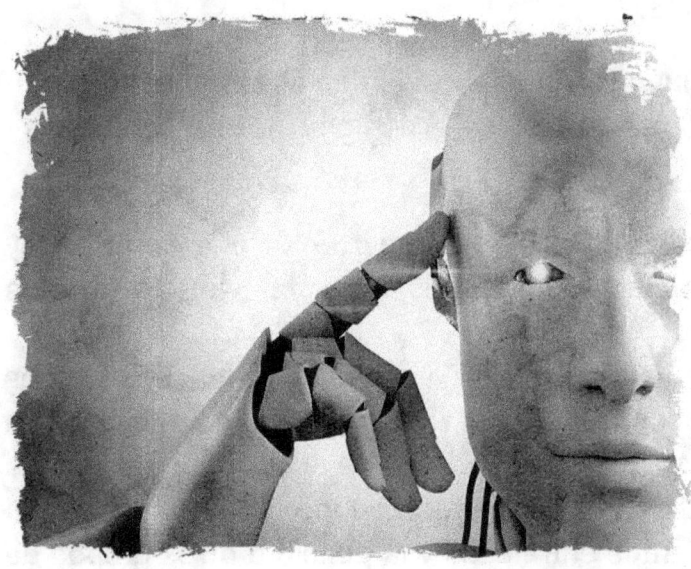

810. **El desarrollo de la tecnología *blockchain* ha creado nuevas formas de almacenar y compartir datos en línea de forma segura**, utilizando redes descentralizadas en lugar de los tradicionales servidores centrales.

811. **La realidad aumentada y virtual** también se utilizan cada vez más para crear experiencias inmersivas en línea.

812. **Hoy en día, Internet sigue evolucionando rápidamente** con más avances tecnológicos, lo que hace que sea más rápido e incluso más fácil conectarse en todo el mundo.

La Revolución Cultural china
(1966-1976)

En este capítulo se analiza **la Revolución Cultural**, su historia y su impacto en China. Se presentan **quince hechos interesantes que demuestran** cómo este período de agitación política y social cambió la vida en China para siempre.

813. **La Revolución Cultural fue un movimiento sociopolítico que tuvo lugar en China** entre 1966 y 1976. Pretendía «defender» el comunismo eliminando los elementos de la cultura y la sociedad chinas que no correspondían a las normas comunistas establecidas por **Mao Zedong y el Partido Comunista.**

814. **La Revolución Cultural comenzó cuando Mao Zedong,** el líder de China en aquel momento, quería reforzar su poder y autoridad sobre el país.

815. Durante esta época, **muchas personas fueron perseguidas por sus creencias** u orígenes y tuvieron que huir de sus hogares o fueron enviadas a campos de trabajo conocidos como centros de reeducación.

816. **El arte, la literatura y la música tradicionales fueron prohibidos durante este periodo** para que no influyeran en el comportamiento de la gente.

817. **Se destruyeron monumentos antiguos** en un intento de borrar por completo los valores tradicionales de la sociedad, llegando incluso a demoler partes de **la Gran Muralla** China.

818. **El «traje de Mao» se convirtió en una prenda muy popular** entre los hombres tras la victoria de los comunistas.

819. Durante esta época, **se animó a los estudiantes conocidos como guardias rojos a denunciar y castigar a las personas que no estuvieran de acuerdo con las ideas de Mao Zedong**, lo que a menudo provocó violentos enfrentamientos entre ellos y la policía u otros grupos de ciudadanos.

820. **La Revolución Cultural reforzó el culto a la personalidad de Mao Zedong**, y se obligaba a verlo como el salvador y líder eterno del pueblo chino.

821. **Muchos intelectuales fueron perseguidos durante esta época** y enviados a reeducación (o trabajos forzados). Muchos otros fueron ejecutados o murieron en los campos de trabajo.

822. **Durante la Revolución Cultural, el Estado confiscó muchas propiedades privadas y empresas.** Este nivel de colectivización tuvo efectos devastadores, pero se suponía que eliminaría las diferencias entre las distintas clases de la sociedad china.

823. **La gente luchaba por cubrir sus necesidades debido a la falta de suministros provocada por los cambios en la sociedad.** Algunos incluso comían cortezas de árbol para sobrevivir un día más.

824. **La Revolución Cultural duró hasta 1976, cuando Mao Zedong falleció por enfermedad**. Sus políticas fueron revocadas poco después.

825. **La Revolución Cultural marcó un cambio fundamental en la historia de China**. Transformó las estructuras políticas, los sistemas económicos, la cultura tradicional y las formas de vida.

826. **Fue un periodo de gran sufrimiento para muchas personas,** que condujo a un aumento de la desigualdad social y de la inestabilidad política en el país, lo que aún le afecta hoy en día.

827. **La Revolución Cultural inspiró políticas similares en países comunistas de todo el mundo,** como Cuba y Corea del Norte. Sin embargo, sus repercusiones se dejaron sentir sobre todo en China, debido a su carácter extremo y a su duración.

El rápido aumento de la globalización
(de 1980 a la actualidad)

El auge de la globalización en las últimas décadas ha cambiado por completo la forma en que las personas interactúan entre sí, comparten conocimientos y recursos y hacen negocios más allá de las fronteras. **Este capítulo explora catorce hechos interesantes sobre este fenómeno.**

828. **La globalización es la idea de que las naciones, las culturas y las economías de todo el mundo están cada vez más conectadas** y entrelazadas.

829. A partir de la década de 1980, **la globalización comenzó a aumentar rápidamente debido a los avances en la tecnología y el transporte**, facilitando el intercambio de bienes, servicios, personas e ideas.

830. **Internet ha hecho posible que miles de millones de personas de todo el mundo se conecten instantáneamente.**

831. **Este rápido crecimiento de las conexiones globales ha dado lugar a un aumento del comercio internacional**, así como de las inversiones entre países, creando una economía global en la que los bienes fluyen libremente a través de las fronteras como nunca antes.

832. **La globalización también ha provocado que un gran número de empresas trasladen sus operaciones al extranjero** en busca de costos de producción más bajos o mercados laborales más baratos, lo que ha provocado la pérdida de millones de puestos de trabajo en los países desarrollados, mientras que esos mismos puestos de trabajo se crean en otros lugares con salarios mucho más bajos.

833. **Los viajes internacionales ahora son más rápidos** y cómodos que nunca.

834. **La globalización ha provocado un enorme aumento de las migraciones entre países,** con personas que se desplazan por todo el mundo en busca de trabajo, educación o placer y aventura.

835. Esta **mayor movilidad conlleva un aumento del intercambio cultural**; las culturas se comparten con rapidez y facilidad, lo que da lugar a que se formen nuevas ideas, se fusionen varias y se luche por ellas.

836. **El intercambio de conocimiento entre países ha aumentado** a niveles sin precedentes gracias a las conexiones globales. Es fácil acceder a información sobre cualquier tema imaginable con solo unos clics.

837. **La globalización ha ayudado a reducir la pobreza en todo el mundo al aumentar el acceso a los recursos** y ofrecer más oportunidades económicas a quienes viven en países en desarrollo.

838. **La automatización es otro gran factor que ha aumentado debido a la globalización**. Los avances tecnológicos permiten que máquinas o robots realicen gran parte del trabajo que antes se hacía manualmente, lo que se traduce en una mayor productividad a un menor costo.

839. **Las emisiones de carbono han aumentado drásticamente desde la primera ola de globalización** (la Revolución Industrial). Como resultado, el cambio climático es una cuestión cada vez más importante a escala mundial, y los países se han unido para abordar este problema de forma colectiva.

840. **Debido a su facilidad de uso, la banca internacional está creciendo rápidamente**. Se puede enviar dinero de un lado a otro del mundo de forma fácil y segura en cuestión de minutos a través de plataformas online.

841. **Las tendencias de la moda mundial se ven constantemente moldeadas** por el aumento del flujo de bienes e ideas entre países.

La caída del Muro de Berlín
(1989)

La caída del Muro de Berlín fue un momento trascendental de la historia. Este capítulo descubre dieciséis hechos fascinantes sobre este acontecimiento icónico.

842. **El Muro de Berlín se construyó en 1961 y dividió la ciudad de Berlín en dos partes**: el este comunista y el oeste democrático.

843. **El objetivo principal del muro era impedir que la gente cruzara a Berlín Occidental**, donde la calidad de vida era mucho mayor.

844. **Alrededor de tres millones de personas abandonaron Berlín Oriental antes de la creación del muro.**

845. En 1987, durante su **visita a Berlín el presidente estadounidense Reagan, pronunció su icónico discurso «Derriben este muro»,** en el que instaba a Mijaíl Gorbachov (el líder de la URSS) a abrir el Muro de Berlín.

846. El 9 de noviembre de 1989, ciudadanos de ambos bandos comenzaron a **derribar secciones del muro** con sus propias manos.

847. **La caída del Muro de Berlín marcó el fin de las tensiones de la Guerra Fría entre Alemania Oriental y Alemania Occidental** y condujo finalmente a la reunificación de Alemania en 1990.

848. **La gente lo celebró pintando grafitis en lo que quedó del muro** tras su destrucción. Muchas piezas se exhiben ahora como monumentos conmemorativos de la libertad.

849. **Los restos del muro todavía pueden verse hoy en varios lugares de Berlín,** como la **Bernauer Strasse, cerca del Checkpoint Charlie**, donde los turistas se toman fotos e incluso pueden tocarlo.

850. **La caída simbolizó no solo la paz, sino también la esperanza de democracia en Europa y más allá.**

851. **La caída del muro tuvo un efecto duradero en las relaciones internacionales,** mejorando significativamente los lazos dentro de Europa. Los países de Europa del Este también se integraron poco a poco a la gran familia democrática de naciones.

852. En diciembre de 1989, **el presidente estadounidense George H. W. Bush declaró que «este día marca una victoria de la libertad».**

853. **El papa Juan Pablo II visitó Berlín Oriental en octubre de 1989 para celebrar la reunificación alemana.** Su visita se consideró decisiva para tender puentes entre Alemania Oriental y Occidental tras años de separación.

854. **A lo largo de los años, cientos de artistas se han inspirado en este acontecimiento** y han creado arte para conmemorarlo, incluyendo esculturas, pinturas, películas y literatura.

855. El 3 de octubre **se celebra en Alemania el Día de Berlín**, que está dedicado a conmemorar la libertad y celebrar la reunificación entre Oriente y Occidente.

856. **La caída del Muro de Berlín demostró que, incluso en tiempos de gran tensión política y conflicto,** la protesta pacífica puede conducir al cambio.

857. **La caída del Muro de Berlín es quizás el símbolo más emblemático de la libertad en todo el mundo.**

La guerra del golfo Pérsico
(1990-1991)

Descubra quince hechos sobre una de **las operaciones militares más dramáticas, significativas y televisadas de la historia mundial: la guerra del golfo Pérsico**. Desde su inicio hasta su conclusión, explore varios datos fascinantes sobre este conflicto entre Irak y una coalición internacional.

858. **La guerra del golfo Pérsico fue un conflicto en Medio Oriente** entre Irak y una coalición internacional de fuerzas liderada por Estados Unidos.

859. Comenzó el 2 de agosto de 1990, cuando el líder iraquí **Saddam Hussein ordenó a su ejército invadir Kuwait.**

860. Un total de treinta y nueve naciones contribuyeron con tropas o equipos militares **para liberar Kuwait del control de Irak**, incluyendo Arabia Saudí, Egipto, Siria y Francia, entre otros.

861. **Los primeros combates incluyeron ataques aéreos contra objetivos en ambos países**. Las fuerzas terrestres se mantuvieron retenidas hasta febrero de 1991, cuando la **Operación Tormenta del Desierto** lanzó una ofensiva aliada masiva contra Irak.

862. Esto marcó el comienzo de una guerra terrestre de cien horas de duración, que finalmente condujo a la **victoria de las fuerzas de la coalición sobre el régimen de Saddam Hussein** a finales de febrero de 1991, poco más de seis meses después del comienzo de las hostilidades.

863. **Hasta un millón de soldados participaron en el esfuerzo bélico**, convirtiéndolo en una de las mayores operaciones militares desde la Segunda Guerra Mundial.

864. **La coalición liderada por Estados Unidos se basó en el uso de tecnología avanzada**, como municiones guiadas de precisión, aviones furtivos y misiles de crucero.

865. **Las fuerzas iraquíes utilizaron armas químicas contra civiles kuwaitíes** y tropas de la coalición durante el conflicto, lo que provocó la condena de todo el mundo.

866. **Casi tres millones de personas se vieron obligadas a abandonar sus hogares debido a los combates en Irak y Kuwait**; muchos de ellos eran refugiados que habían huido de la violencia o el hambre en partes de África y Asia a principios de esa década.

867. **La guerra terminó con un acuerdo de alto al fuego que declaraba el fin de todas las hostilidades entre Irak y las fuerzas de la coalición**. A continuación, las Resoluciones del Consejo de Seguridad de las Naciones Unidas (RCSNU) impusieron sanciones al régimen de Saddam Hussein.

868. **La guerra del golfo Pérsico fue testigo del primer uso a gran escala de bombas inteligentes en combate**. Estas bombas permitieron una mayor precisión y menos víctimas civiles que las misiones de bombardeo tradicionales.

869. **Las estimaciones varían, pero se cree que 400.000 soldados iraquíes murieron o resultaron heridos**, mientras que las fuerzas de la coalición perdieron alrededor de 300 personas, además de unas 450 bajas kuwaitíes.

870. **Este conflicto fue una de las guerras más televisadas de la historia**, lo que sensibilizó a la opinión pública sobre los acontecimientos que se desarrollaban en campos de batalla lejanos.

871. **Diferentes medios de comunicación de todo el mundo proporcionaron a millones** de personas un acceso sin precedentes a la información sobre **el conflicto en Irak y Kuwait**.

872. **El conflicto supuso un punto de inflexión en la historia de Medio Oriente** y fue la primera vez que una coalición internacional logró expulsar del poder a un gobernante opresor después de la Segunda Guerra Mundial, sentando un precedente para futuras intervenciones militares en todo el mundo.

El auge de las redes sociales
(de 1990 a la actualidad)

Durante siglos, los seres humanos han buscado formas de conectarse y compartir información. A finales de la década de 1990, esa búsqueda dio lugar a la aparición de las redes sociales, plataformas para comunicarse y expresarse en un instante. Este capítulo **explora** dieciséis datos interesantes de **cómo ha evolucionado este fenómeno** desde sus inicios hasta la actualidad.

873. **Las redes sociales son una forma de conectarse y compartir información en línea.**

874. **A finales de los 90 y principios de los 2000 surgieron las primeras plataformas de redes sociales.** Sitios web como Six Degrees y Friendster ayudaron a la gente a establecer conexiones en todo el mundo.

875. **Una de las primeras grandes plataformas de redes sociales fue Myspace**, lanzada en 2003 por **Tom Anderson y Chris DeWolfe.** El sitio permitía a los usuarios publicar música, fotos, videos y mensajes en páginas de perfil personales llamadas blogs.

876. **En 2004, Mark Zuckerberg fundó Facebook** mientras estudiaba en la Universidad de Harvard. Con el tiempo, se convirtió en una de las redes sociales más populares del planeta.

877. **Twitter (ahora llamada X) también empezó a ganar usuarios en 2006, cuando Jack Dorsey** envió su primer tuit, «*just setting up my twitter*». Este sitio de *microblogging* permitía inicialmente a los usuarios enviar mensajes de 140 caracteres llamados tuits.

878. **Desde entonces, se han creado otras plataformas**, incluyendo **Instagram** en 2010, **Snapchat** en 2011 y **TikTok** en 2016, para dar a la gente aún más formas de compartir sus vidas en línea.

879. **Las plataformas de medios sociales también proporcionan acceso a noticias, entretenimiento e información de todo el mundo**. Además, permiten a las empresas anunciar sus productos o servicios.

880. **Cientos de millones de personas se unen a las redes sociales** cada año; ¡la cifra es de casi cinco mil millones en la actualidad!

881. **Las redes sociales pueden utilizarse para buenas causas**. Se han utilizado para concienciar sobre problemas globales como la pobreza y el cambio climático, dando origen a campañas que llegan a millones de personas a la vez.

882. A las redes sociales se les atribuye el mérito de haber ayudado a difundir movimientos como **la Primavera Árabe, Black Lives Matter y el movimiento #MeToo.**

883. **Algunos argumentan que el uso excesivo de las redes sociales puede conducir a la depresión** y al aislamiento debido a su naturaleza adictiva.

884. **Los *hashtags* son palabras o frases precedidas del signo «#»,** que ayudan a los usuarios a categorizar y buscar temas en las plataformas de redes sociales.

885. **Las redes sociales se han convertido en algo más que una forma de mantenerse en contacto con los amigos**; también son utilizadas por celebridades, políticos y personas influyentes, lo que les permite llegar directamente a sus seguidores en todo el mundo.

886. **Otra característica popular de las redes sociales son los videos en directo**, que permiten a espectadores de todo el mundo interactuar con los creadores de contenidos en tiempo real.

887. **Muchas empresas utilizan ahora plataformas de redes sociales como LinkedIn y YouTube** como parte de su estrategia de mercadeo, debido al amplio alcance que tienen en grupos de distintas edades y culturas.

888. **Aunque se han visto muchos resultados positivos de las redes sociales**, sigue siendo necesaria una mayor regulación **para proteger los datos y la privacidad de los usuarios**.

La desintegración de la Unión Soviética (1991)

Descubra en este capítulo la fascinante historia de la disolución de la Unión Soviética. Conozca **dieciséis hechos interesantes sobre este colapso**, incluyendo lo que ocurrió con los países que formaban parte de la URSS.

889. **La Unión Soviética** (o URSS) **se fundó tras la Revolución rusa**. La fuerza de la Unión Soviética comenzó a decaer durante las últimas etapas de la Guerra Fría.

890. Antes de su desaparición, en 1991, **la URSS había sido el mayor estado comunista del mundo**. Estaba formada por quince repúblicas de Europa del Este y Asia Central.

891. **Mijaíl Gorbachov asumió el liderazgo de la Unión Soviética** en 1985 e introdujo reformas como la *glasnost* (apertura) y la *perestroika* (reestructuración).

892. En 1990 y 1991, **varias repúblicas declararon su independencia de la Unión Soviética**, lo que condujo a su disolución en la medianoche del 26 de diciembre de 1991.

893. Georgia y Lituania fueron de las primeras en declarar su independencia.

894. **Tras la dimisión de Gorbachov**, el 25 **de diciembre** de 1991, Rusia se hizo cargo oficialmente de todos los activos restantes de la disuelta URSS, incluidas las armas nucleares.

895. **Boris Yeltsin se convirtió en presidente de Rusia** tras su victoria electoral en junio de 1991, mientras surgían otros líderes para sus respectivas naciones recién independizadas.

896. **La disolución de la Unión Soviética fue uno de los acontecimientos geopolíticos más complicados de la historia moderna** debido a sus múltiples consecuencias, como la agitación política y el colapso económico en toda Europa del Este y Asia Central.

897. Tras la desintegración de **la Unión Soviética, millones de personas emigraron de las antiguas repúblicas soviéticas**, tanto a nivel nacional como internacional, debido a multitud de razones, como la inestabilidad y los conflictos.

898. **Tras obtener la independencia, varias repúblicas establecieron sistemas democráticos basados en la economía de mercado**, lo que les permitió acceder a los mercados mundiales, fomentando el crecimiento, pero también provocando un aumento de los índices de pobreza.

899. **El colapso de la Unión Soviética provocó una crisis en Asia Central, Europa del Este y Rusia**, con algunos países en apuros debido a guerras civiles, tensiones étnicas o corrupción, como **Tayikistán**, que sufrió una guerra civil durante cinco años. Se cree que **murieron entre 20.000 y 150.000 personas**.

900. **Muchos habitantes de la antigua URSS experimentaron dificultades tras la desintegración de la Unión Soviética.** Los salarios se retrasaron o simplemente nunca se pagaron, dejando a muchos en la pobreza e incapaces de cubrir necesidades básicas como alimentos, electricidad o agua.

901. **La desintegración de la Unión Soviética provocó un cambio masivo en el equilibrio de poder,** ya que el comunismo se debilitó significativamente en todo el mundo.

902. **La desintegración llevó a los líderes mundiales a desarrollar formas de prevenir nuevas escaladas y formas de desestabilización.**

903. Desde entonces, el mundo ha visto cómo algunas de **las antiguas repúblicas soviéticas crecieron y se convirtieron en naciones prósperas económicamente** con más libertad para sus ciudadanos, como **Estonia**, que figura entre las economías más competitivas del mundo.

904. **La desintegración de la Unión Soviética aumentó el número y la diversidad de lenguas habladas dentro de las fronteras de la antigua URSS**. Antes, todos tenían que utilizar el ruso como lengua principal para comunicarse, incluso fuera de Rusia.

La guerra de Afganistán
(2001-2021)

La guerra de Afganistán comenzó poco después de los atentados terroristas en EE.UU. del 11 de septiembre de 2001. En este capítulo, se exploran dieciséis hechos interesantes sobre este conflicto, incluidos sus efectos sobre los implicados.

905. **La guerra de Afganistán comenzó en octubre de 2001 tras los atentados terroristas del 11 de septiembre de 2001.**

906. **Estados Unidos, varios miembros de la OTAN y otros países lucharon contra las fuerzas talibanes y los terroristas de Al Qaeda** para impedir que atacaran a la población en Afganistán o en cualquier otro lugar del mundo.

907. **La guerra causó decenas de miles de víctimas en ambos bandos**, incluidos muchos civiles afganos.

908. **Estados Unidos proporcionó ayuda humanitaria por valor de miles de millones de dólares para apoyar proyectos de reconstrucción en las ciudades afganas**, ayudando a construir escuelas y carreteras y mejorando las infraestructuras para las personas que vivían allí.

909. **La OTAN proporcionó ayuda financiera a través de fondos fiduciarios**, que contribuyeron a la reconstrucción de las fuerzas militares y policiales afganas.

910. En 2020, solo **había unos 4.500 soldados estadounidenses** en Afganistán, mientras que en 2011 se alcanzó un pico de casi 100.000.

911. **En 2013, EE. UU. dejó de liderar las operaciones de combate en Afganistán**. Los afganos asumieron el liderazgo.

912. **La administración de Biden decidió finalmente retirarse del país** en 2021. Los talibanes tomaron casi inmediatamente el control del gobierno tras la salida de EE. UU.

913. **Muchos se preguntan si la decisión de retirar al ejército de Afganistán fue acertada.**

914. **La coalición liderada por Estados Unidos tuvo más de 23.000 víctimas**, con unos 2.400 soldados muertos y el resto heridos.

915. **Estados Unidos gastó más de dos billones de dólares en este esfuerzo bélico.**

916. **Aunque no se sabe con certeza cuántos civiles murieron en la guerra**, la mayoría de las fuentes estiman que alrededor de cuarenta y seis mil murieron o resultaron heridos. Esta cifra no incluye a los que murieron por enfermedad o falta de alimentos.

917. **En 2023, los talibanes habían conseguido crear un estado islámico muy conservador en Afganistán.**

918. **La gran pobreza que atraviesan algunos sectores de Afganistán se debe a la falta de crecimiento económico,** porque muchas de sus infraestructuras sufrieron grandes daños durante el conflicto.

919. En la actualidad, **gran parte de la población afgana se ha visto muy afectada por los combates.** Las condiciones de vida son muy miserables y las mujeres casi no tienen derechos en el país.

920. **Hasta agosto de 2023, ningún país del mundo ha reconocido al gobierno de Afganistán dirigido por los talibanes.**

La guerra de Irak
(2003-2011)

Este capítulo explora la guerra de Irak, un conflicto que tuvo consecuencias de gran alcance. Se presentan **dieciséis hechos interesantes sobre la guerra**, incluyendo sus causas, resultados, protagonistas y los efectos que tuvo sobre los civiles iraquíes.

921. **La guerra de Irak comenzó el 19 de marzo de 2003 y duró ocho años (2011).**

922. **Fue liderada por Estados Unidos, Gran Bretaña, Australia** y algunos otros países parte de una fuerza de coalición para sacar a Saddam Hussein del poder.

923. **Más de 4.800 soldados de la coalición murieron durante la guerra,** la mayoría de ellos eran soldados estadounidenses.

924. **Más de 100.000 civiles iraquíes murieron a causa de la violencia,** según estimaciones de la **Alta Comisión de las Naciones Unidas para los Refugiados** (ACNUR).

925. **La guerra le costó a EE. UU. más de dos billones de dólares** y fue una de las guerras más caras de la historia moderna.

926. **En 2010, el presidente Barack Obama declaró el fin de las operaciones de combate en Irak** y en 2011 retiró la mayoría de las tropas estadounidenses del país.

927. **La Operación Libertad Iraquí fue sustituida por la Operación Nuevo Amanecer,** que se centró en ayudar al gobierno contra el terrorismo dentro de las fronteras de Irak, hasta que terminó en diciembre de 2011, cuando la mayoría de las tropas estadounidenses fueron retiradas de Irak.

928. **Sadam Husein fue capturado** el 13 de **diciembre** de 2003, tras una persecución que duró nueve meses desde su caída del poder a principios de ese año.

929. **Hussein fue juzgado y declarado culpable de crímenes contra la humanidad, por los que fue ejecutado** el 30 de diciembre de 2006.

930. **Uno de los principales objetivos de la guerra era encontrar las armas de destrucción masiva** (ADM) que se creía que tenía el régimen de Sadam Husein, pero nunca se encontró ninguna.

931. **La de Irak fue una de las guerras más controvertidas de la historia moderna**; muchos argumentaron que no debió existir nunca y muchos otros que no debió terminar cuando lo hizo.

932. En junio de 2014, **el Estado Islámico de Irak y Siria** (ISIS) se había alzado con el poder en la región, lo que dio lugar a una nueva guerra. Desde agosto de 2023, ese conflicto sigue en curso.

933. **La guerra de Irak formaba parte de la más amplia «guerra contra el terrorismo» iniciada por el presidente George W. Bush tras el 11 de septiembre**, que también incluía operaciones militares en Afganistán y otros países de Medio Oriente.

934. **Estados Unidos ha enviado ayuda por más de sesenta mil millones de dólares para ayudar a reconstruir Irak** desde 2013, además de proporcionar ayuda humanitaria a millones de personas que sufren los efectos de la guerra.

935. **El pueblo iraquí ha celebrado varias elecciones democráticas desde 2004** y sigue esforzándose por construir un futuro pacífico, a pesar de todo lo que ha sufrido durante este conflicto.

936. Aunque **la guerra ha terminado oficialmente, los efectos se siguen sintiendo en Irak hoy en día**, y muchos siguen viviendo las consecuencias de la misma y luchando por un futuro mejor.

La Primavera Árabe
(2010-Presente)

La Primavera Árabe supuso un importante punto de inflexión en la historia del Cercano Oriente. Este capítulo explora este importante acontecimiento a través de dieciséis datos interesantes sobre sus orígenes, sus protagonistas y sus resultados.

937. **La Primavera Árabe fue una oleada de protestas, levantamientos y revoluciones que se extendieron por Medio Oriente** entre 2010 y 2012.

938. **La gente quería más libertad, derechos básicos, democracia y reformas sociales por parte de sus gobiernos.**

939. **Comenzó cuando manifestantes de Túnez derrocaron al presidente Zine El Abidine Ben Ali** tras veintitrés años en el poder, en lo que se denominó como la Revolución de los Jazmines.

940. **Los manifestantes realizaron manifestaciones pacíficas** durante meses para hacer oír su voz en toda la región.

941. **Muchos países se vieron afectados por estas protestas**, entre ellos Libia, Siria, Yemen y Bahréin.

942. **Los gobiernos respondieron con violencia contra los manifestantes**, lo que provocó la muerte de muchas personas.

943. **Los ciudadanos pidieron ayuda a través de redes sociales como Facebook y Twitter**, lo que contribuyó a llamar la atención sobre la situación dentro de esos regímenes represivos.

944. **Las mujeres desempeñaron un papel activo en la Primavera Árabe**. Protestaron en las calles y participaron en campañas en línea para dar a conocer su causa.

945. **Tras las rebeliones, algunas naciones realizaron elecciones para elegir nuevos jefes de estado.**

946. **En algunos países, la Primavera Árabe condujo a una mayor libertad de expresión,** mayores derechos para las mujeres, mejor acceso a la educación y economías más abiertas.

947. **En Siria, las protestas desembocaron en una destructiva guerra civil** que el país sigue sufriendo hoy en día.

948. En 2011, **se concedió conjuntamente el Premio Nobel de la Paz a la presidenta de Liberia, Ellen Johnson Sirleaf, a la activista liberiana Leymah Gbowee y a la política yemení Tawakkul Karman** por su lucha no violenta por la seguridad de las mujeres durante la Primavera Árabe.

949. **La Primavera Árabe se saldó con el derrocamiento total de tres gobiernos** y con otros tres que realizaron reformas constitucionales.

950. **Actores internacionales independientes, como Anonymous, un grupo de piratas informáticos, declararon su apoyo a los manifestantes**, ayudaron a difundir la noticia y lanzaron ciberataques contra sitios web gubernamentales.

951. **La Primavera Árabe sigue siendo una de las demostraciones más evidentes** del poder de la tecnología moderna y las redes sociales.

952. A pesar de que sus resultados no fueron iguales en todas partes, **la Primavera Árabe cambió Medio Oriente para siempre** y demostró a los ciudadanos su poder para crear el cambio.

La crisis migratoria europea
(2015-actualidad)

Este capítulo explorará la crisis migratoria europea, un desastre humanitario que ha tenido consecuencias de gran alcance en el mundo. Echaremos un vistazo a dieciséis datos interesantes sobre cómo comenzó esta crisis, su impacto en Europa y los esfuerzos realizados por los gobiernos para proporcionar ayuda a los afectados.

953. **La crisis migratoria europea** hace referencia al aumento de la ola de migrantes que comenzó en 2015, cuando muchas personas procedentes de **países africanos y de Oriente Medio** intentaron **entrar en Europa** en busca de seguridad.

954. **La mayoría de las personas que emigraron a Europa procedían de Siria, Afganistán, Irak** y otros países de Oriente Medio afectados por la guerra y la pobreza.

955. **Decenas de millones de migrantes asiáticos y africanos han estado entrando en Europa** cada vez más desde 2015, los países mediterráneos, como Grecia e Italia, son los que tienen el mayor número de inmigrantes ilegales.

956. **Muchos refugiados junto a sus familias y sus pertenencias llegaron en botes o pequeñas balsas a través de aguas peligrosas para alcanzar costas más seguras en Europa.**

957. **Algunos refugiados pasaron meses caminando miles de kilómetros** antes de encontrar refugio en otro país o volver a casa sanos y salvos si era posible.

958. **Países como Francia, Alemania, Italia, España y Turquía abrieron sus fronteras** para ofrecer refugio a estos migrantes que buscaban protección frente al peligro en su país.

959. **Las personas podían solicitar asilo temporal o permanente**, aunque éste depende de cada caso individual.

960. **Algunos países europeos han ofrecido programas especiales,** como formación laboral y clases de idiomas, para ayudar a los inmigrantes a integrarse con éxito en sus nuevas comunidades.

961. **La crisis ha suscitado debates en todo el mundo** sobre la mejor manera de gestionar la migración y garantizar un paso seguro a quienes buscan refugio de situaciones perjudiciales en su país.

962. Organizaciones como **el Alto Comisionado de las Naciones Unidas para los Refugiados** (ACNUR) y Amnistía Internacional han aportado fondos, recursos y trabajadores para ayudar a los afectados por esta crisis humanitaria.

963. **Diferentes países están trabajando actualmente junto** con organizaciones internacionales en un plan de respuesta global que proporcionará más protección a los refugiados que huyen de las zonas devastadas por la guerra.

964. Aunque **algunos gobiernos** han acordado soluciones, como proporcionar ayuda financiera o permitir el asilo a las personas, **muchos siguen divididos sobre lo que debe hacerse a continuación.**

965. **Muchas personas de todo el mundo siguen mostrando compasión hacia los refugiados** a través de donaciones, esfuerzos de voluntariado o participando en debates que podrían ayudar a mejorar las condiciones de vida y gestionar mejor la migración en Europa.

966. **La Unión Europea** (UE) ha estado colaborando para abordar las causas profundas de la crisis, como la guerra, la pobreza y la desigualdad en otras partes del mundo, que se consideran factores que contribuyen significativamente al desplazamiento global.

967. Para que las soluciones a largo plazo sean posibles, **tanto los gobiernos como los ciudadanos deben encontrar respuestas más sostenibles que puedan proporcionar seguridad y estabilidad** a los afectados por este desastre humanitario en curso.

968.. **La crisis migratoria europea ha puesto de relieve la importancia de la cooperación internacional** y la compasión entre países para proteger a las personas que huyen del peligro o buscan una vida mejor en otro lugar.

La guerra civil siria
(del 2011a la actualidad)

Este capítulo explora los devastadores efectos de la guerra civil Siria. Se profundiza en dieciséis datos sobre sus orígenes, sus integrantes y las atrocidades que se han cometido.

969. **La guerra civil Siria comenzó en 2011** y sigue en la actualidad.

970. **La guerra comenzó después de que los habitantes de Siria protestaron contra el gobierno**, encabezado por el **presidente Bashar al Assad**.

971. **Desde que comenzó la guerra, millones de sirios abandonaron sus hogares** y ahora viven como refugiados en otros países o dentro de la propia Siria.

972. **Muchos grupos diferentes luchan entre sí**, incluidos los rebeldes que quieren un cambio y las fuerzas del gobierno sirio, que apoyan el mandato de Assad

973. **Otros países como Rusia, Irán, Turquía y Estados Unidos, también se han implicado en la guerra**, enviando tropas para combatir en uno u otro bando del conflicto.

974. **La ciudad de Alepo ha sido una de las zonas más castigadas durante la guerra civil**. Muchos edificios han quedado destruidos por los intensos bombardeos de ambos bandos.

975. Desde el comienzo del conflicto, **la población ha sido testigo del uso de diferentes tácticas violentas**, como los atentados suicidas y el uso de armas químicas.

976. **El conflicto ha tenido un terrible impacto en la economía de Siria,** con la gente luchando por comprar alimentos o acceder a los servicios básicos.

977. **El Programa Mundial de Alimentos** estima que algo más de doce millones de sirios sufren inseguridad alimentaria.

978. **Muchos jóvenes sirios han quedado sin educación básica debido a la guerra**, ya que las escuelas y universidades han sido destruidas o cerradas.

979. **El número de víctimas civiles de la guerra civil Siria se estima en cientos de miles.**

980. En 2014, **ISIS surgió en Siria e Irak, añadiendo otra capa de complejidad a este conflicto**. ISIS es responsable de gran parte de la violencia contra la población civil y el secuestro de personas por dinero.

981. **La mayoría de los refugiados sirios viven en Europa, Turquía y Líbano**. Estos no tienen los recursos necesarios para apoyar adecuadamente a los refugiados.

982. **La ONU ha estado intentando negociar un acuerdo de paz en la guerra civil**, pero hasta ahora no ha habido ningún acuerdo duradero.

983. En 2018, **el presidente Assad recuperó el control de la mayor parte del territorio sirio.** En mayo de 2023, se estimó que controla alrededor del 65 % del país.

984. **A pesar del fin de las principales operaciones de combate, sigue habiendo violencia en ambos bandos**, incluidos ataques aéreos que matan a civiles y enfrentamientos con grupos rebeldes que quieren un cambio en Siria.

La crisis climática
(del 2020 a la actualidad)

La crisis climática es un problema que afecta a todos, desde la subida del nivel del mar hasta los fenómenos meteorológicos extremos. En este capítulo, se presentan dieciséis hechos sobre la crisis climática y cómo han afectado a nuestro planeta desde 2020.

985. **La crisis climática es un cambio a largo plazo en los patrones climáticos del planeta** causado por las actividades humanas, como la quema de combustibles fósiles y la tala de bosques.

986. **El cambio climático ocurre desde hace años**, pero cada vez es peor debido a los niveles de contaminación y emisiones de gases que atrapan el calor, como el dióxido de carbono (CO_2).

987. **Debido al cambio climático, algunas zonas son cada vez más cálidas y otras cada vez más frías**, lo que hace que las temperaturas extremas sean más comunes en todo el mundo.

988. **Las olas de calor, las fuertes lluvias y las sequías causan escasez de alimentos en algunos lugares**, lo que pone a la población en riesgo de desnutrición y pobreza.

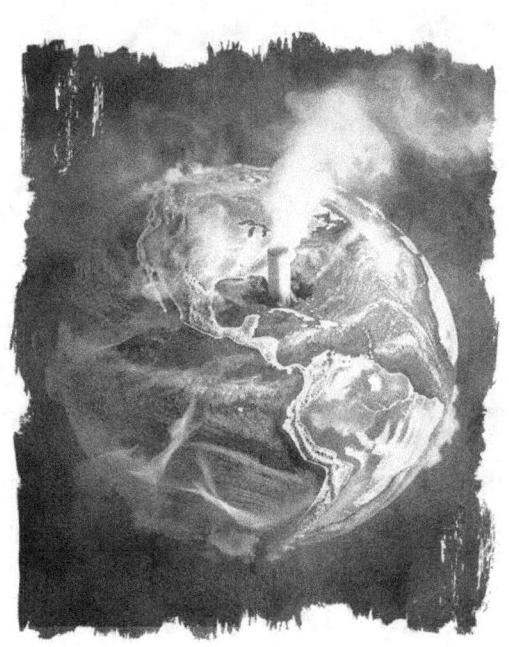

989. **El nivel del mar en todo el mundo ha aumentado significativamente debido al deshielo** de los polos; esto significa que muchas comunidades costeras están amenazadas por las inundaciones provocadas por las tormentas o las mareas altas durante los fuertes huracanes y tifones.

990. **El cambio climático ha provocado huracanes, inundaciones, sequías, olas de calor e incendios forestales más frecuentes e intensos**, que tienen efectos devastadores en la vida de las personas.

991. **El cambio climático está provocando cambios en los ecosistemas**, como la desaparición de los arrecifes de coral debido a la acidificación de los océanos o la adaptación de los animales a nuevos climas para sobrevivir.

992. El cambio climático está haciendo que el aire que respiramos esté más contaminado, ya que hay mayores niveles de esmog y ozono, que perjudican la salud de las personas.

993. La crisis climática afecta a todo el mundo, desde las pequeñas naciones insulares amenazadas por **el nivel elevado del mar** hasta las ciudades, que sufren sequías extremas por la escasez de agua.

994. Reducir el consumo de energía mejorando el aislamiento, las instalaciones de iluminación y los electrodomésticos y utilizar energías renovables como la hidroelectricidad ayuda a paliar los efectos del cambio climático.

995. Reducir las actividades contaminantes (como la quema de combustibles fósiles) **reduce las emisiones de gases de efecto invernadero**, que son las principales causas del cambio climático.

996. Tomar decisiones sostenibles, como seguir una dieta basada en vegetales, evitar los plásticos de un solo uso, comprar productos locales e invertir en soluciones energéticas ecológicas, **reduce nuestra huella de carbono**.

997. Los Acuerdos de París sobre el Clima, firmados por 196 países, son el tratado internacional más completo sobre el cambio climático.

998. En la actualidad, **China, Estados Unidos e India se encuentran entre los mayores contaminadores del mundo** debido al gran tamaño de su población y a su incapacidad para producir energía verde a una escala suficientemente grande.

999. Suecia y Dinamarca son los países más ecológicos y promueven la sostenibilidad a gran escala.

1000. Aunque el Acuerdo de París (también conocido como los Acuerdos de París sobre el Clima) fue un paso importante en la dirección correcta **a la hora de aumentar la conciencia internacional sobre el cambio climático,** muchos expertos afirman que se necesita más compromiso y acción por parte de los firmantes para alcanzar **los objetivos establecidos**.

Conclusión

Ya vio el increíble impacto que el ser humano ha tenido en el mundo a lo largo de la historia. Nuestros antepasados crearon civilizaciones y religiones, **inventaron herramientas y tecnologías, exploraron nuevas tierras e ideas** y lucharon en guerras por la libertad o el poder; todas estas experiencias nos han moldeado como especie, y muchas de estas cosas siguen ocurriendo hoy en día.

Este libro explora la interacción de los humanos con su entorno para crear inventos como el fuego, la domesticación de animales y la escritura. Diversas épocas han dado vida a cosas asombrosas, como el arte durante **el Renacimiento** y las **pirámides del antiguo Egipto.** El mundo ha sido testigo de la devastación masiva de las guerras mundiales, pero también ha visto que se puede alcanzar la paz.

El mundo aún tiene mucho que superar, como demuestra la reciente Primavera Árabe y la crisis migratoria europea. La historia está sucediendo en este instante, por lo que es importante seguir aprendiendo sobre el pasado y comprender mejor por qué estamos donde estamos hoy.

Segunda Parte: 101 momentos extraños de la historia de la humanidad

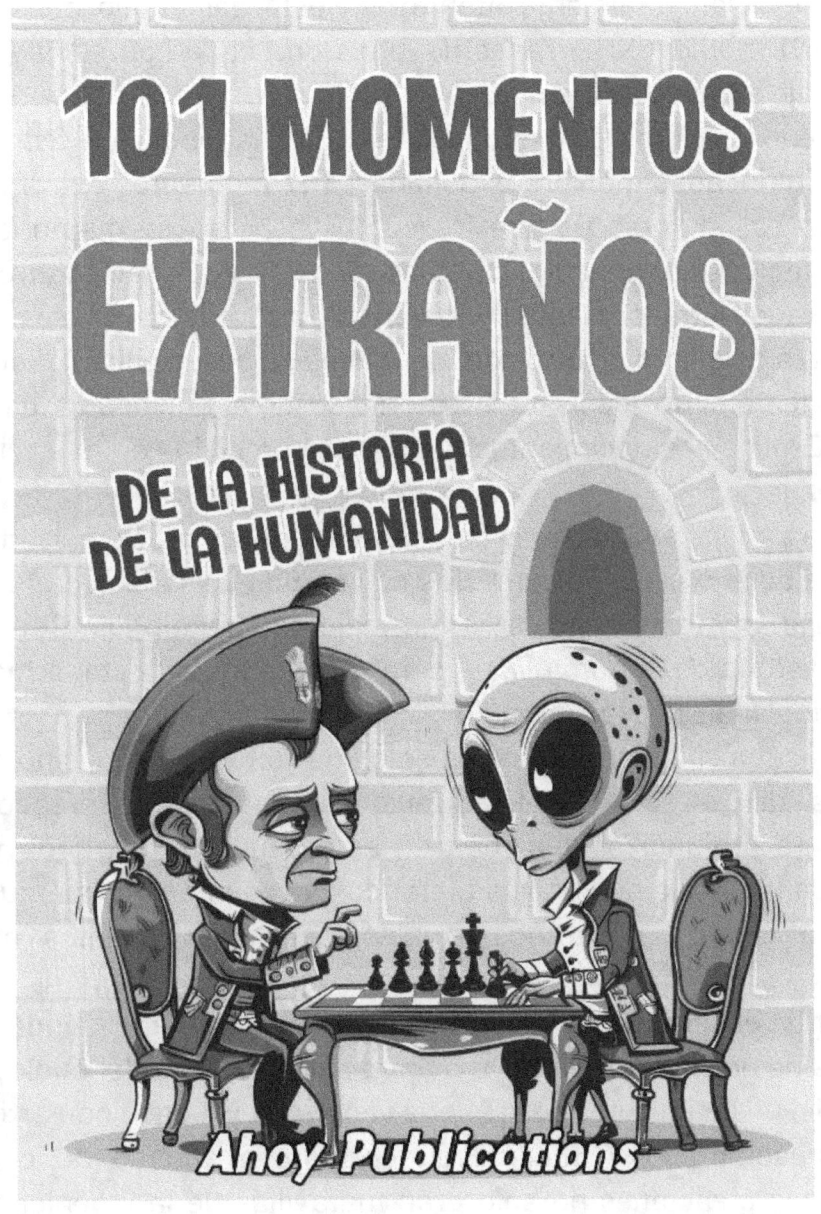

Introducción

¿Le interesan las fascinantes rarezas de la historia de la humanidad? ¿Le atraen los relatos que desafían cualquier explicación, ponen en tela de juicio la sabiduría convencional y le dejan totalmente atónito? Si está asintiendo con la cabeza, tiene suerte, porque *101 momentos extraños de la historia de la humanidad* le llevará en un extraordinario viaje a través del tiempo.

En un mundo lleno de libros de historia que suelen ahondar en fechas, genealogías interminables e intrincadas maniobras políticas, *101 momentos extraños de la historia de la humanidad* es un soplo de aire fresco. No se trata de memorizar una lista de monarcas ni de recitar interminables batallas. Se trata de profundizar en los episodios extraños, inesperados y francamente curiosos que han dado forma a este mundo.

Lo que diferencia a este libro de otros del género es su accesibilidad. Está pensado para cualquiera que sienta curiosidad por la historia, desde el aficionado más experto hasta el más novato. Explica acontecimientos históricos complejos en narraciones atractivas y fáciles de entender.

Impresione a sus amigos en las cenas con historias de las proezas de la Edad de Piedra que desafían cualquier creencia o deléitelos con relatos del lado secreto de los antiguos egipcios que dejarían atónitos incluso a los mejores egiptólogos. Con *101 momentos extraños de la historia de la humanidad*, será el alma de la fiesta, armado con relatos asombrosos de los anales de la historia.

Pero la cosa no acaba ahí. Este libro no es solo una lectura pasiva, sino una exploración activa. Además de las atractivas narraciones, descubrirá métodos prácticos e instrucciones para profundizar aún más en estos sucesos extraños y maravillosos. Podrá ponerse en la piel de personajes históricos y experimentar su mundo de primera mano, ya sea a través de extraños rituales, peculiares inventos o extravagantes costumbres.

Imagínese viajar en el tiempo hasta la época del Imperio romano, donde podrá descifrar los muros llenos de grafitis de Pompeya o aprender los trucos del oficio de gladiador. O póngase en la piel de un inventor de la época victoriana y juegue con artilugios de vapor que lo dejarán asombrado. A medida que explore el mundo de estos inventores, descubrirá que sus creaciones no solo eran maravillas de la ingeniería, sino también reflejos del espíritu de innovación de la época. Es un viaje que lo inspirará y asombrará por la creatividad sin límites del pasado.

101 momentos extraños de la historia de la humanidad es un boleto de entrada a un mundo de rarezas, una máquina del tiempo que lo transporta a épocas encantadoras. Es la puerta de entrada al descubrimiento de historias extraordinarias, asombrosas y francamente curiosas que han dado forma a este mundo.

Así que, si está listo para ser transportado a un mundo donde lo inusual es la norma, donde la historia es cualquier cosa menos árida y donde aprender es agradable y esclarecedor, este libro es para usted. Embárquese en una extraordinaria aventura que le hará apreciar lo extraño. ¡Esta gran aventura histórica le espera!

Capítulo 1: Proezas de la Edad de Piedra (2.500.000-10.000 a. C.)

La Edad de Piedra está llena de rarezas absolutamente increíbles. Este periodo de desarrollo humano es el más largo de la historia y, sin embargo, se sabe muy poco de él debido a los escasos registros de la época. Es fácil imaginar la Edad de Piedra como un peldaño hacia la civilización, pero cuanto más descubren los científicos, más evidente resulta que los pueblos de este periodo tenían sociedades complejas con una comprensión filosófica y espiritual de la existencia. Teniendo en cuenta lo larga que fue la Edad de Piedra, tiene sentido que su estudio revele acontecimientos alucinantes y profundamente impregnados de misterio. Además, hay detalles cautivadores que revelan los pasos que siguió la humanidad para llegar a la sociedad civilizada, interconectada y global que existe hoy.

Al sumergirse en la Edad de Piedra, podrá echar un vistazo al pasado que dio forma evolutiva a gran parte del comportamiento humano hasta la era moderna. Los seres humanos somos raros porque nuestros antepasados de la Edad de Piedra eran, de hecho, raros. Así que, si busca alguien a quien culpar, busque unos dos millones de años atrás. Los antiguos humanos eran un grupo fascinante, desde sus obras de arte hasta sus religiones, el género e incluso el canibalismo. Explore las bases de las rarezas modernas y descubra lo mucho y lo poco que han cambiado las personas a lo largo de miles de años. Vea qué hacía el animal más inteligente del planeta antes de que la revolución agraria e industrial dieran a la humanidad la tecnología necesaria para construir civilizaciones. En las manos de pequeños grupos tribales tuvieron lugar algunos de los avances más locos y sorprendentes.

1. Pinturas rupestres en Trois-Frères, Francia

Durante décadas, los arqueólogos creyeron que la humanidad sólo había desarrollado un pensamiento profundo tras la invención de la agricultura. La teoría era que, en un pasado remoto, los humanos eran cazadores y recolectores, que se mantenían siempre ocupados por su vida nómada, por lo que no podían reflexionar sobre las realidades abstractas del mundo. La agricultura permitió que los humanos tuvieran más tiempo libre porque no

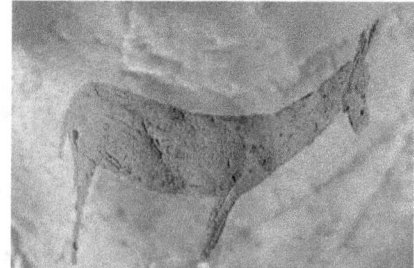

Pintura en la cueva de Trois-Frères[1]

tenían que cazar constantemente ni desplazarse según las migraciones de los animales. Nuevos estudios revelan que esta visión es incompleta. La humanidad siempre se ha sentido atraída por interpretar los patrones de la vida a través de lentes espirituales o filosóficos. Una de las pruebas clave que sugiere que es necesario conceder a los hombres de las cavernas un poco más de respeto intelectual son las pinturas rupestres de Trois-Frères, en Francia.

Estas pinturas presentan varias figuras interesantes, entre ellas extraños híbridos entre animales y humanos. La cueva se descubrió en 1914 y las pinturas tienen una antigüedad de más de 14.000 años. Lo interesante de estas pinturas es que demuestran que la humanidad primitiva tenía una mentalidad imaginativa y mitológica y que soñaban con criaturas de otro mundo. Aunque los arqueólogos no están seguros del significado de las pinturas, suponen razonablemente que estaban vinculadas a tradiciones religiosas o prácticas chamánicas, porque en el interior de la cueva también había un altar presumiblemente dedicado a una diosa leona. El altar tenía grabada la figura de una leona y contenía algunos artefactos fascinantes como conchas, dientes de animales y sílex. Esta cueva ayuda a reimaginar el pasado antiguo, replanteando la representación animalista y torpe del hombre de las cavernas, habitual en los medios de comunicación, para crear una visión de personas reflexivas que experimentaban pensamientos profundos, perspicaces y abstractos.

2. Figuras de Venus

El 7 de agosto de 1908 se hizo un descubrimiento en una excavación dirigida por Josef Szombathy en Austria. A orillas del Danubio, se desenterró una figura femenina, regordeta y de senos grandes, hecha de piedra caliza, a la que ahora se denomina estatua de Venus I o Venus de Willendorf. Se encontraron otras dos estatuillas, pero eran de marfil y más recientes que la Venus I, de casi 30.000 años de antigüedad. Nadie sabe con exactitud para qué se utilizaban estas figuras, pero por la forma rellena del cuerpo, se supone que estaban vinculadas a la fertilidad. Teniendo en cuenta que hoy en día en gran parte del mundo las deidades son masculinas, resulta sorprendente que algunos de los objetos religiosos más antiguos muestren signos de culto femenino entre los antepasados más antiguos de la humanidad. Esto suscita muchas preguntas sobre cómo la humanidad desarrolló órdenes religiosos patriarcales, si los signos más primitivos sugieren que el pensamiento espiritual deificaba a las mujeres.

Lo que hace que esto sea tan interesante es que demuestra que los humanos han pensado simbólicamente durante miles de años. Esto lleva a preguntarse cómo ha afectado el pensamiento abstracto al desarrollo evolutivo de la humanidad. Al igual que las mujeres con curvas adornan las redes sociales y las vallas publicitarias, los antiguos humanos esculpían meticulosamente figuras voluptuosas que quizás eran honradas de forma similar. Si se crearon por motivos religiosos, supersticiosos, artísticos o decorativos, sigue siendo un misterio, pero las estatuillas revelan que el impulso creativo de la humanidad era una forma de inmortalizar lo más preciado. Se dice que las estatuillas de Venus se utilizaban para la supervivencia o la fertilidad, por lo que son algunos de los ejemplos más antiguos de cómo el arte encarna los deseos y temores de la humanidad.

3. Flautas de hueso

¿Alguna vez ha visto un hueso en su plato y ha pensado que podría hacer música con él? La mayoría de la gente de la modernidad no tiene pensamientos así, pero en la Edad de Piedra esta forma de pensar era completamente normal. En la cueva de Hohle Fels, los arqueólogos descubrieron flautas hechas con marfil de mamut y huesos de cisne. Los cazadores-recolectores nómadas no desperdiciaban nada y utilizaban todas las partes de los animales, aunque fuera para entretenerse. Lo que es aún más revelador que los materiales que usaban para construir instrumentos de viento es el hecho de que los seres humanos hayan producido música durante miles, si es que no millones, de años.

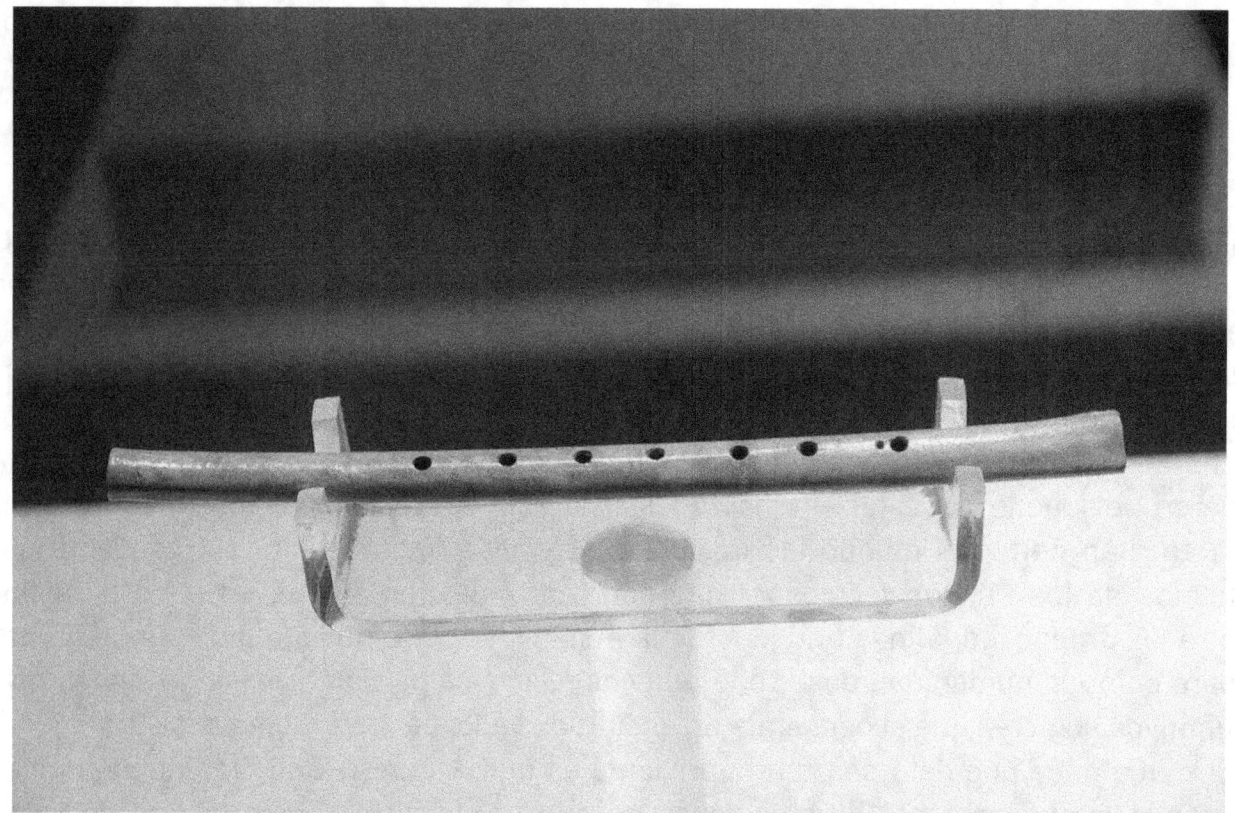

En la Edad de Piedra se creaban flautas con huesos[2]

Los instrumentos encontrados tienen una antigüedad de al menos 35.000 años. La flauta de hueso tenía muchos agujeros, lo que permitía tocar diferentes notas. Esto hace que surjan preguntas sobre las composiciones de la época. Por desgracia, es imposible saber cómo sonaba la música de los antiguos humanos, porque no había ningún medio para grabar, ni siquiera mediante partituras escritas en papel. Las tallas y pinturas encontradas en la misma zona dan una idea de sobre qué podían cantar. El mundo natural y su influencia en la existencia humana es un tema común en la época. Por ejemplo, se puede imaginar una canción sobre pájaros acompañada de una flauta de hueso procedente del cuerpo del animal honrado. También las reflexiones sobre la relación indisoluble entre la vida y la muerte son sorprendentes en las culturas prehistóricas.

4. Diferentes especies humanas

Al imaginar el proceso evolutivo del ser humano, se tiende a imaginar un camino ordenado en línea recta, como en un libro de texto de biología de décimo grado. Sin embargo, la visión actual es que la especie humana como la conocemos hoy en día puede haber existido al mismo tiempo con otras especies de homínidos. Los neandertales, el *Homo floresiensis* y los denisovanos compartieron el planeta con la especie humana. Estas especies de homínidos se extinguieron con el tiempo debido a factores medioambientales. Sin embargo, algunos afirman que se dieron cruces con estas especies, lo que podría haber contribuido a su desaparición del planeta. Algunas personas tienen ADN neandertal detectable en sus genes, así que es probable que estos homínidos hayan pasado a formar parte de la familia humana, en lugar de que fueran distintos de los *Homo sapiens.*

Se han encontrado diversas especies humanas primitivas en Eurasia, Indonesia y Siberia. Los fósiles de algunas de estas especies tienen más de 100.000 años. Aunque las películas suelen presentar a los neandertales como cavernícolas mudos, es posible que fueran muy inteligentes y tuvieran culturas y tradiciones complejas. Es probable que estas especies apenas se distinguieran de los humanos, hasta el punto que se mezclaron entre sí. Esta visión de la evolución humana borra el camino en línea recta que se suele presentar y lo sustituye por una compleja red de especies y migraciones que sucedieron en una era anterior a la historia registrada (¡de la que se ha perdido casi todo en el tiempo!). A medida que se hagan más descubrimientos, es probable que empiece a desarrollarse una imagen de seres humanos inteligentes desde sus orígenes. El rompecabezas de la formación de los humanos es cada vez más cautivador a medida que se desentierran nuevas pruebas.

5. Perforación de cráneos vivos

La neurocirugía en la antigüedad, sin anestesia, sin consideraciones de seguridad y sin conocimiento de las bacterias, es una de las imágenes más aterradoras que se pueden pasar por la cabeza. Imagínese acostado en un lecho de hojas, con cuatro hombres fuertes sujetándolo mientras usted patalea y grita porque alguien le está haciendo un agujero en la cabeza con toscas herramientas de piedra. La trepanación es el proceso de perforar el cráneo de una persona por razones médicas. La práctica de la trepanación se remonta a hace casi 10.000 años, cuando se encontraron cráneos prehistóricos en Francia. Esta antigua práctica ayudó a construir la base más fundamental de la neurocirugía. La práctica de la trepanación continuó hasta el siglo XIX. Resulta chocante que durante miles de años nadie pensara que no era buena idea perforarse la cabeza.

La cirugía ha recorrido un largo camino, desde las rocas de las cavernas hasta las sillas de operación en el campo, luego a los campos de batalla y, finalmente, a los cómodos y estériles hospitales de hoy en día. Algunas personas teorizan que los hombres de las cavernas taladraban agujeros en los cráneos para tratar los dolores de cabeza, pero no muchos entienden por qué se llegó a esa conclusión, ya que un tosco taladro en el cráneo parece causar dolor en lugar de aliviarlo. Es difícil averiguar con exactitud por qué estos prehistóricos practicaban la trepanación, pero era relativamente habitual, ya que en la excavación francesa se desenterraron 120 cráneos llenos de agujeros. Dé gracias a la aspirina, teniendo en cuenta que la alternativa es un agujero en la cabeza.

6. La puerta está en el techo

Como su nombre indica, se cree que los cavernícolas vivían en cavernas. La última parte de la Edad de Piedra vio el desarrollo de casas de barro muy juntas entre sí. Lo que hace únicas a esas casas es que no tenían puertas como las de hoy en día. Los habitantes entraban a sus casas desde el tejado. Probablemente lo hacían para evitar a los depredadores. La transición de las cavernas a viviendas semipermanentes es un gran salto en el desarrollo de la civilización. Los habitantes de la época desarrollaron una red de callejuelas entre los espacios habitables para moverse con facilidad por su sociedad comunal. Caminaban por los toscos caminos para desplazarse entre las casas y tirar los desperdicios acumulados. No se quedaban mucho en estas casas de adobe, porque aún no estaban en la era agrícola cultivando sus productos y practicando la ganadería; todavía necesitaban desplazarse según las migraciones de sus fuentes de alimentos.

Es interesante pensar en cómo el diseño de las casas de adobe cambió las entradas en el tejado por las puertas que conocemos. Es extraño imaginarse llegar a casa después de un duro día de trabajo y tener que subir al tejado para bajar a la vivienda. La necesidad es la madre de la invención, así que, con un poco de investigación, algún día se sabrá por qué optaron por este diseño. En todo caso, estas estructuras de madera y barro eran más capaces de soportar los elementos y proporcionar un lugar seguro para reunirse lejos del peligro natural constante de la Edad de Piedra.

7. Igualdad de género

Es de suponer que cuanto más se retrocede en el tiempo, más opresivas y patriarcales eran las culturas. Sin embargo, muchas de las sociedades nómadas de cazadores-recolectores del mundo antiguo tenían modelos igualitarios. La mujer promedio de la Edad de Piedra realizaba los mismos trabajos manuales que el hombre y participaba en la caza, excepto cuando estaba embarazada o amamantaba a un bebé. Estas mujeres eran increíblemente fuertes y pueden compararse con las atletas de élite de la era moderna. Cuando la atención era exclusivamente la supervivencia, no había tiempo para establecer jerarquías opresivas, porque la vida o la muerte dependían de la cooperación total de la tribu. Esta actitud igualitaria se evidencia en el hecho de que las primeras deidades eran femeninas y se ocupaban de la naturaleza y la fertilidad, conceptos que repercutían directamente en la vida cotidiana de la tribu.

Las jerarquías patriarcales pueden haber empezado a formarse con el progreso de la agricultura. En ese momento comenzó la propiedad de la tierra y las razones para expandirse o dominar. Con la propiedad, llegó la necesidad de gobernar, y en una época en la que la fuerza física era usada para dominar, las mujeres eran más débiles físicamente que los hombres, por lo que caían fácilmente subordinadas a ellos. Antes de eso, la vida de las mujeres de las cavernas era relativamente igualitaria. Se esperaría que los hombres de las cavernas fueran más salvajes que sus homólogos modernos, pero parece que eran más ilustrados en lo que se refiere a la igualdad de género. La filosofía y el enfoque de la igualdad de derechos que estamos empezando a desentrañar y explorar en los últimos tiempos eran una parte importante de la sociedad prehistórica.

8. Intercambio de viviendas

Como los humanos prehistóricos construían casas temporales, abandonaban las estructuras cuando tenían que mudarse. Por esto, no siempre construían casas cuando se asentaban en un lugar nuevo. A veces, había casas abandonadas por otras tribus que se habían mudado, así que las renovaban y vivían en ellas. Este proceso era algo así como una ocupación consentida. En aquella época no existía el concepto de propiedad de la tierra, porque la era agraria aún no había florecido. Por eso, los cavernícolas llevaban el concepto de «busca y cuida» a un nivel superior, recuperando casas enteras abandonadas.

Las poblaciones de humanos eran muy pequeñas en la época y no solían encontrarse nunca. El reducido número de humanos también explica la inexistencia de la guerra en la Edad de Piedra. Los humanos morían de forma violenta, pero rara vez por el arma de otra persona. No se encontraban con las tribus a las que robaban. Por otra parte, la cultura de estos cazadores-recolectores era de aprovechar los recursos disponibles... por eso, si encontraban una estructura completamente formada, la usaban ¡no tenía sentido empezar de cero y construir una nueva!

9. El pan de la Edad de Piedra

La idea errónea del salvajismo de la gente de la Edad de Piedra a menudo crea un falso recuerdo de la prehistoria. Para los antiguos humanos, la hora de la comida no consistía en cargar un cadáver ensangrentado y arrojarlo a una hoguera encendida mientras gruñían y gritaban guturalmente. Algunos de los antepasados más antiguos de la humanidad comían con delicadeza. Los cavernícolas cocinaban pan plano. Es una proeza asombrosa por lo difícil que es hacer pan. Aparte del proceso de horneado, debían recoger cereales y molerlos antes de empezar.

Por lo tanto, los cereales integrales y el almidón pueden haber sido parte de la dieta humana durante miles de años. La cultura alimentaria no es un invento moderno. Probablemente, las tribus tenían alimentos y formas de preparación propias. Los arqueólogos descubrieron que los antiguos humanos hacían pan al encontrar restos de este sabroso manjar en las ruinas de un horno. El ingenio de los pueblos de la Edad de Piedra no puede subestimarse en comparación con la modernidad, donde muchas personas no sobrevivirían ni un segundo sin las comodidades de la sociedad contemporánea.

10. Caníbales

El canibalismo no era común entre los humanos de la antigüedad, pero sí era una práctica existente. Los animales de caza eran la principal fuente de proteínas para los antepasados de la humanidad, pero su sintonía con el mundo natural significaba que los cavernícolas aprovechaban sus oportunidades. Si debían defender el territorio de un extraño, o si alguien de la tribu moría por causas naturales, probablemente se lo comían, sobre todo si las cacerías no tenían éxito. Los seres humanos no iban por ahí cazando otros humanos para comérselos porque, como animal de presa, son demasiado astutos y difíciles de atrapar. Sin embargo, si le cae carne del cielo, ¿qué puede hacer aparte de comerla?

Pensar en comerse a un semejante es estomacalmente repugnante, pero si se está entre la vida y la muerte, en medio de la cadena alimentaria, comiendo y siendo comido, desperdiciar carne es una tontería. El canibalismo era solo el aprovechamiento de las oportunidades que se presentaban. Probablemente, alguien argumentó que la tribu no debía enterrar a un compañero cavernícola, llamémoslo Steve, porque era corpulento y funcionaría bien con un poco de lechuga. El siguiente hombre llevó a Steve a la sombra para que la carne no se dañara antes de la cena.

11. Odontología antigua

Si la perforación del cráneo no es suficientemente espeluznante, imagínese sentarse en un tronco frente a un dentista primitivo. Se utilizaban herramientas de piedra para rascar la caries con el fin de aliviar el dolor y evitar que el diente se pudriera más. A continuación, el dentista aplicaba betún, una sustancia parecida al alquitrán que se encuentra en la naturaleza, a modo de empaste. Lo que hace que esta antigua odontología sea tan extraña es que las técnicas utilizadas hoy en día, aunque más sofisticadas, son similares a los métodos antiguos, porque los dentistas modernos también taladran las caries e instalan empastes. Hoy en día, sigue dando pavor ir al dentista, así que ¿cómo habrá sido sin normas de higiene ni analgésicos y con herramientas rudimentarias?

El magistral trabajo de los antiguos dentistas se descubrió en el norte de Italia, con el hallazgo arqueológico de dientes aparentemente trabajados. También se encontró materia vegetal y pelo en los empastes, pero los investigadores no están seguros de la finalidad de estos ingredientes. Las raíces de la odontología se remontan a finales de la Edad de Piedra. Antes de este descubrimiento, un empaste de cera era la muestra más antigua que se había encontrado, en Pakistán. El trabajo dental de la Edad de Piedra demuestra que la humanidad ha cuidado de sus dientes desde antes de que existiera la civilización. La odontología es más antigua que las ciudades modernas.

Preguntas para reflexionar

1. ¿Qué materiales serían los más adecuados para construir una vivienda semipermanente de cazadores-recolectores?
2. ¿Cómo cree que se desarrollaron las sociedades desiguales cuando las culturas antiguas eran muy igualitarias?
3. ¿Por qué cree que los antiguos no solían comer carne humana, aunque no estuvieran en contra del canibalismo?
4. ¿Por qué cree que existe la idea errónea de que los cavernícolas eran salvajes sin filosofía ni cultura profunda?
5. ¿Qué cree que creía la gente de las cavernas sobre su lugar en el universo, ya que no hay registros escritos que puedan ser explorados o interpretados?

Capítulo 2: Hechos extraños del Antiguo Egipto (3100-30 a. C.)

¿Qué le viene a la mente cuando piensa en el Antiguo Egipto? Probablemente piense en las grandes pirámides de Guiza, la Esfinge o las momias. Sin duda, Egipto es una de las culturas más antiguas y ricas del mundo. Con una larga historia de 5.000 años de civilización, hay mucho que contar sobre este antiguo país. Por suerte, su historia está inmortalizada en muchos relatos. Algunos son románticos, como la historia de amor entre el rey Akenatón y su esposa Nefertiti, mientras que otros son trágicos, como la historia de Isis y Osiris.

Cuando se piensa en el Antiguo Egipto, vienen a la mente las grandes pirámides de Giza y la Esfinge[3]

Si se fija bien en la mitología egipcia, encontrará algunas historias extrañas y espeluznantes que le harán decir: «Esto no puede ser real».

¿Está preparado para hacer un viaje en el tiempo y descubrir las historias más extrañas del Antiguo Egipto?

12. Los enanos de la corte del faraón

Pepi II Neferkare fue un faraón que gobernó Egipto a la temprana edad de seis años. Como era un niño, se nombró a un gobernador llamado Harkhuf, que tenía una gran relación con el joven rey. Harkhuf era también un explorador y realizó muchas expediciones por diversos países del mundo. Siempre le traía a Pepi regalos de los fascinantes lugares que visitaba.

Cuando Pepi tenía ocho años, Harkhuf le escribió una carta en la que describía los regalos que le había traído. Sin embargo, hubo uno que llamó la atención del joven rey, se trataba de un enano que vivía en el país de los espíritus. Por un momento, Pepi olvidó que era un rey y mostró una gran emoción por su regalo. Envió una carta a su gobernador para que regresara a casa lo antes posible.

Pepi también decía en su carta que, cuando subieran al barco, Harkhuf debía designar hombres para proteger al enano en todo momento, porque le preocupaba que pudiera caerse por la borda. También le dijo que los hombres debían vigilarlo diez veces por la noche mientras dormía. Pepi prometió a Harkhuf una gran recompensa si traía al enano sano y salvo.

¿Por qué estaba Pepi tan entusiasmado con su regalo? Los faraones tenían en muy alta estima a los enanos porque creían que eran criaturas mágicas que tenían poderes y estaban asociadas con los dioses. Incluso desempeñaban un papel importante en muchas ceremonias religiosas en las que actuaban y bailaban. Por esta razón, se les llamaba «bailarines de los dioses».

A los antiguos reyes egipcios les encantaba tener enanos. Cuando sus enanos morían, les celebraban costosos funerales y los enterraban en lujosas tumbas.

Uno de los enanos más famosos se llamaba «Seneb». Ha sido inmortalizado en una estatua con su mujer y sus hijos, y se cree que nació en una familia noble o que ocupaba un alto cargo. En su tumba se encontraron muchos títulos, como «supervisor de los enanos» y «amado del rey».

Khnumhotep fue otro conocido enano de la VI dinastía. También fue inmortalizado en una estatua con su biografía escrita en la base. Era un sacerdote que realizaba rituales para los muertos, incluidas las danzas en los funerales. Otro enano famoso fue Djeho, que sin duda era muy querido por su patrón, ya que fue enterrado en la misma tumba que él. Su sarcófago era de granito y muy costoso, reflejando su papel sagrado como bailarín en los rituales funerarios.

13. El faraón que se convirtió en dios

Los antiguos egipcios eran politeístas, ya que adoraban a muchos dioses y diosas. A nadie se le ocurrió cambiar el *statu quo* hasta que el faraón Akenatón llegó al poder.

Akenatón no era un gobernante corriente y logró muchas cosas en sus 17 años como rey, especialmente en las artes. Sin embargo, lo más destacado de su gobierno fue revolucionar el movimiento religioso en el Antiguo Egipto. Introdujo la idea del monoteísmo y llamó a su pueblo a adorar al dios del sol, Atón. Creía que no había otra deidad tan especial, única o digna de adoración como el dios del sol. Solo una persona conocía a Atón y podía hablar con él y en su nombre, y esa persona era Akenatón.

Akenatón tenía un motivo oculto, ya que quería ser el hombre más poderoso del mundo, siendo a la vez rey y profeta. Incluso creó varias narraciones falsas y afirmaba que eran las palabras de su dios. Curiosamente, el faraón se llamaba originalmente Amenhotep, pero cambió su nombre por Akenatón, que significa «el que es eficaz para Atón», para reflejar su relación única con el dios.

También ordenó a sus hombres que destruyeran todas las estatuas e imágenes de los demás dioses. Akenatón dedicó toda una ciudad al culto de Atón y construyó muchos templos en su nombre. La llamó «Akhetaten», que significa «El horizonte de Atón». Akenatón dio un paso sin precedentes al pedir a los artistas que cambiaran la forma en que él y su familia eran retratados en las pinturas. Quería que se les representara como andróginos con cuerpos alargados, más grandes y superiores a los humanos.

Cuando los antiguos egipcios vieron estas pinturas, sintieron que Akenatón y su familia no eran seres humanos normales, sino criaturas divinas que estaban relacionadas con Atón.

14. El misterio de la momia que grita

En 1881, un equipo de arqueólogos estaba desenvolviendo cincuenta momias de miembros de la realeza descubiertas en Deir El-Bahari, en Egipto. Todo parecía normal, pero pronto descubrieron algo que horrorizó a todos los presentes. Encontraron una momia que no se parecía a las demás. Pertenecía a un hombre joven con una expresión de horror en el rostro y parecía estar gritando. Al investigar más a fondo, descubrieron algo aún más espeluznante. La momia no tenía ninguna incisión. ¿Por qué suponía eso un problema?

Los antiguos egipcios hacían una incisión en el abdomen izquierdo del cuerpo para extraer los órganos antes del proceso de momificación. La carencia de ese agujero demostró que esa momia no estaba bien momificada. Sin embargo, otras cosas extrañas desconcertaron a los arqueólogos.

El joven estaba cubierto con piel de oveja, que era un símbolo de deshonra en el Antiguo Egipto. Esto indicaba que había cometido un crimen horrendo. También llevaba pendientes de oro, lo que indicaba que era de alto estatus, posiblemente un príncipe. Además, tenía las manos y los pies atados.

Entonces, ¿quién era este hombre? ¿Cuál era su historia? ¿Por qué gritaba?

Hubo muchas teorías detrás de esta intrigante momia, que fue bautizada como «Hombre desconocido E». Algunos arqueólogos creyeron que había sido envenenado, mientras que otros dijeron que había sido enterrado vivo. En cualquier caso, su muerte fue dolorosa y le hizo gritar. Sin embargo, las teorías no se detuvieron ahí.

Algunos especularon que era un príncipe extranjero que había llegado a Egipto para casarse con la viuda de Tutankamón, pero fue asesinado y su cuerpo nunca fue encontrado. Según esto, tiene sentido que fuera enterrado en una tumba sin nombre.

En 2012, los científicos realizaron un análisis de ADN y finalmente resolvieron el misterio del «Hombre desconocido E». El cadáver no pertenecía a un príncipe extranjero, como se pensaba. La momia que gritaba era el príncipe Pentawer, hijo del rey Ramsés III que conspiró para matar a su padre y ocupar su trono, pero fue capturado y condenado a muerte.

El Papiro Judicial de Turín mencionaba su juicio y revelaba datos interesantes sobre él. Le llamaban «Pentawer, el del otro nombre», así que Pentawer no era su verdadero nombre. Se lo cambiaron para borrarlo de la historia como castigo por su traición. El papiro también revela que fue obligado a suicidarse, y se cree que se ahorcó. Este fue un privilegio que se le concedió por su estatus real.

No se le permitió la momificación ni un entierro adecuado para evitar que llegara al más allá. Sin embargo, parece que alguien de alto estatus le hizo una momificación rápida para que su cuerpo no se descompusiera.

¿Cómo fue enterrado junto a reyes y reinas, incluido su padre, Ramsés III? Hubo un tiempo en el Antiguo Egipto en que el robo de tumbas era bastante común. Abrían las tumbas reales, se llevaban los objetos de valor y volvían a enterrar los cuerpos en Deir el-Bahri, donde fueron descubiertos 3.000 años después.

15. La desaparición de Nefertiti

Nefertiti es una de las reinas más famosas y poderosas del Antiguo Egipto. Tanto si está familiarizado con los faraones como si no, seguro que conoce su nombre. Pero, ¿sabe cómo murió o dónde está enterrada? No se sienta mal por no saberlo, porque en realidad nadie lo sabe. De hecho, esta poderosa reina desapareció de la historia dejando muchas preguntas sin respuesta.

Nefertiti era una de las mujeres más bellas de la época. Estaba casada con Akenatón, con quien tuvo seis hijas. La pareja estaba muy enamorada y entregada, como testimonia la poesía de Akenatón. Sin embargo, las cosas cambiaron tras la muerte de su hija

Nefertiti es una de las reinas más famosas del Antiguo Egipto[4]

Meketatón, que dejó a ambos con el corazón roto.

No se menciona a Nefertiti en ningún registro histórico después de este trágico incidente. Sin embargo, hay algunas teorías sobre su desaparición. La primera teoría es que Akenatón la abandonó porque no podía darle un heredero varón. Sin embargo, muchos la discuten, ya que Akenatón tenía un hijo con su otra esposa, Kiya, por lo que no tenía motivos para abandonarla.

También se cree que la desterró por abandonar el culto a Atón. Sin embargo, no hay registros que apoyen esta teoría. Algunos creen que se suicidó tras perder a su hija, pero hay pruebas de que estaba viva tras el fallecimiento de Meketatón. La última y más intrigante teoría es que cambió su nombre por el de Smenkhkare y continuó gobernando Egipto tras la muerte de su marido. Esperó a que el heredero legítimo de Akenatón, Tutankamón, tuviera la edad suficiente para gobernar.

Nadie sabe con certeza si alguna de estas teorías es cierta. La cuestión de qué le ocurrió a Nefertiti tras la muerte de su hija quedó sin respuesta. Nadie sabe cuándo ni cómo murió ni dónde fue enterrada.

16. La trágica historia de Isis y Osiris

La historia de Isis y Osiris es una de las primeras historias de amor trágicas de la historia, aunque muchas partes del relato son bastante extrañas. Isis era la diosa de la curación y la magia, y Osiris el dios de la agricultura y la fertilidad. Eran hermanos y marido y mujer. Esto no es lo extraño, ya que era normal en la época.

Cuando su padre, Geb, dios de la Tierra, decidió retirarse, eligió a su hijo mayor, Osiris, para ocupar su lugar. Osiris era sabio y él y su esposa eran gobernantes justos y queridos por todo su pueblo.

En tiempos de hambruna, los antiguos egipcios recurrían al canibalismo. Sin embargo, Osiris les convenció para que renunciaran a este estilo de vida incivilizado e introdujo la agricultura y un código moral por el que se regía el pueblo, haciendo que todos llevaran una vida mucho más feliz y pacífica.

Lamentablemente, esto no duró mucho. Mientras que Osiris era un hombre apuesto, justo y sabio, su hermano Set era todo lo contrario. Era malvado, celoso, envidioso y feo. Odiaba a su hermano por muchas razones, pero la que lo llevó al límite fue que su esposa, Neftis, también hermana de ambos, tuviera una aventura con Osiris.

Set decidió matar a Osiris haciendo un ataúd del tamaño exacto de su hermano y haciéndole una broma cruel. Durante un banquete, retó a Osiris a meterse en el ataúd y le dijo que si cabía dentro, el ataúd sería suyo. Osiris confió en su hermano y entró. Set selló rápidamente el ataúd y lo arrojó al Nilo. Osiris murió asfixiado y Set se convirtió en rey.

Cuando Isis recibió la noticia, quedó desconsolada por la pérdida del hombre que amaba. Decidió buscar a su marido y devolverle la vida. Cuando Set se enteró, trajo el cuerpo de su hermano, lo cortó en 42 pedazos y los esparció por todo Egipto para hacer imposible su misión.

Sin embargo, Isis no se rindió. Con la ayuda de su hermana Neftis, consiguió reunir 41 trozos y construyó la pieza que faltaba. Revivió a Osiris durante un breve periodo de tiempo para hacer el amor con él. Quería quedar embarazada para que su hijo ocupara el lugar de su padre como rey. Su plan funcionó y dio a luz a un niño llamado Horus. Osiris no estaba vivo ni muerto, por lo que se convirtió en el dios del inframundo.

17. El mito de la creación

¿Sabe cómo se creó el universo según la mitología del Antiguo Egipto? Bueno, si está buscando una historia extraña, no hay nada más extraño que el mito de la creación. Atum, también llamado Ra, fue el primer dios egipcio y surgió del agua por voluntad propia. Era el único ser vivo del universo. No había seres humanos ni dioses, ya que el mundo aún no había sido creado.

Atum se sentía solo y aburrido, así que pensó en crear más dioses que le hicieran compañía. Sin embargo, esto era complicado, ya que estaba solo y no tenía con quién copular para formar una familia de deidades. Así que decidió reproducirse con su sombra.

Cuando llegó el momento de dar a luz, Atum tuvo dificultades, ya que era un varón. Descubrió que su mejor opción era escupir a sus hijos Shu, dios del aire, y Tefnut, diosa de la humedad. Entonces empezó a crear el universo masturbándose.

Otra versión del mito de la creación afirma que Shu y Tefnut crearon la Tierra y que la humanidad fue creada a partir de las lágrimas de Ra. Shu y Tefnut dejaron a Atum para explorar el universo. Atum se sintió triste y solo cuando sus hijos se fueron. Cuando regresaron, se alegró tanto de verlos que lloró lágrimas de alegría, de las que surgieron los seres humanos.

18. El ojo de Ra (mito 1)

A juzgar por la historia anterior, se puede decir que Ra era un dios fascinante, por lo que aparece en más de un mito. El ojo de Ra era un símbolo popular entre los antiguos egipcios. Probablemente le resulte familiar, ya que está grabado en muchos monumentos egipcios y mucha gente lo lleva como joya o se lo tatúa en el cuerpo. ¿Por qué es tan popular este símbolo? Bueno, hay más de un mito sobre este intrigante ojo. Considerado la contraparte femenina de Ra, el ojo de Ra era una extensión de sus poderes.

Shu y Tefnut se fueron a explorar el universo creado por su padre. No regresaban, y Ra estaba preocupado y desconsolado. Estaba solo, ya que ellos eran su única familia. Así que se sacó un ojo y lo envió en busca de sus hijos, con la esperanza de que los encontrara y se los devolviera.

Por suerte para Ra, el ojo tuvo éxito en su misión y llevó a los dioses sanos y salvos junto a su padre. Sin embargo, en su ausencia, Ra no podía ver muy bien, así que se hizo crecer otro ojo. Cuando el ojo original regresó, se sorprendió al descubrir que había sido reemplazado. Fue una traición imperdonable que lo hirió y disgustó.

A Ra no le hizo ninguna gracia que su ojo se sintiera así, así que lo convirtió en un uraeus para llevarlo sobre la frente.

19. El ojo de Ra (mito 2)

En el segundo mito del ojo de Ra, el ojo no es el héroe, sino el villano de la historia.

Después de que Ra creó el universo y la humanidad, observó a los humanos desde los cielos. No le complacían sus acciones y su ira se volcó sobre ellos, por lo que decidió que debían ser castigados. Envió a su ojo a masacrarlos a todos.

El ojo obedeció y mató a muchos seres humanos, casi aniquilando a toda la especie. Cuando vio la destrucción que había causado, Ra se arrepintió de sus actos. Sin embargo, el ojo estaba fuera de control, así que decidió engañarlo.

Disfrazó la cerveza de sangre para engañarlo, y el ojo bebió hasta que se desmayó y pudo calmarse y ver los errores de sus actos. Cuando despertó, volvió con Ra, que lo transformó en Sekhmet, la diosa de la guerra, el caos y la peste.

20. La historia de los perfumes

¿A quién no le gustan los perfumes? ¡Vienen en diferentes aromas, y son conocidos por hacerlo sentir como su mejor versión! Sin embargo, si averigua de dónde creían los antiguos egipcios que venían los perfumes, su amor por los perfumes cambiará.

Los antiguos egipcios creían que los perfumes se hacían con el sudor de Ra. Por lo tanto, aplicarse perfume no solo era higiénico, sino un acto religioso. Era como aplicar un líquido sagrado o una parte de Ra sobre el cuerpo.

Los perfumes jugaban un papel importante en la vida, e incluso tenían un dios llamado Nefertum.

21. La electricidad en el Antiguo Egipto

¿Descubrieron los antiguos egipcios la electricidad? Según algunos investigadores, sí. En las paredes del templo de Dendera se grabó una de las imágenes más fascinantes y misteriosas del Antiguo Egipto. Se trata de la ilustración de una serpiente en una gran bola de fuego que sale de una flor de loto. Curiosamente, esta imagen se parece a uno de los modelos de tubo de Crookes, ¡una de las primeras bombillas experimentales inventadas en el *siglo XIX*!

Muchos investigadores creen que esta imagen demuestra que los antiguos egipcios descubrieron y utilizaron la electricidad. Si esto es cierto, estaban muy adelantados a su tiempo. A juzgar por los monumentos y los muchos misterios que dejaron tras de sí, los antiguos egipcios eran brillantes, por lo que no sería una sorpresa que fuera cierto.

22. Anubis, el recolector

Anubis era el dios de la momificación en el Antiguo Egipto. Supervisaba el proceso de conservación de los cadáveres y conducía a los espíritus de los muertos al Salón de la Verdad, donde recibían su juicio final. Sin embargo, Anubis tenía un hábito muy peculiar. Le gustaba coleccionar trofeos (órganos) de las personas a las que ayudaba a momificar. Cuando Set mató a Osiris y cortó su cuerpo, ofreció sus órganos a Anubis como regalo.

Anubis era el dios de la momificación en el Antiguo Egipto[5]

Durante cientos de años, los antiguos egipcios ofrecieron cadáveres a Anubis. Muchos creen que esta era la razón por la que se representaba con cabeza de chacal. No se puede evitar comparar a Anubis con un asesino serial moderno al que le gusta guardar trofeos de sus víctimas.

23. Apep y Ra

Apep era el dios del caos y era representado como una gran serpiente. También era el mayor enemigo de Ra, y el dios del sol le tenía terror porque representaba el caos, la oscuridad y el mal. En una leyenda, Apep se tragó a Ra. Como era el dios del sol, el mundo se volvió oscuro y aterrador. Por suerte, los otros dioses abrieron un agujero en el estómago de Apep y liberaron a Ra para que salvara al mundo de la oscuridad.

La batalla entre ambos continuaría hasta el fin de los tiempos. Si Apep lograba devorar a Ra, Egipto quedaría a oscuras para siempre. Esto explica por qué Apep era llamado «el lagarto maligno».

El antiguo Egipto está lleno de historias extrañas y misterios aún más extraños. Quizá algún día, con la ayuda de la tecnología, el mundo obtenga algunas respuestas. Por ahora, solo queda disfrutar de lo desconocido e imaginar todos los escenarios posibles.

Preguntas para reflexionar:

1. ¿Cree que la momia que grita es realmente el príncipe Pentawer, hijo del rey Ramsés III, o en el futuro los investigadores descubrirán que es algo diferente?

2. ¿Qué cree que le ocurrió realmente a Nefertiti? ¿Es posible que no fuera una reina importante, como muchos creen? ¿Tal vez por eso desapareció fácilmente de la historia?

3. Si pudiera elegir, ¿resucitaría a un ser querido, como hizo Isis con Osiris?

4. ¿Qué opina de la decisión de Ra de destruir a la humanidad que él mismo había creado?

5. ¿Cree que los antiguos egipcios inventaron la electricidad, o hay una malinterpretación de la imagen?

Capítulo 3: Grafitis, gladiadores y jerigonza: las historias más extrañas del Imperio romano (753 a. C.-476 d. C.)

El mayor imperio del pasado. Una supremacía dominante. Un gobierno largo y autoritario. Emperadores despiadados. Una política violenta. Un reinado pacífico. Un periodo transformador en la historia de la humanidad. Cuando se habla del Imperio romano, vienen a la mente grandes descripciones como estas. De hecho, la civilización romana duró más de diez generaciones humanas y el Imperio reinó durante algo más de cuatrocientos años. Se definió por su increíble paz de doscientos años (*pax romana*), seguida de un periodo más largo de animosidad interna, luchas sangrientas, invasiones incesantes, un colapso económico en todo el imperio y la mortífera peste de Cipriano.

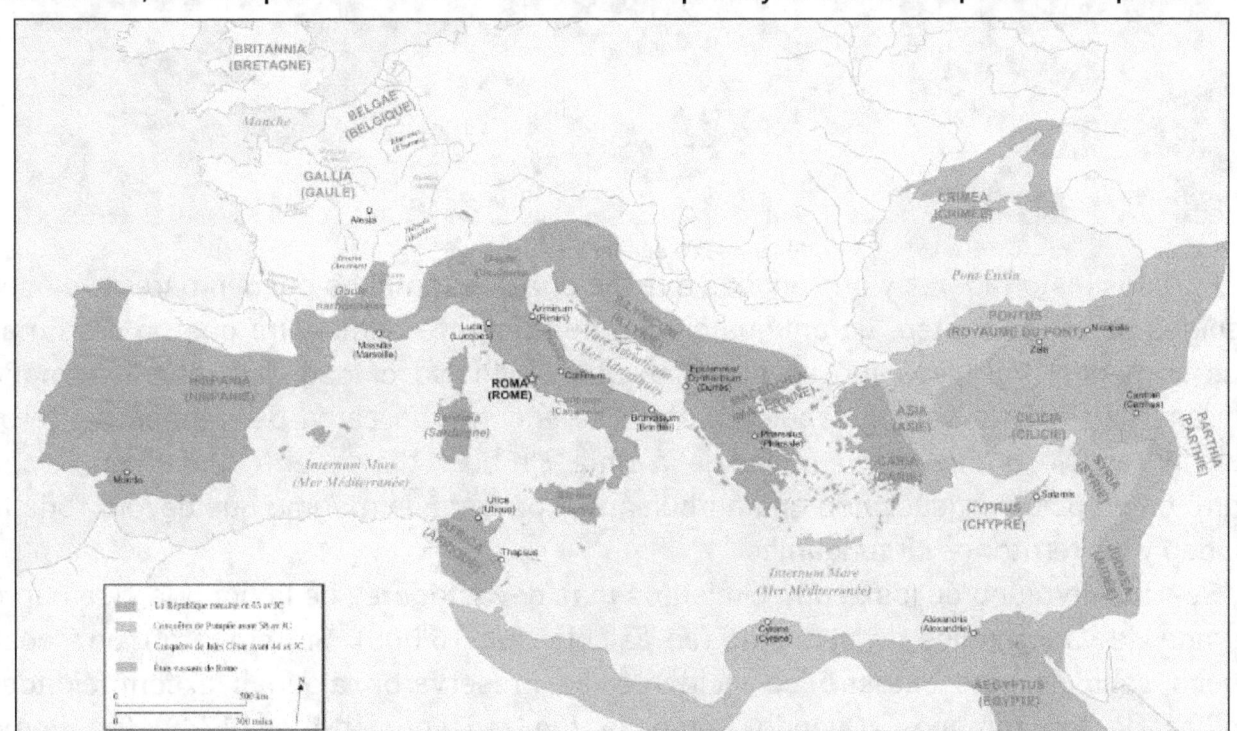

El Imperio romano dominó muchos países y duró más de cuatrocientos años[6]

Es hora de cambiar la percepción general de este famoso imperio (o infame, dependiendo de la percepción) de grandioso a común y un poco humorístico. Los insólitos romanos. Sus payasadas. Sus leyes absurdas. Al fin y al cabo, los romanos eran humanos, propensos a abundantes defectos y rarezas. Como disfrutaron de un reinado tan largo y próspero, sus excentricidades fueron más grandiosas, a menudo cómicas y a veces estrambóticas.

24. Los susurros de Pompeya

El templo de Júpiter en Pompeya[7]

Para los historiadores y aficionados a la historia, los romanos pueden parecer dioses venidos de otro universo. La antigua ciudad de Pompeya demuestra que no eran más que humanos. Pompeya fue en sus días una bulliciosa ciudad del Imperio romano situada cerca de la actual Nápoles (Italia). Se encontraba cerca de la base del feroz volcán Vesubio, a unas nueve millas de la cima. Un buen día del año 79 d. C., el volcán entró en erupción produciendo una burbujeante corriente de magma que devoró toda la ciudad y los territorios circundantes.

Se considera uno de los acontecimientos más devastadores de la historia, que cobró la vida de varios miles de personas (se calcula que 16.000). Sin embargo, una cosa buena salió de este catastrófico incidente: se preservaron algunas excentricidades únicas de los romanos. Cuando Pompeya fue redescubierta en 1748, fue como encontrar oro en un campo minado. En medio de la destrucción pura y oscura brillaban pequeñas pepitas de información interesante que ofrecía una visión singular de la cotidianidad romana.

Hoy en día, la gente visita las ruinas de Pompeya no para maravillarse con la antigua arquitectura romana, sino para contemplar los extravagantes grafitis de sus paredes y los susurros de tiempos pasados. Desde dulces declaraciones de amor hasta sentidas muertes, los susurros a menudo rozan también lo obsceno. El idioma era principalmente el latín. He aquí algunas traducciones curiosas y divertidas (para toda la familia).

«¡Vete a la horca!», firmado por Samius y dedicado a Cornelius.

«Cruel Lalagus, ¿por qué no me amas?».

«Lamento tu muerte, y por eso, adiós», elogio de Pirro a Chias.

«Aufidio estuvo aquí. Adiós».

«Salud para ti, Victoria, y donde quiera que estés, que estornudes dulcemente».

Epafra fue insultada varias veces. El insulto más decente es: «Epafra no es buena en los juegos de pelota». Probablemente se refiere a reuniones sociales.

Otras pintadas incluían un montón de tornillos, palos y panes, delicias para las mentes vulgares.

25. El caballo cónsul de Calígula

Calígula fue el emperador romano más escandaloso y uno de los individuos moralmente más retorcidos de la historia de la humanidad. Su infame reinado está plagado de historias de blasfemia y libertinaje, hasta el punto de que su nombre se ha convertido en sinónimo de incesto. Sus pervertidas historias están destinadas a provocar escalofríos en los más viles, pero hay un relato que hace que incluso una persona sin sentido del humor se parta de risa.

Se dice que el amor de Calígula por los animales superaba con creces su afecto por los humanos (solía alimentar a sus bestias salvajes con prisioneros). Había un animal en particular al que más quería: su caballo, Incitatus. Construyó una prístina celda de mármol para el semental, le puso un collar de piedras preciosas alrededor del cuello y, en sus últimos años, lo invitó a vivir en su domus (casa).

Este comportamiento parece cuerdo en comparación con lo que se dice de la locura de Calígula. Entonces, para estar a la altura de sus capacidades, planeó nombrar cónsul a Incitatus, el cargo político más alto después del propio emperador.

Sin embargo, antes de que pudiera poner en práctica su plan, fue asesinado por uno de sus guardaespaldas personales, Cassius Chaerea. Ciertos relatos dicen que Chaerea estaba cumpliendo una profecía que decía algo así: «Sé el caballo que matará a Calígula». Es totalmente posible que Chaerea matara a su Emperador por culpa de Incitatus.

26. Las vírgenes vestales y los gansos sagrados

En la religión romana, Vesta era la diosa del hogar y la familia, e irónicamente era una virgen. Sus acólitas se llamaban vírgenes vestales porque juraban servir a la diosa durante al menos treinta años tras su iniciación (justo después de la pubertad). Durante ese tiempo, no mantenían relaciones íntimas con ningún hombre.

Curiosamente, la mayoría de las vestales seguían siendo vírgenes incluso después de los treinta años y continuaban sirviendo a su diosa. Por supuesto, se les concedían muchos privilegios exclusivos por mantener su fe, así que esa era una de las razones. ¿Quién no querría estar entre las mujeres más poderosas del país? En cualquier caso, su dedicación al carácter sagrado de los dioses y diosas ayudó indirectamente a la República romana a frustrar una invasión.

Corría el año 387 a. C. y la invasión de la República por los senones, una tribu gala ya extinguida, había culminado en la batalla de Allia (cerca del arroyo Allia, unos 16 kilómetros al norte de Roma). Los galos salieron victoriosos y Roma quedó completamente desorganizada. Mientras los invasores marchaban hacia la capital, los habitantes de la ciudad se apresuraban a evacuarla. En marcado contraste, las vírgenes vestales montaban guardia tranquilamente en torno a los objetos sagrados de sus dioses y diosas, atesorados en un templo en lo alto de una colina.

Algunos de estos tesoros eran los gansos sagrados, que anidaban justo a las puertas del templo. Muchos de los soldados defensores de Roma se quedaron en el templo para vigilar a las vestales y a los demás sacerdotes. Estaban cansados y hambrientos, pues todas sus fuentes de alimento se habían agotado. La idea de comerse a los gansos ni siquiera se les había pasado por la cabeza, ya que las vestales los consideraban sagrados.

Para entonces, los galos habían entrado en la ciudad. Una parte de su ejército intentaba colarse en el templo. En cuanto llegaron a lo alto de la colina, los gansos empezaron a batir las alas y a chillar con fuerza, alertando a los guardias de la presencia de los invasores. Los guardias salieron inmediatamente y golpearon con sus escudos a la primera fila de galos, que acababa de llegar a la cima. Estos se desplomaron hacia atrás, sobre la segunda fila de soldados trepadores y todo el batallón, una fila tras otra, cayó colina abajo como un conjunto de fichas de dominó.

Si las vestales no hubieran protegido a sus gansos sagrados, habrían sido devorados por los defensores y los invasores habrían rodeado el templo y tomado el control de Roma.

27. Los gladiadores como estrellas de rock

Los combates de gladiadores romanos son materia de leyenda. Sus adaptaciones de ficción (películas, programas de televisión y libros) han cosechado un enorme número de seguidores de culto a lo largo de los años. También son considerados modelos de conducta entre muchos niños. Sin embargo, antaño, los emperadores y nobles solo los veían como entretenimiento, trozos de carne para derramar sangre en la arena. La mayoría eran esclavos. Sin embargo, entre las masas y las clases bajas, eran como estrellas del rock.

De forma parecida a las estrellas de rock y otros famosos de hoy en día, los gladiadores más duros aparecían colgados en retratos en las paredes de las casas, los niños jugaban con figuras de acción de plastilina que los representaban e incluso se les contrataba como embajadores para promocionar muchos productos. Imagínese a un tipo musculoso ataviado con una armadura de gladiador, desfilando por las calles de las afueras del Coliseo, con una espada en una mano y una lata del mejor aceite de oliva del mundo (según los fabricantes) en la otra.

28. Combates de exhibición

Los combates entre gladiadores eran siempre cruentos y sangrientos. Al igual que un partido de exhibición en un deporte, había combates escenificados. Con el tiempo, los emperadores y los nobles se dieron cuenta de la importancia que tenían los gladiadores para las masas. Muchos de los mejores gladiadores contaban con seguidores que rozaban la idolatría. Para ganarse el corazón de su pueblo, los gobernantes terminaron por entrar ellos mismos en la arena, vistiendo ricas túnicas de gladiadores y usando armamentos finos.

La mayoría de sus combates eran simulados, incluso si se enfrentaban a gladiadores reales y no a otros nobles, pero si estaban dispuestos a entrar en la arena y soportar algunos moratones para ganarse el amor de su pueblo, sus esfuerzos debían ser elogiados, ¿o no? Pues no. Cuando en la lista de gladiadores imperiales figuran nombres de la talla de Calígula y Cómodo, se entiende que no luchaban por el amor y el respeto de sus súbditos, sino para saciar su propia sed de sangre.

29. El nefasto gobernante cantante

Muchos historiadores creen que Calígula fue el peor emperador romano, pero hizo las cosas que hizo porque sufría problemas mentales. Su sobrino y también emperador, Nerón, en cambio, era el mal en estado puro. Su corrupción administrativa y sus fallos imperiales fueron el menor de sus pecados. Sus actos de sadismo y violencia son bien conocidos. Se rumorea que mantuvo relaciones íntimas con su propia madre y que mató a su esposa cuando esta se enteró. Sin embargo, muy poca gente sabe que soñaba con ser cantante y músico.

Durante la inauguración de un anfiteatro que había mandado construir, Nerón se puso a cantar con voz aguda de ópera (al menos eso creía él). Cuenta la leyenda que poco

El emperador Calígula es considerado por muchos el peor emperador romano[8]

después, las mujeres embarazadas del teatro empezaron a gritar y a dar a luz, mientras que los hombres cayeron muertos desde el patio de butacas.

Pero Nerón no se rendía. A pesar de la masacre provocada por su canto en el teatro, siguió practicando la música. Un día, cuando Roma ardía a su alrededor (el gran incendio del 64 d. C.), mantuvo la calma y se puso a tocar el violín. Sin embargo, no estaba loco, era un sociópata de primer orden.

30. Los vampiros epilépticos

Dicen que las historias de vampiros bebedores de sangre se originaron en el siglo XVIII. Sin embargo, la práctica de consumir sangre humana comenzó mucho antes, allá por la época romana. No se trataba de una historia de fantasmas contada para asustar a los niños. Aunque parezca mentira, los médicos recomendaban esta práctica como medicina alternativa.

Los ataques de epilepsia eran bastante usuales en aquella época, pero no había ningún remedio para la enfermedad y los médicos romanos no la entendían realmente. Al comprobar que los gladiadores nunca sufrían epilepsia, llegaron a la conclusión de que la cura residía en la fisiología de los combatientes. Naturalmente, prescribían beber sangre de gladiador para tratar la enfermedad. También se recomendaba comer el hígado de los combatientes para aliviar los ataques.

Contrario a lo que se cree popularmente, no morían muchos gladiadores en los combates. En cada combate participaban entre trece y quince gladiadores, y solo dos o tres de ellos luchaban a muerte. Los enfermos de epilepsia eran muy frecuentes, por lo que la sangre de los gladiadores muertos era suficiente para unos pocos. Es muy posible que alguno epilépticos merodearan por las calles de Roma en la oscuridad de la noche, en busca de casas de gladiadores a los que matar para chuparles la sangre. La leyenda de los vampiros pudo nacer entonces, hace más de 1500 años.

31. El extraño elixir de la vida

En la época romana, la medicina estaba naciendo y las epidemias y plagas proliferaban en la región. En medio del miedo y el caos que suponía contagiarse de enfermedades, Mitrídates el Grande tuvo una extraña idea (¿o fue una genialidad?). Preparó un brebaje que consistía en pequeñas cantidades de todas las aflicciones que tenía a mano y se lo bebió como si fuera el elixir de la vida.

Se dice que Mitrídates vivió más de ochenta años, sano como un caballo. Su brebaje de la inmunidad se conoció más tarde como *Mithridatium*, y muchos romanos lo consumían con la esperanza de prolongar su vida. Si lograron vivir una vida libre de

Mitrídates utilizó su elixir para vivir más de ochenta años[9]

enfermedades o no es un misterio.

32. La regurgitación real

La regurgitación es el acto de vomitar la comida ingerida. Se sabe que muchos animales se entregan a este hábito, entre ellos ranas, peces, reptiles y los romanos de alto rango. Comer era el pasatiempo favorito de los nobles y emperadores romanos. Hacían dos o tres comidas (a veces más) simultáneamente. No comían para llenarse la barriga, sino para disfrutar del sabor. Eran los primeros conocedores de la comida.

Cuando se sentían saciados después de comer, corrían a una letrina cercana, vomitaban y volvían a la mesa para comer un poco más. Hoy en día, el lugar donde vomitaban se conoce como vomitorio. En realidad, el *vomitorium* era un pasadizo de un anfiteatro y su propósito original no tenía nada que ver con la regurgitación real.

33. Reutilización de la orina

Los romanos no desperdiciaban su orina, sino que la reutilizaban para diversos fines. Se rumorea que el comercio de orina era un negocio floreciente en la Antigua Roma. Así es como probablemente surgió: el sistema de alcantarillado romano no era realmente de primera clase. Los retretes públicos se desbordaban con frecuencia, así que los científicos e ingenieros romanos idearon un plan único. Empezaron a promover la función y las capacidades de la orina.

Recogían el exceso de orina de las letrinas y lo devolvían a la gente, alegando que tenía propiedades útiles. Las tintorerías lo utilizaban para limpiar la ropa por su componente alcalino (amoníaco). Con el tiempo, también se utilizó en la fabricación de dentífricos. Está demostrado científicamente que el amoníaco limpia los dientes. Además de utilizar pasta de dientes con orina, los dentistas romanos aplicaban orina a los dientes para aliviar el dolor de muelas. Era sorprendentemente eficaz, aunque no tan elegante.

34. Las prostitutas se pusieron de moda

La prostitución era legal en el Imperio romano, pero las prostitutas eran mal vistas, no solo por la nobleza, sino también por los plebeyos. Puede que muchos hombres (y mujeres) contrataran sus servicios, pero nadie las veía como iguales. Para diferenciarlas del resto de las mujeres, se las obligaba a teñirse el pelo de rubio. Los romanos eran morenos o pelinegros de nacimiento. Los bárbaros (como se llamaba a cualquier extranjero, más concretamente germanos, galos y nativos eslavos) eran rubios. Era la forma romana de insultar tanto a los bárbaros como a las prostitutas.

Sin embargo, con el paso del tiempo, a las mujeres romanas empezó a gustarles el pelo rubio y muchas se tiñeron. Hubo una repentina afluencia de rubias en las calles de

Roma, y los hombres estaban completamente perdidos. No sabían si cortejarlas o pagarles por su compañía.

35. ¿Por qué se prohibió el color púrpura?

La obsesión romana por la diferenciación cromática no era solo con los colores del cabello. El color de sus vestimentas importaba mucho, en particular el color púrpura. La gente común y los nobles de bajo rango no podían llevar nada de color púrpura. Este color estaba reservado a los emperadores y a los oficiales de alto rango de su séquito. Cualquier otra persona que deambulara por las calles luciendo púrpura era encarcelada o castigada.

A diferencia de muchas obsesiones sin sentido de los romanos, el asunto del color púrpura tenía una razón lógica. En aquella época, la tintura púrpura era un bien escaso y valioso que se extraía de los caracoles. Para teñir de púrpura un pequeño pañuelo había que machacar miles de caracoles. Ni siquiera se producía localmente, sino que los romanos lo importaban de Fenicia (al otro lado del Mediterráneo), lo que aumentaba aún más su precio.

¿Por qué se prohibió el púrpura? Debido a sus precios exorbitantes, los plebeyos y los nobles de clase baja no habrían podido permitírsela de todos modos.

36. La esclavitud de los hijos

Cada vez que los romanos conquistaban una región, tomaban como esclavos a quienes se les oponían. Era una práctica habitual en la época. La mayoría de sus esclavos eran bárbaros. En general, los ciudadanos del imperio estaban protegidos de la esclavitud, excepto los hijos de padres romanos, que podían vender a sus hijos como esclavos durante un tiempo determinado. Una vez transcurrido el plazo, el esclavista debía devolver al hijo a su padre en las mismas condiciones en que había sido vendido.

Sin embargo, había una trampa. Los padres no podían vender a sus hijos más de dos veces. Si lo hacían, el hijo podía emanciparse del padre al cabo de la tercera tenencia. Probablemente, esta extraña regla estaba en vigor para que el padre pudiera obtener alguna compensación por criar a un hijo y, al mismo tiempo, no se beneficiara demasiado de la empresa.

37. Las complicadas reglas del adulterio

En la Antigua Roma, los castigos por adulterio eran de naturaleza sexista, sobre todo a favor del marido, pero a veces también del lado de la mujer. Los maridos tenían vía libre para engañar a sus mujeres. Podían tener tantas amantes como quisieran y acostarse con cualquier número de prostitutas. Las complicaciones surgían cuando la esposa cometía adulterio.

Si el marido la descubría engañándolo, había un procedimiento que se seguía estrictamente:

1. Encerrar a la esposa y a su amante en la habitación.
2. Encontrar testigos de la infidelidad en un plazo de veinte horas.
3. Reunir pruebas fácticas del adulterio en un plazo de tres días (cuándo empezó la aventura, lugares en los que se cometió, datos personales del amante, etc.).
4. Presentar todo ante el consejo para conseguir el divorcio.

Era una petición difícil para el marido. Imagine su estado mental mientras intentaba pescar respuestas sobre la aventura de su mujer y la información de su amante. Los celos debían ser la mejor de sus emociones. Por otra parte, la mayoría de hombres tenían también su propia cuenta de infidelidades, ya que no sufrían consecuencias, por lo que es difícil sentir lástima por ellos.

Sin embargo, ese procedimiento no era lo peor. Si el consejo no concedía el divorcio al marido (posiblemente por falta de pruebas), se pensaba que estaba empujando voluntariamente a su mujer a los brazos de su amante. Además de la vergüenza social que esto significaba, también podía enfrentar penas de cárcel o castigos severos tras los hechos.

La única esperanza para el marido era que su mujer cometiera adulterio con un esclavo o una prostituta. En ese caso, podía matar al amante y seguir adelante.

Preguntas para reflexionar

1. Los médicos romanos, ¿utilizaban realmente los sueños para diagnosticar dolencias físicas?
2. ¿Por qué creían los romanos que el cristianismo estaba relacionado con el canibalismo?
3. ¿Por qué se permitía a los padres romanos sacrificar a sus familias?
4. ¿Qué usaban los romanos para bañarse, si no era jabón?
5. ¿Por qué olían tan mal los productos de belleza de las mujeres romanas?

Capítulo 4: La locura medieval (500-1500 d. C.)

Es conocido que el periodo medieval exhibe numerosas historias de castigos y métodos de juicio inusualmente crueles. Curiosamente, hay relatos que cuentan que los animales corrían la misma suerte cuando se les acusaba de un delito. Uno de los muchos relatos que encontrará en este capítulo es el de la Corte de Amor de la reina Leonor, una historia sobre un peculiar sistema judicial que se ocupaba de los asuntos del corazón. La siguiente historia describe el misterioso caso de la peste danzante que asoló a los ciudadanos de Estrasburgo en el siglo XVI. A continuación, leerá acerca de las inusuales formas en que se trataba el divorcio en la Alemania medieval, seguida de una de las tendencias de belleza más extrañas de la Edad Media. También aprenderá cómo los bufones de la corte se salían con la suya insultando a la nobleza y cómo los misteriosos escritos de un papa hicieron que se temiera a los gatos negros. La penúltima historia

Los bufones de la corte podían salirse con la suya insultando a la nobleza[10]

describe a otro papa excéntrico y su extraño comportamiento con su predecesor muerto, mientras que la última historia es una visión de uno de los detalles más horripilantes de las Cruzadas.

38. Juicio por ordalía

Antes de que los jurados empezaran a dictaminar la culpabilidad o inocencia en los tribunales, se hacía mediante un proceso llamado juicio por ordalía. Esta práctica se originó en la época medieval, cuando existían dos formas principales: el juicio por agua y el juicio por fuego. La culpabilidad del acusado se determinaba mediante la voluntad de Dios y se interpretaba a través de un resultado predeterminado. Por ejemplo, a un acusado para un juicio por agua se le arrojaba a una gran masa de agua. Si la persona flotaba, significaba que era culpable (en lugar de pensar simplemente que sabía nadar y mantenerse por encima del agua). Si se ahogaba, era inocente. En una práctica similar, a otros acusados se les ataba una cuerda con un nudo y se les arrojaba a una piscina de agua fría. Si se hundían más que el nudo atado a la cuerda, eran inocentes, ya que esto significaba que el agua los abrazaba por voluntad de Dios. En ese caso, eran sacados antes de que se ahogaran. Al igual que en el caso anterior, si no bajaban debajo del nudo, sino que flotaban, eran culpables y rechazados por Dios. Aunque no los mataban directamente, les hacían graves mutilaciones y muchos morían poco después. Otra forma de juicio con agua consistía en arrojar a los acusados al agua hirviendo. Si morían quemados, eran culpables. Si sobrevivían, eran inocentes. El juicio por fuego era igual de espantoso. Consistía en dar a los acusados una barra de hierro candente para que la llevaran caminando dos metros. Luego se observaban sus heridas para ver si se curaban. Si las heridas empezaban a curarse en tres días, la persona era considerada inocente. Si las heridas empezaban a supurar (lo que era habitual, ya que la falta de higiene propiciaba un caldo de cultivo perfecto para las infecciones), se le consideraba culpable.

En todas las formas de juicio por ordalía, la interpretación del resultado variaba y se dejaba a discreción de la comunidad. Por ejemplo, en el juicio por hierro caliente, la forma en que se curaban las personas dependía de lo que la comunidad consideraba una herida limpia. Del mismo modo, en el juicio de la soga y el agua, a menudo las personas no se hundían o flotaban, sino que se movían, evitando ahogarse. Esto dificultaba enormemente la determinación de la profundidad a la que se hundían, por lo que correspondía a los espectadores decidir si el acusado había descendido lo suficiente.

A veces, sabían que alguien había cometido un delito, pero carecían de pruebas, y otras veces solo querían que alguien fuera castigado por algo. Las acusaciones falsas también eran frecuentes. Por ejemplo, hay una historia que describe cómo un hombre que visitaba a su vecino que le debía dinero se encontró en un juicio por ordalía. Al llegar a casa de su vecino, no encontró a nadie, pero entró a echar un vistazo, con la esperanza de encontrar algo que pedirle al vecino en lugar de dinero. Cuando el vecino llegó a casa poco después, lo acusó inmediatamente de robar (omitiendo ingeniosamente el hecho de que le debía y librándose de la carga de tener que devolverle el dinero). El hombre fue arrestado, sometido a juicio por el agua y, por desgracia para él, flotó.

39. La Corte de Amor de Leonor de Aquitania

Según Andreas Capellanus, autor y capellán real, la Corte de Amor era un sistema de juicio único dirigido por la reina Leonor de Aquitania y su hija Marie, condesa de Champaña. Algunas fuentes afirman que fue idea de Marie. Sin embargo, solo pudo llevarlo a cabo gracias a la influencia de su madre. Por el contrario, otros atribuyen a la reina Leonor la idea de este inusual sistema cortesano. Entre 1168 y 1173, el dúo madre-hija celebró audiencias periódicas, junto con las nobles de Poitier, que actuaban como jueces y jurados. Este tribunal se ocupaba de los asuntos más insólitos, como el amor y las desavenencias entre amantes. Aunque en la Edad Media la gente se ceñía a una conducta estricta en lo que se refería al cortejo y las relaciones, había desacuerdos que debían abordarse.

Con dos fracasos matrimoniales a sus espaldas (uno con Luis VII de Francia y el otro con Enrique, duque de Normandía) y con rumores de que estaba enamorada de su tío Raimundo, Leonor estaba más que preparada para proporcionar una visión de los desacuerdos matrimoniales y amorosos. Sin embargo, la verdadera razón de su corte podría ser un misterio para siempre. Algunas fuentes afirman que la Corte de Amor de Leonor fue un experimento social que le permitió ver cómo la gente resolvía los problemas que ella nunca pudo. Al fin y al cabo, participaba activamente en muchos otros ámbitos de la escena política, era la matriarca de su familia y tenía mucho que hacer (a diferencia de las nobles que lo utilizaban como distracción de sus aburridas vidas).

40. La peste danzante de 1518

En 1518, una mujer llamada Frau Troffea se detuvo en el calor de julio en Estrasburgo y empezó a bailar como si estuviera celebrando algo. No lo estaba; simplemente empezó a bailar sin motivo y no podía parar. Bailó hasta que se desmayó de agotamiento. Cuando volvió en sí, siguió bailando. Y pronto no fue la única. A la semana siguiente, otras personas a su alrededor empezaron a bailar y, al igual que Frau Troffea, no pararon hasta caer rendidas por el agotamiento o las lesiones. Alarmadas por este fenómeno inusual, las autoridades se pusieron rápidamente a trabajar en la solución. Al principio, pensaron que ayudar a los afligidos proporcionándoles instrucciones de bailarines profesionales, música y orientación sobre dónde bailar les permitiría seguir bailando, fuera cual fuera la causa. Los líderes religiosos pensaban que los bailarines estaban poseídos por demonios y pensaban que los demonios se irían si la gente se agotaba lo suficiente. Sin embargo, esto solo provocó que más gente se viera afectada, hasta que llegaron a bailar unas cuatrocientas personas. Muchos murieron de agotamiento, insolación y deshidratación, mientras que el resto encontró un respiro a principios de septiembre. Aunque los historiadores afirman que la peste danzante de Estrasburgo fue solo una de las muchas que se produjeron a lo largo de la historia, aún no se ha encontrado una explicación concluyente a este ni a ningún otro frenesí danzante. La investigación contemporánea teoriza que la gente podría haber tenido convulsiones (que hacían parecer que bailaban) por comer harina de centeno contaminada con cornezuelo, una infección fúngica. El historiador y médico estadounidense John Waller teorizó que la peste danzante era el resultado de un trastorno psicógeno masivo provocado por un estrés extremo. En aquella época, los habitantes de Estrasburgo tenían que esquivar enfermedades muy contagiosas, como la sífilis y la viruela, además de sufrir varias hambrunas seguidas. Todos estos factores de estrés combinados podrían explicar este trastorno.

41. Juicios a animales

Por si no fueran suficientes los métodos de enjuiciamiento poco comunes a los que se sometía a las personas, estas no eran las únicas que podían terminar ante un juez y un jurado en la época medieval. Los animales a menudo eran acusados públicamente de crímenes y tenían juicios y veredictos. Los cerdos eran juzgados con especial frecuencia (y normalmente ejecutados), lo que no era de extrañar, dado que corrían salvajes por las calles en lugar de estar encerrados en las granjas como hoy en día. Las víctimas más comunes de los ataques de cerdos eran los niños pequeños, que eran presa fácil y estaban al alcance de los cerdos omnívoros. Según una historia que relata el juicio de varios cerdos en septiembre de 1379, los animales llegaron incluso a matar personas. Esta historia afirma que, aunque solo unos pocos cerdos atacaron y mataron a un hombre cerca de un monasterio francés, los demás cerdos de la misma piara (que pastaban pacíficamente alrededor) también fueron juzgados. Era costumbre juzgar también a los «espectadores» porque se pensaba que «aprobaban» el crimen al no hacer nada. Todos los cerdos eran condenados a muerte, mientras que los frailes del monasterio podían interceder por los «espectadores», que con frecuencia eran liberados. Además de los cerdos, caballos, toros, anguilas, ovejas, perros e incluso delfines figuraban entre los animales que solían ser juzgados y declarados culpables.

Mientras que los animales grandes y fáciles de capturar solían ser condenados a muerte, las plagas y los insectos tenían castigos diferentes. La gente recurría a métodos muy inusuales en este frente: desde rezar para ahuyentar a los insectos hasta enviar cartas a las ratas para que desalojaran sus viviendas y abandonaran la ciudad. A veces, se le fijaba a estos pequeños animales una fecha de plazo en la que debían marcharse.

Otras veces, los animales eran encarcelados junto con las personas. Al igual que ocurría con las personas, a veces también se juzgaba y condenaba a animales inocentes. A finales del siglo XVI, el naturalista Leonhard Thurneysser llevó un alce a una pequeña ciudad suiza. Al no haber visto antes a este animal, los lugareños le temían y lo consideraban una bestia viciosa, aunque ni siquiera se atrevían a acercarse a él. En poco tiempo, lo juzgaron y condenaron a muerte. Según otra historia, se ejecutó a una mula junto con un hombre acusado de robo que se suponía que era su dueño (ni siquiera estaban seguros de ello: solo habían encontrado al animal junto al hombre).

Afortunadamente, a finales del siglo XVI, los animales empezaron a tener defensores. A veces, se trataba de personas que dependían de ellos para su trabajo y sustento y no querían perderlos. Otras veces, los defensores eran como Bartolomé Chassenée, que ganó fama tras defender con éxito a las ratas contra la acusación de que comían y destruían una buena cantidad de cebada en Autun, Francia. Los argumentos de Chassenée eran realmente ingeniosos. Alegó que las ratas no podían haber cometido el delito, ni podían ser citadas ante el tribunal porque eran vigiladas todo el tiempo por gatos. Más tarde, Chassenée defendió con el mismo éxito a los insectos. Estas criaturas eran juzgadas por un tribunal eclesiástico, que amenazaba con imponerles un anatema (una forma de excomunión para los animales). Esta era una forma común, aunque ineficaz, de castigar a los insectos y otras plagas. Por ejemplo, cuando los gorgojos plagaron St. Julien en el siglo XVI, fueron excomulgados mediante oraciones públicas. Aunque los insectos se marcharon (probablemente porque encontraron un lugar mejor para vivir y no por las oraciones), volvieron tres décadas después. Esta vez, fueron llevados a juicio, pero contaron con un gran defensor que argumentaba que ellos, al igual que las personas, eran creaciones de Dios, y que Él los había colocado en la Tierra con el sustento que tenían (los cultivos) por una razón. La acusación, a su vez, argumentaba que, como animales, los gorgojos debían ser subordinados de las personas y no debían comer cultivos destinados a las personas. Los habitantes de St. Julien propusieron un compromiso, estableciendo un lugar donde los gorgojos pudieran pararse y alimentarse cerca de la ciudad. Sin embargo, la defensa lo rechazó, argumentando que el lugar no tenía suficiente sustento para los gorgojos. El juicio duró ocho largos meses, pero el veredicto sigue siendo un misterio, porque los documentos judiciales que lo contenían fueron destruidos (tal vez por los mismos gorgojos).

42. Divorcio por combate físico

Dados sus orígenes celtas alemanes, no es de extrañar que los habitantes de la Alemania medieval resolvieran sus disputas mediante el combate. El derecho germánico de la época permitía el juicio por combate, que permitía a los contendientes resolver los asuntos mediante duelos legales. Esto solía ocurrir cuando las partes no podían presentar ninguna prueba (como testigos o confesiones) para demostrar su caso. Sin embargo, el juicio por combate también se aplicaba en situaciones inusuales, como el divorcio.

Según el *Fechtbuch* de Hans Talhoffer (publicado en 1467), que contiene una fiel descripción de los duelos de la época, estos juicios tenían reglas específicas. Por ejemplo, como los hombres tenían la ventaja de estar entrenados para el combate, debían permanecer quietos en un hueco de un metro, mientras que las mujeres podían moverse libremente a su alrededor. Del mismo modo, a los hombres se les daban garrotes de tamaño normal, mientras que los de las mujeres tenían piedras y se envolvían en una tela un poco más larga que el garrote masculino para igualar el alcance. Ambos vestían una simple truza con estribos, la ropa más práctica de la época.

Por lo general, cada mujer tenía tres garrotes o rocas. Si las mujeres atacaban a los hombres cuando estos se encontraban en una posición vulnerable (recogiendo o dejando sus palos), tenían que ceder una de sus rocas. Si los hombres tocaban el borde exterior de su agujero (lo que se consideraba un intento de salir), también tenían que entregar uno de sus garrotes. A pesar de estas claras instrucciones, declarar un vencedor era complicado. Mientras que el libro mencionado solo describe la lucha hasta que una de las partes perdía sus armas o era físicamente incapaz de continuar (lo que ocurría a menudo, ya que se atacaban con objetos contundentes), otros creen que los jueces decidían cuándo terminaban las pruebas. Según otra teoría, los hombres ganaban si conseguían arrastrar a las mujeres al agujero, mientras que las mujeres ganaban si arrastraban a los hombres fuera de él. La única claridad que ofrece la historia es que quien ganaba la batalla también ganaba el litigio. En los juicios por divorcio, esto significaba que si ganaba la parte que proponía el divorcio, podía separarse de su cónyuge. Si el vencedor era el cónyuge que no quería el divorcio, la pareja debía permanecer unida.

43. Bellezas sin pelo

Las tendencias de belleza van y vienen, por lo que la historia ha visto algunas prácticas y hábitos extraños. La Edad Media, además, estuvo plagada de las tendencias más extrañas, motivadas por las razones más desconcertantes. A diferencia de las mujeres modernas, que ponen mucho énfasis en las pestañas y cejas gruesas y de aspecto saludable, en la Edad Media, menos era más. Las mujeres querían un vello facial claro, fino y apenas visible, así que las que tenían vellos más gruesos se los arrancaban todos para conseguir un bello aspecto. En una época, el rostro ovalado estaba de moda, lo que obligaba a las mujeres a «remodelar» su cara depilándose también la línea del cabello. Cuanto más altas, mejor, hasta el punto de que algunas mujeres parecían hombres calvos de mediana edad. Quitarse las pestañas y las cejas acentuaba aún más la frente calva y se consideraba un signo de riqueza y estatus, ya que solo la nobleza tenía tiempo para depilarse.

44. Ser gracioso valía la pena en la corte medieval

Los señores y damas de la corte medieval eran miembros muy respetados de la sociedad, y quienes les faltaban al respeto se enfrentaban a castigos espantosos. Desde flagelos corporales hasta la muerte, las sentencias para los infractores de la corte variaban según el delito y el país. Incluso quienes solo eran sospechosos sufrían los castigos y rara vez se les daba la oportunidad de demostrar su inocencia. Un grupo de personas estaba exento de esta regla: los bufones de la corte. Puede que tuvieran uno de los peores uniformes de trabajo de la historia (ya que llevaban sombreros con forma de orejas de burro), pero los bufones de la corte gozaban de numerosos privilegios. Podían hablar libremente de lo que quisieran, ya que lo que decían se consideraban «bromas». Aprovechando esta libertad y su capacidad para entretejer los insultos más creativos en sus actuaciones, a menudo compartían su descontento con los miembros de la corte y sus opiniones políticas prohibidas. No solo podían salirse con la suya, sino que además les pagaban generosamente.

45. Cómo se condenó a los gatos negros

No es sorprendente que el alarmismo que rodea a los gatos negros provenga de la Edad Media. Todo empezó con una insólita publicación del papa Gregorio IX en 1232. Llamado *Vox in rama*, el documento detallaba las prácticas de las brujas que vivían en el norte de Alemania. Aunque no está claro cómo se enteró Gregorio de estos rituales, los describió con gran detalle, explorando cada secreto de estos cultos. Por ejemplo, reveló los hechizos que utilizaban las brujas para invocar al mismísimo diablo. Escribió sobre un inusual ingrediente secreto que necesitaban para completar estos y muchos otros hechizos: besar a un gato negro. Gregorio afirmaba que las brujas adoraban a los gatos negros, lo que inició el rumor de que estos animales estaban asociados a la magia negra. Pronto surgieron historias de gatos negros utilizados en los rituales de los cátaros y los valdenses y se empezó a perseguir a los gatos de este color. Al igual que los inquisidores eran enviados por la Iglesia para capturar a los herejes, los cazadores de gatos eran contratados para erradicar toda la población felina. Tras un trabajo concienzudo, los cazadores redujeron la población felina de Roma a niveles cercanos a la extinción. Irónicamente, la escasez de gatos provocó la superpoblación de ratas en la ciudad, que desempeñaron un papel masivo en el brote de varias enfermedades que más tarde diezmaron a la población humana de la ciudad, incluida la peste negra.

46. El extraño juicio del papa Formoso

El papa Formoso tuvo la desgracia de ser juzgado por su sucesor en el año 897. Lo que hizo que esta circunstancia, ya de por sí inusual, fuera aún más peculiar, fue que Formoso ya llevaba muerto casi un año en el momento de su juicio. Sin embargo, su sucesor, el papa Esteban VI, hizo desenterrar su cuerpo y lo llevó a la basílica de San Juan de Letrán en Roma. Allí, Esteban VI presentó varios cargos contra Formoso, realizó discusiones acaloradas y finalmente condenó al ya muerto, dictando una extraña sentencia que constaba de varias partes. En primer lugar, a Formoso se le retiraron las vestiduras papales y se le cortaron los dedos. Después, fue enterrado de nuevo, desenterrado y arrojado al Tíber. Poco después, los

El papa Formoso fue sometido a juicio por su sucesor[11]

partidarios de Formoso empezaron a rumorear que su cuerpo había sido arrastrado hasta las orillas, que había resucitado y que había empezado a hacer milagros. Se volvieron contra Esteban VI, lo capturaron, lo encarcelaron y finalmente lo mataron. La Iglesia no hizo nada para detenerlos porque, para entonces, Esteban VI ya había sido excomulgado (despojado de todas las bendiciones y privilegios espirituales proporcionados por la Iglesia). Esteban VI ya era conocido por hacer cosas extrañas, e incluso se rumoreaba que estaba implicado en escándalos de corrupción y otros delitos que rodeaban a la Iglesia católica (algunos dicen que este juicio demencial fue su forma de desviar la atención de sus delitos). Este acto fue la gota que rebasó la copa. Su sucesor, Teodoro II, anuló el veredicto emitido contra Formoso y prohibió los juicios contra cadáveres.

47. Cruzadas dirigidas por niños

Las Cruzadas, las guerras santas de la Iglesia católica, fueron uno de los momentos más oscuros de la Edad Media. Lo más extraño de ellas es que a menudo los niños se unían voluntariamente y lideraban tropas en la batalla. Después de que Felipe de Francia le negara el permiso para unirse a la misión, Esteban, de doce años, unió sus fuerzas a las de Nicolás, un niño de edad similar, reclutando a miles de niños para que se unieran a las Cruzadas. Esteban y muchos otros niños que se unieron afirmaban haber recibido la llamada del propio Cristo y consideraban que su deber era ayudar a recuperar Tierra Santa. Sin embargo, la mayoría de los niños ni siquiera llegaron a los campos de batalla, pero tampoco regresaron a casa. Algunos fueron víctimas de un naufragio cuando el barco en el que viajaban hacia Tierra Santa quedara atrapado en una feroz tormenta. Los demás cometieron el error de embarcar en naves que los llevaron a Egipto, donde fueron vendidos como esclavos. Algunos niños del grupo de Nicolás llegaron a Roma, pero no está claro qué les ocurrió. Al igual que el resto de los niños que se unieron a las Cruzadas, fueron olvidados por la Iglesia y por la mayor parte del mundo. Solo hace unas décadas, cuando los historiadores que investigaban las Cruzadas se tropezaron con la mención de niños soldados y regimientos enteros dirigidos por niños, se reconoció su devoción y valentía.

Preguntas para reflexionar

1. ¿Qué opina de que personas y animales tuvieran que sufrir horripilantes juicios para demostrar su inocencia en la Edad Media?

2. ¿Cree que el Tribunal de los Amores era un medio eficaz para resolver los asuntos del corazón, o solo era una fuente de entretenimiento para la nobleza?

3. ¿Qué opina de los cuestionables edictos y actos de los papas en la Edad Media?

4. ¿Qué cree que llevó a miles de niños a unirse a las sangrientas guerras de las Cruzadas?

Capítulo 5: El Renacimiento: las desconcertantes prácticas del mundo moderno (1300-1600 d. C.)

Los albores del Renacimiento marcaron el comienzo de la ilustración europea, a medida que la comunidad europea se alejaba a pasos firmes de la oscuridad de la Edad Media. La palabra francesa *renaissance* se traduce como «renacer». El Renacimiento se manifestó en Italia antes de extenderse al resto de Europa. La moda y el arte mostraron saltos significativos en técnicas y resultados. Artistas como Miguel Ángel, Rafael y Leonardo da Vinci fueron célebres por sus excepcionales obras y representaciones inéditas de la vida de entonces.

Miguel Ángel fue célebre por sus representaciones de la vida durante el Renacimiento[12]

Una de las principales razones del florecimiento del Renacimiento en Italia se debió a los acuerdos comerciales que se cerraron con Europa del Este y Asia, que trajeron mucha riqueza a Florencia. Estas riquezas situaron a varias familias en el poder, incluida la famosa familia Medici. Los Medici utilizaron sus finanzas para encargar a artistas obras públicas y privadas. Cuanto más dinero invertían en los artistas, más libertad tenían estos para perfeccionar su arte y competir entre ellos por el dinero, produciendo obras excepcionales que aún hoy causan admiración.

Otro suceso agridulce del nacimiento del Renacimiento es la peste negra. La enfermedad se cobró muchas vidas en toda Europa, pero cuando la economía empezó a recuperarse, menos gente luchaba por los empleos y las riquezas, lo que elevó el nivel social de la mayoría de la población.

Se renovó el interés por la cultura y la gente buscaba febrilmente educarse en todo lo que concernía a las civilizaciones humanas y al intelecto. Dicho esto, esta época no estuvo exenta de rarezas e historias fuera de lo común. Decir que había algunas creencias inusuales entre los habitantes de la Europa de la época es lo mínimo que debe reconocerse.

48. Sangre y huesos

Si hay algún entusiasta de los vampiros y los zombis por ahí, ¡preste atención!

El Renacimiento no solo fue conocido por su arte y cultura. Durante esta época, la práctica de beber sangre humana y darse un festín con los huesos, la grasa y los cráneos se consideraba un acto que promovía la buena salud. Se bebía sangre humana fresca, se untaba en el pan y se destilaban huesos humanos en licores muy codiciados. Puede sonar salvaje y bárbaro, ¡pero lo hacían todo para curarse!

Muchos defendían los beneficios para la salud de la sangre humana. Marsilio Ficino, un erudito y sacerdote italiano del siglo XV, afirmaba que si un anciano deseaba volver a reencontrarse con su juventud, debía beber la sangre de un adolescente. De este modo, recuperaría la vitalidad de su juventud.

La sangre no solo se consumía bebiéndose directamente. La pulverizaban o preparaban mermeladas con numerosas propiedades curativas. Los huesos también eran usados para destilarlos. Se afirma que el rey Carlos II, que estaba interesado en la química y tenía un laboratorio, era aficionado a los huesos destilados convertidos en aguardiente por sus propiedades saludables. Era tan famoso que bautizaron a esa bebida como «las gotas del rey».

El arte y los artistas

Las obras maestras de algunos de los artistas más renombrados de la época del Renacimiento han resistido al paso del tiempo, cosechando la admiración de los espectadores y compitiendo con las formas de arte actuales, incluso superándolas.

Muchas obras de arte notables allanaron el camino a los artistas contemporáneos, como la *Mona Lisa* y *La Última Cena* de Leonardo da Vinci, *El Jardín de las Delicias* del Bosco, el techo de la Capilla Sixtina y el *David* de Miguel Ángel o la *Madonna del Prato* de Rafael. Los minuciosos detalles y la atención prestada a cada pincelada de los cuadros y a cada corte cincelado en las piedras de las esculturas son testimonio de su brillantez y su arte sin parangón.

Sin embargo, como todas las cosas en la vida, nadie es perfecto, e incluso estos grandes nombres tienen algunas contribuciones peculiares a la historia que a menudo se pasan por alto porque su arte supera a su reputación personal.

49. Leonardo da Vinci

Nacido como Leonardo di ser Piero da Vinci, también era conocido por ser músico e inventor, no solo artista. Tenía una larga lista de innovaciones, entre ellas el paracaídas y el boceto inicial en el que se cree que se basan los helicópteros actuales. Sin embargo, puede que mucha gente no sepa que el genio no fue a la escuela en absoluto. El joven artista aprendió a leer, escribir y hacer cuentas sencillas, pero reunió el resto de sus conocimientos por sí mismo a través de la experiencia. Toda una proeza, dado que sus logros han perdurado siglos después de su muerte.

Su mente inquisitiva y su interés por todo lo que le rodeaba, especialmente la vida natural, como los comportamientos de las aves rapaces y las propiedades del agua, influyeron en muchas de las obras de su vida. Se interesó tanto por el cuerpo humano como por los animales, diseccionando y realizando autopsias para tratar de entender qué los hacía funcionar. Fue uno de los pioneros en cartografiar con precisión los músculos y los sistemas vasculares.

Por otro lado, su mente dio paso a algunas excentricidades cuestionables. Al hombre del Renacimiento le gustaba escribir al revés. A su muerte, se descubrieron 6.000 páginas de diarios en los que detallaba sus inventos, ideas y listas de mercado. Sin embargo, muchas de ellas estaban escritas al revés.

Para descifrar lo escrito, se debe sostener el diario frente a un espejo y así comprender los pensamientos de Leonardo. Aunque muchos teorizaron que este método de documentación se utilizaba como una especie de código o cifrado, se presentó una explicación más sencilla, y es que intentaba evitar que las letras se emborronaran entre sí. Leonardo era zurdo; si hubiera escrito de izquierda a derecha, lo más probable es que las palabras se hubieran mezclado, dado que la tinta utilizada en la época no se secaba tan rápido. Solo quería ser ordenado. Otra explicación posible es que era disléxico y ambidiestro, lo que significa que podía dibujar con una mano y escribir al revés con la otra.

Al examinar más detenidamente sus diarios, se descubrió un dato intrigante sobre el inventor: posiblemente era vegetariano. Era un amante de los animales y a menudo criticaba la moralidad de su consumo. Según Giorgio Vasari, da Vinci tenía la costumbre de comprar pájaros para liberarlos.

50. Miguel Ángel Buonarroti

Conocido sobre todo por su maestría al crear la estatua del *David* (a partir de un trozo de mármol desechado) que se alza orgullosa en Florencia, la vida de Miguel Ángel no estuvo exenta de giros interesantes. Buonarroti tenía un amplio abanico de talentos: pintura, escultura, arquitectura y poesía. Era común en la época no centralizarse en una sola profesión, evitando cualquier atisbo de aburrimiento o rutina.

Miguel Ángel era tan prodigioso que produjo dos de sus obras maestras a la temprana edad de quince años: La Virgen de la Escalera y La Batalla de los Centauros.

La mayoría de la gente no sabe que la mente que creó el techo de la Capilla Sixtina pertenecía a un hombre mezquino y malhumorado al que no le faltaban rivales. Además, empezó su carrera con falsificaciones.

Al principio de su carrera, Lorenzo de Medici le encargó la escultura de un Cupido en estilo griego. Lorenzo sugirió a Buonarroti que enterrara la estatua en la arena, dándole un aire de autenticidad para venderla por un precio más alto. Tras aceptar el plan y desenterrar la estatua que habían enterrado, la vendieron por una importante suma de dinero al cardenal Raffaele Riario. Poco después del engaño, el cardenal identificó la estatua como una réplica y recuperó su dinero. Irónicamente, el trabajo de la estatua era tan detallado y bello, que el impresionado cardenal invitó a Miguel Ángel a una reunión en Roma y le encargó La Piedad, lo que supuso el lanzamiento de su carrera artística.

Miguel Ángel tuvo muchas rivalidades. Una de ellas acabó con su nariz rota y desfigurada para el resto de la vida. Se dice que el joven Pietro Torrigiano, provocado por los comentarios ofensivos de Miguel Ángel, le dio un puñetazo en la cara y le aplastó la nariz. Torrigiano describió el incidente diciendo: «Le di un golpe tan fuerte en la nariz que sentí cómo el hueso y el cartílago se desmoronaban bajo mis nudillos como una galleta, y se llevará esta marca a la tumba».

Los celos jugaron un papel muy importante en su rivalidad con otro conocido artista, Rafael. En un esfuerzo por acabar con la carrera de Miguel Ángel, Rafael convenció al papa Julio para que lo contratara a él para pintar la Capilla Sixtina, diciendo que el enorme encargo sería demasiado abrumador para Buonarroti y que, en lo que se refería al arte de la pintura, Rafael era la mejor opción. Esta teoría se apoyaba porque la reputación de Miguel Ángel hasta entonces era la de ser un escultor excepcional sin demasiada experiencia pictórica. Sin embargo, finalmente contrataron a Miguel Ángel, que aunque reacio al principio, aceptó el encargo y pasó cuatro largos años acostado en un andamio pintando el techo, dando lugar a una de las obras maestras más admiradas del mundo moderno hasta nuestros días. Añadió un pequeño detalle a la obra, pintando su propia imagen en el techo como San Bartolomé.

Miguel Ángel pintó el techo de la Capilla Sixtina[13]

Otra rivalidad interesante que acabó con una mezquina venganza del artista se produjo durante su trabajo en el cuadro *El Juicio Final*. Recibió la visita del papa Pablo III con su séquito, que incluía a Biagio da Cesena, el maestro de ceremonias. Biagio no se privó de dar su opinión sobre la obra de Buonarroti. Le disgustaba la cantidad de figuras desnudas que aparecían y afirmó que solo era apta para colgar en un bar. No sabía que esas palabras ofensivas no quedarían impunes. En retribución, Miguel Ángel pintó a Biagio como el juez de las almas del infierno, Minos. Esto puede parecer una venganza no tan dura, hasta que el espectador se da cuenta de que lo pintó rodeado de serpientes que intentaban activamente arrancarle a mordiscos sus partes íntimas.

Miguel Ángel no era particularmente aficionado a la higiene personal. Odiaba bañarse y no se cambiaba de ropa muy a menudo, hasta el punto de que, cuando murió, debieron cortar sus ropas para separarlas del cuerpo.

También recibió encargos de nueve papas para varias obras de arte y trabajó hasta la misma semana de su muerte. Aunque no podía moverse, daba instrucciones a otros desde lejos. Murió a los 88 años, una vida mucho más larga de lo habitual en la época.

51. Jerónimo Bosch

El Bosco nació en Holanda en el seno de una familia de pintores. Johannes Thomas Zoon van Aken, su abuelo, fue un pintor de renombre en la primera mitad del siglo XV. Puede que el nombre del Bosco no suene tanto como el de Miguel Ángel o da Vinci; sin embargo, fue un revolucionario y puede que haya dado forma al arte contemporáneo tal y como se conoce hoy en día.

Estaba muy influido por su formación religiosa, algo que las representaciones de sus cuadros llevan consigo. Su imaginación también desempeñó un papel importante en su arte. No solo incluía referencias cristianas, como el cielo y el infierno, sino que también tenía la costumbre de inventar criaturas monstruosas y maravillosas, incorporándolas a su obra. Inventaba sus propias interpretaciones de la Biblia y prefería su propia visión a la hora de presentarlas en lugar de inspirarse en las obras de arte realizadas por pintores del pasado. Este enfoque le valió el título de «pintor de sueños».

Sus cuadros eran una hermosa mezcla de santidad e idiosincrasia. Su arte solía ser bastante grande, por lo que se dividía en trípticos (un cuadro de tres partes). El más famoso de todos es El jardín de las delicias.

El tríptico no era un cuadro cualquiera de una fiesta, sino una visión artística que documentaba la boda de la hija del conde Enrique II de Nassau. El Bosco quería plasmar en su lienzo los «beneficios y peligros» del matrimonio. A la izquierda, Adán y Eva en el Edén. En el centro, se muestra un paraíso hedonista y en el extremo derecho el infierno abrasador que espera a los pecadores. No hace falta decir que las ideas del pintor sobre el matrimonio eran un poco extremas. Pero esto no era todo. En el marco exterior del cuadro, dibujó el origen o el nacimiento del mundo. Concretamente el tercer día de la creación, cuando se formó el «paraíso terrenal» en colores grisáceos. En la esquina superior izquierda estaba su interpretación de Dios sosteniendo un libro abierto con la inscripción en latín: «Porque habló, y fue; mandó, y fue».

El Bosco dio rienda suelta a su imaginación. En el panel izquierdo, dibujó a otro Dios joven oficiando el matrimonio de Adán y Eva. A su alrededor había animales, árboles y criaturas míticas, con una magnífica estructura flotando en un lago. El panel central también estaba poblado de las increíbles criaturas del Bosco, ilustrando el desarrollo del Jardín del Edén. El Bosco optó por mantener a las figuras desnudas para indicar la representación antes de la expulsión de la humanidad del cielo. Sin embargo, incluyó muchas referencias al pecado, aunque en forma de fresas e instrumentos musicales, previendo el eventual descenso de la humanidad al infierno y la condenación. En el panel derecho, los instrumentos musicales se ven e interpretan como herramientas de tortura. Se cree que el cuadro podría haber incluido un autorretrato en el centro, donde hay un hombre árbol muy parecido al propio artista observando la escena.

Sin duda, el sentido del humor del Bosco era bastante negro, teniendo en cuenta que eligió esta caótica y magnífica obra para regalar a los recién casados.

Las iglesias de huesos

Otro hecho extraño del Renacimiento, quizás el más llamativo de todos, es que se consideraba normal que las iglesias estuvieran adornadas con huesos y cráneos humanos. Estas iglesias y capillas estaban por todas partes, muchas de ellas siguen en pie hoy en día.

52. La iglesia de los huesos de Kutna Hora

Conocido en la República Checa, el Osario de Sedlec es un espectáculo con una historia bastante insólita.

Este lugar da un nuevo significado a la afirmación «construido con sangre y sudor», salvo que también hay huesos. La iglesia es una declaración de que el arte puede ser realizado por humanos y con humanos.

Decenas de miles de personas fueron enterradas en el cementerio de esa iglesia. Los niveles inferiores estaban destinados a albergar los huesos enterrados. Esto fue antes de que surgiera la increíble idea de convertir huesos de humanos muertos en piezas decorativas. Según la leyenda, la idea fue propuesta por un monje medio ciego.

El osario de Sedlec se encuentra en la pequeña ciudad de Kutna Hora. Al entrar en él, los visitantes ven huesos en las paredes, colgando del techo, sosteniendo los bombillos y adornando vitrinas. Fémures, tibias y pirámides de cráneos cubren casi todas las superficies visibles.

La historia es más o menos así: en 1278, un sacerdote regresó de Jerusalén con un frasco de «tierra sagrada». La tierra se esparció por la zona, convirtiéndola en un lugar propicio para los enterramientos. En el siglo siguiente ocurrieron dos cosas: la peste negra azotó Europa y tuvieron lugar las guerras husitas. El recuento de cadáveres fue enorme, hasta el punto de que no había sitio para enterrar a más personas en esa zona.

Alrededor de 1400 se construyó un nuevo cementerio, la iglesia de Todos los Santos, lo que hizo que se desenterraran algunos de los cadáveres y se guardaran sus huesos bajo la iglesia.

Pasó otro siglo y se decidió que todos los cuerpos debían ser desenterrados y almacenados en el Osario para su custodia.

Entonces, ¿quién decidió crear las obras maestras de huesos? Se cree que el monje medio ciego dispuso los huesos y cráneos iniciales en forma de pirámide y este acto le devolvió la visión.

El resto del despliegue artístico de huesos lo realizó un tallador de madera llamado Frantisek Rint. Por qué alguien pensó que era una buena idea y quién tomó la decisión de exponerlos así sigue siendo un misterio. Sin embargo, la intención de los artistas y de quienes tomaron la decisión era honrar a los muertos.

53. Santuario di San Bernardino alle Ossa

En el año 1142 se construyeron un hospital y un cementerio en Milán (Italia). Los médicos tardaron 702 años en darse cuenta de que debían lavarse las manos. En 1210, ya no había espacio para enterrar a los muertos en el cementerio. Se encontró la solución de construir una pequeña capilla para guardar en ella los huesos de los difuntos. En 1269, se erigió una iglesia junto al osario. En 1679, Giovanni Andrea Biffi renovó la estructura y, en el proceso, decidió utilizar los huesos humanos guardados en el osario como piezas de decoración, concretamente los cráneos y las tibias.

Es un poco difícil para el público encontrar la iglesia, ya que hay dos al lado. Una está adornada con huesos humanos y la otra tiene un sacerdote que dirige las misas con una guitarra, por lo que parecen una representación del yin y el yang.

54. Las catacumbas de París

París es una de las mayores ciudades del mundo y alberga osarios llenos de huesos humanos, concretamente seis millones de cadáveres. Estas catacumbas datan de la época romana.

En un día lluvioso de la primavera de 1780, el cementerio de los Santos parecía una escena de *The Walking Dead* debido al desbordamiento de cadáveres. En septiembre, ya no se permitía enterrar más cadáveres en *Les Innocents* ni en ningún otro cementerio de París. Los cuerpos fueron desenterrados y los huesos trasladados a las catacumbas.

Al comienzo del traslado, las catacumbas se llenaron de montones desordenados de huesos desechados. En 1810, Louis-Etienne Hericart de Thury tomó la decisión ejecutiva de transformar el caos en un museo. Louis tenía algo de dramático. Le gustaba apilar los fémures y cráneos siguiendo patrones inquietantes, con adornos y carteles que decían: «Alto, este es el imperio de la muerte». También hizo una sala especial en la que exhibía las deformidades esqueléticas de las catacumbas.

Algunas personas pueden ver esto como una exhibición de mal gusto de los muertos, pero no todos comparten este sentimiento. En 2004, la policía parisina encontró una sala de cine con una gran pantalla, asientos y proyector, un bar y un restaurante dentro de una de las catacumbas.

55. Los autómatas del Renacimiento

Algunas personas creen que los albores de la automatización, la robótica y el interés por lo mecánico no empezaron hasta el siglo XX. No podrían estar más equivocados.

En el siglo XV comenzó a gestarse un verdadero interés por los autómatas, con diversas obras de arte, dispositivos e inventos desarrollados de la mano de algunos de los inventores más renombrados, como Leonardo da Vinci.

Se atribuye al filósofo y matemático francés René Descartes el mérito de despertar el interés del mundo por este campo. Teorizó que la anatomía de los animales no era más complicada que la de las máquinas y que las funciones aparentemente más complicadas podían reproducirse fácilmente con herramientas mecánicas.

Las manos del inventor alemán Johannes Müller von Königsberg crearon artilugios maravillosos, entre ellos un águila mecánica y el asombroso pájaro de madera que consiguió hacer volar desde Konigsberg (Nuremberg) para saludar al emperador Maximiliano y regresar.

También era impresionante el león mecánico de Leonardo da Vinci, creado en honor a Luis XII, que podía mover la cola, abrir la boca y levantarse sobre las patas traseras.

En el museo Smithsonian se encuentra un monje mecánico del siglo XVI que se atribuye a Juanelo Turriano. El pequeño aparato puede mover la cabeza, la boca y las extremidades, golpearse el pecho y poner los ojos en blanco. Todo ello es posible gracias a un resorte de llave totalmente oculto en el cuerpo del pequeño monje.

Preguntas para reflexionar

1. ¿Cómo cree que surgió la creencia de que ingerir huesos y sangre favorecía la salud? ¿Cuál fue el detonante y quién se atrevió a probarlo primero y a fomentarlo?
2. Si las familias de los fallecidos hubieran estado vivas en el momento en que se desenterraron los huesos y se utilizaron para decorar las iglesias, ¿cree que se habrían sentido halagadas u horrorizadas por el uso de los restos de sus seres queridos?
3. ¿Qué cree que representan las criaturas míticas del Bosco y qué las inspiró? ¿Puede ser que realmente fuera el pintor de los sueños, limitándose a plasmar en el lienzo lo que veía en sueños?
4. ¿Cree que el ego de Miguel Ángel era justificado, o que su talento era superado por otros artistas de su época?

Capítulo 6: La Ilustración: avances extraños (1600-1800 d. C.)

A pesar de ser un periodo caracterizado por sus avances intelectuales, la Ilustración fue una época de historias interesantes, inusuales y francamente extrañas. Empezando por las historias del gran engaño lunar y el mesmerismo, este capítulo reflexiona sobre algunas de las afirmaciones más extravagantes que se hicieron durante este periodo. La historia de las ancas de rana mutiladas y la del papel de las vacas en el desarrollo de vacunas son insólitas, pero no por ello dejan de reflejar descubrimientos científicos de increíble trascendencia. La confirmación del sistema copernicano por Galileo y la explicación de la gravedad por Newton son los cimientos de las teorías científicas modernas, aunque su importancia también radica en el hecho de que iban en contra del conocimiento aceptado en aquella época. Lo mismo cabe decir de las ideas de Voltaire, Hobbes y Locke, que, como se describe en los relatos siguientes, contribuyeron a sentar las bases de la sociedad y las creencias políticas modernas. Las dos últimas historias describen cómo se descubrió el microscopio y cómo un nuevo aparato sirvió como extraña forma de entretenimiento durante la Ilustración.

56. La locura del gran engaño lunar

En 1835, el diario neoyorquino «The Sun» empezó a publicar una serie de artículos en los que se describían las investigaciones de John Herschel, reputado astrónomo e hijo de William Herschel, cuyo nombre está ligado al descubrimiento de Urano. La primera de las seis entregas de esta serie comenzaba con el joven Herschel construyendo un enorme telescopio para estudiar los cuerpos planetarios. A continuación, se describía cómo Herschel utilizaba este aparato para corregir y resolver muchos problemas matemáticos con los que se encontraban los astrónomos de la época. Sin embargo, la afirmación más desconcertante de los artículos era que Herschel había descubierto pruebas fehacientes de vida en la Luna. Además, esta vida no era en forma de fósiles o agua congelada, como los

Se dice que John Herschel descubrió vida en la Luna[14]

científicos esperaban encontrar. Los artículos describían el hallazgo de Herschel como el mayor descubrimiento a este respecto, y después se conoció como el Gran Engaño Lunar. Al mirar por su telescopio, Herschel supuestamente había visto aves inusuales con formas similares a los humanos, grullas de pico largo, criaturas parecidas a cabras que bailaban juguetonamente, bisontes en miniatura y muchas otras formas de vida que parecían más sacadas de una película o un libro de ciencia ficción.

Según se supo más tarde, el gran descubrimiento nunca se produjo y tampoco fue autorizado por John Herschel. Los artículos fueron fruto de la vívida imaginación y las increíbles dotes de redacción del escritor británico Richard Adams Locke, quien, tras llegar a trabajar en The Sun, buscaba una forma de aumentar las ventas. Locke afirmó que nunca había pensado que tanta gente creería la historia. Su intención era crear una serie satírica para parodiar los trabajos de astrónomos aficionados que hacían afirmaciones igualmente extravagantes durante sus «investigaciones». Aunque al principio pretendió aclarar la verdad, la enorme cantidad de ventas que generaron sus historias impidió a Locke hacerlo. No solo muchas personas las creyeron, sino que algunas congregaciones religiosas incluso empezaron a organizar expediciones misioneras para trabajar en la Luna. Una persona que desacreditó las historias fue el escritor Edgar Allan Poe. Aunque reconocía que incluso los científicos afirmaban que encontrar vida en la Luna era posible y estaba muy impresionado por la capacidad de Locke para escribir, Poe no quería darle crédito, ¡porque creía que se parecía demasiado a una historia suya!

57. El mesmerismo, el mundo del magnetismo animal

El magnetismo animal, también conocido como mesmerismo, era un método curativo del siglo XVIII que se basaba en la armonía con la naturaleza y sus fuerzas invisibles. Fue inventado por el médico alemán Franz Anton Mesmer, que afirmaba utilizar los poderes de un fluido magnético universal para curar y restaurar. Según Mesmer, este fluido se encontraba en todos los seres vivos y les afectaba por igual. Manipulando este fluido dentro de un cuerpo mediante imanes, podía restablecer el equilibrio del organismo y curar cualquier enfermedad.

Mesmer experimentó con este método en París, donde afirmó tener éxito aliviando el dolor de las personas sin tocarlas. Simplemente manipulando el fluido con imanes, podía afectarlas a distancia, incluso a través de las paredes. Lo presentó como una forma de tratamiento masivo para cualquier enfermedad o afección. Como París era la ciudad que más rápidamente seguía los avances científicos y las tendencias modernas durante la Ilustración, el mesmerismo se ganó rápidamente la aprobación de las masas. Sin embargo, cuando Mesmer intentó obtener la validación de la Facultad de Medicina, la Real Sociedad de Medicina y la Real Academia de Ciencias, se topó con un muro. Estas instituciones no solo no estaban convencidas de las afirmaciones de Mesmer, sino que el rey Luis XVI creó la Comisión Real específicamente para investigar la ciencia que las sustentaba. Como era de esperar, los miembros de la comisión tuvieron dificultades para demostrar la existencia de este misterioso fluido. No sabían dónde buscarlo, cómo acceder a él ni cómo medir sus propiedades. Según Mesmer, el fluido solo podía ser detectado por los sentidos del ser que lo contenía y otras personas solo podían encontrarlo fijándose en su efecto. Por todas estas razones, la comisión decidió que el verdadero efecto del mesmerismo residía en el poder de la sugestión y no en un razonamiento científico válido. La comisión destacó el hecho de que las personas que creían estar bajo el efecto del mesmerismo entraban en un estado de trance visible. Además, a menudo afirmaban sentir los efectos curativos del magnetismo animal a distancia, incluso cuando no se les enviaba nada. Aceptando estos hechos como meros ejemplos de las expectativas y la imaginación de los sujetos, la Comisión Real descartó los imanes animales como método de tratamiento válido.

58. Las ancas de rana mutiladas

En un experimento pionero realizado en 1786, el físico y médico italiano Luigi Galvani colgó varias ranas muertas, sujetándolas por las espinas dorsales con un gancho metálico. Para su sorpresa, mientras colgaban, uno de los ganchos entró accidentalmente en contacto con una placa de hierro por la que corría electricidad, y las ancas de las ranas empezaron a moverse. Aunque ya estaba realizando experimentos sobre el movimiento muscular en animales disecados, el descubrimiento de que podían cobrar vida con la electricidad fue solo una coincidencia fortuita. Haciendo difusa la frontera entre la vida y la muerte en la opinión pública, Galvani empezó a alardear públicamente de su descubrimiento, describiendo cómo se producían los espasmos y contracciones de las ancas de rana. Pronto, otros científicos iniciaron experimentos similares, aunque ya no se limitaron a las ancas de rana. Utilizaron animales más grandes cuyos cuerpos hacían que el efecto fuera aún más impactante. Algunos incluso experimentaron con cuerpos humanos (vivos y muertos), investigando si se trataba de una fuerza vital que fomentaba la vida en los seres vivos. Galvani denominó a este fenómeno electricidad animal, pero posteriormente fue rebautizado como galvanismo en honor a su descubridor.

59. De las vacas a los humanos

Las enfermedades infecciosas han asolado a la humanidad desde el principio de los tiempos. Mientras investigaba la viruela, el médico inglés Edward Jenner tropezó con un descubrimiento fortuito. Al ser una enfermedad altamente infecciosa, la viruela solía afectar a familias y comunidades enteras. Sin embargo, Jenner se dio cuenta de que no todos los que estaban cerca de enfermos de viruela se enfermaban. Al preguntar a los familiares de las víctimas de la viruela sobre su historial médico, Jenner descubrió que los que no contraían la viruela habían padecido la viruela vacuna anteriormente. Creyó firmemente que estas personas estaban inmunizadas contra la viruela. Inoculó a varias personas sanas con material procedente de pústulas de viruela vacuna y, tras esperar a que finalizara el periodo de inoculación, las infectó con viruela. Como los candidatos no desarrollaron la enfermedad, Jenner demostró su teoría y la eficacia de la inoculación con pequeñas cantidades de material biológico del patógeno causante de la infección.

60. Galileo confirma el sistema copernicano

Como pionero de la Revolución Científica, Galileo Galilei entró en los libros de historia al demostrar el sistema heliocéntrico, confirmando que la Tierra (al igual que cualquier otro cuerpo planetario) se mueve alrededor del Sol. La idea de que el Sol es el centro del universo no era nueva. Había sido desarrollada por primera vez por el astrónomo polaco Nicolas Copérnico durante el siglo XVI. Todo comenzó cuando Copérnico se topó con una antigua creencia griega que afirmaba que el Sol representaba el centro y la fuerza motriz del universo.

Galileo confirmó la teoría de Copérnico[15]

Tras estudiar el movimiento de los distintos planetas por el cielo durante veinticinco años, Copérnico llegó a la misma conclusión. Sin embargo, dado que esto iba en contra de las creencias religiosas bajo las que operaban la mayoría de los eruditos de la época, Copérnico sabía que su teoría sería rechazada. Por mucho que estuviera respaldada por el sentido común, no tenía una forma clara de explicar por qué los planetas se movían como lo hacían, en lugar de la creencia popular, según la cual los movimientos de los cuerpos celestes estaban regidos por Dios, creador de la Tierra. Aunque los puntos de vista seguían siendo similares cuando Galileo empezó a defender esta teoría, las cosas estaban a punto de cambiar. A diferencia de Copérnico, Galileo tenía acceso a telescopios (los construyó siguiendo un modelo ideado por unos fabricantes de lentes holandeses que también habían inventado microscopios) y a datos matemáticos recogidos por Tycho Branch, otro científico interesado por la teoría copernicana. Además de descubrir cuatro lunas orbitando alrededor de Júpiter y que la luna de la Tierra tenía una superficie irregular, Galileo observó que los movimientos planetarios apoyaban la teoría heliocéntrica (frente a la geocéntrica, ampliamente aceptada).

Estos controvertidos descubrimientos provocaron conflictos con la Iglesia, porque iban en contra de su autoridad y sus enseñanzas. Temiendo que la gente empezara a creer en teorías como ésta y cuestionara otras enseñanzas religiosas, las autoridades eclesiásticas advirtieron a Galileo que dejara de difundir las ideas de Copérnico. A pesar de ello, en 1632 publicó el *Diálogo sobre los dos principales sistemas del mundo*, que exponía las mismas ideas. Esta muestra pública de apoyo a la teoría copernicana llevó a Galileo a un juicio ante la Inquisición. A pesar de que se retractó públicamente de apoyar la teoría heliocéntrica, Galileo permaneció prisionero en su propia casa cerca de Florencia. Galileo, que seguía empecinado en conservar su derecho a creer que el Sol era el centro del universo, lo miraba fijamente día tras día desde el amanecer hasta el anochecer, hasta que se quedó ciego. Con el tiempo, los científicos empezaron a alejarse de las creencias tradicionales y a adoptar nuevos enfoques de la metodología científica. Debido a esta intensa separación entre ciencia y religión, la confirmación del sistema copernicano por parte de Galileo también fue aceptada.

61. Newton explica la ley de la gravedad

En una época en la que la gente creía que todas las fuerzas de la Tierra y del universo eran controladas por Dios, la teoría de la gravedad de Isaac Newton fue una revelación chocante y un tanto inoportuna. Sin embargo, Newton estaba preparado para explicar cómo funcionaban las fuerzas gravitatorias y cómo afectaban a todos los objetos por igual. Para ello, recurrió a numerosos principios matemáticos establecidos por científicos muchos años antes.

Como explicó en su libro *Los principios matemáticos de la filosofía natural*, publicado en 1687, llegó a esta conclusión cuando descubrió que las mismas fuerzas que controlaban el movimiento de los cuerpos planetarios influían en todo lo que ocurría en la Tierra. La ley de la gravitación universal de Newton explicaba que todo objeto atrae a otro, describiendo el universo entero como un reloj masivo. También pudo demostrar matemáticamente cómo funcionaban juntas todas las piezas de este reloj. Sin embargo, para evitar ser condenado por sus ideas radicales, Newton añadió que Dios no controlaba este mecanismo, sino que era su creador. Desgraciadamente, esta última afirmación hizo que sus colegas científicos vacilaran en considerar sus ideas durante un breve periodo de tiempo. Sin embargo, pronto llegó el momento en que la gente se dividió en cuanto a las creencias científicas. Después de todo, muchos científicos estaban dispuestos a aceptar ideas combinadas que no eran tan radicales como algunos de los otros descubrimientos científicos de la época, sin apegarse rígidamente a las creencias tradicionales, sino aceptando términos medios.

62. La lucha de Voltaire contra la intolerancia

A medida que avanzaba la Ilustración, muchas noticias falsas similares al engaño de la Luna se convirtieron en hechos cotidianos, para disgusto de quienes estudiaban para encontrar ideas progresistas que contribuyeran al beneficio de todos. Uno de ellos era François Marie Arouet, más conocido como Voltaire. Voltaire tenía muy buenas razones para utilizar un seudónimo en lugar de su nombre propio. A lo largo de sus más de setenta publicaciones, a menudo arremetía contra el gobierno, la aristocracia, los líderes religiosos y todos aquellos que manipulaban al público, ya fuera para desviar la atención de sus fechorías o para promover algo que solo les beneficiaba a ellos.

Tras las noticias falsas sobre un terremoto en Lisboa, que no eran más que sensacionalismo en los periódicos y que hacían ganar una fortuna a sus propietarios, Voltaire inició una polémica aún más dura. Envueltas en sátira, sus agudas opiniones le acarrearon problemas con las autoridades. Sin embargo, siendo el brillante pensador que era, negoció su exilio a Inglaterra, donde continuó su radical batalla contra la intolerancia e incluso se extendió para abrazar la libertad de expresión y las creencias religiosas. Afirmaba que, incluso cuando no estaba de acuerdo con las ideas de otra persona, la ayudaba de buena gana a defender su derecho a expresarlas. Aunque los guerreros de la justicia social como este son habituales en los tiempos modernos, durante la Ilustración la gente se alegraba de encontrar a alguien tan ferviente en su postura. Las ideas radicales de Voltaire le granjearon numerosos y poderosos enemigos, pero persistió.

Con el tiempo, él y otros pensadores y escritores que utilizaban sus plumas como armas contra la injusticia lograron el avance que estaban esperando. La gente despertó para ver los beneficios de la vida sin prejuicios, sin intolerancia hacia los demás y sin supersticiones basadas en ideas religiosas milenarias sin sustancia.

63. Hobbes y Locke: contratos sociales y derechos naturales

Los científicos no fueron los únicos que encontraron avances insólitos durante la Ilustración. Algunos de los más grandes pensadores del periodo expresaron sus ideas de formas nunca antes vistas, lo que elevó la conmoción que causaron con sus ideas innovadoras. Thomas Hobbes, por ejemplo, hizo una cita tras publicar su obra *Leviatán o La materia, forma y poder de un estado eclesiástico y civil*, en 1651. Muy decepcionado con el egoísmo y la maldad humana tras la guerra civil inglesa, Hobbes llegó a la idea de que se necesitaba un liderazgo fuerte para que la gente dejara de luchar entre sí. Vio la solución en que se cedieran los derechos de la población al gobernante, quien, a su vez, debía proporcionar orden y ley. Esto distaba mucho de la práctica de tener numerosos gobernantes, a la que tanto religiosos como laicos estaban acostumbrados desde hacía siglos. Según Hobbes, el líder necesitaba una autoridad absoluta, por lo que comparaba el poder que debía tener el gobernante con el del mítico Leviatán, el monstruo marino. Por supuesto que su idea escandalizó a los líderes religiosos de la época. Este poder absoluto podría imponer el orden, pero a cambio proporcionaría estabilidad y seguridad, creando lo que Hobbes denominó un contrato social.

Otro pensador de la Ilustración, John Locke, tenía una visión más optimista, que afirmaba que las personas nacen buenas y se apartan de sus valores positivos debido a malas experiencias. Sin embargo, si se les da una oportunidad, pueden volver a aprender la bondad y mejorar su comportamiento y disposición. Locke estaba en contra de la monarquía absoluta y defendía que las personas se gobernaran a sí mismas, ya que creía que este era el orden natural. Teorizaba que cada uno podía gobernar su vida y la de su sociedad porque nacía con derechos naturales. El derecho de las personas a la vida, la propiedad y la libertad les permitía actuar libremente y, según Locke, era tarea del gobierno garantizar que pudieran hacerlo. Creía que el gobierno debía tener una influencia limitada y que podía ser derrocado por el pueblo si era necesario. Por supuesto que esta era otra idea radical que iba en contra de las opiniones políticas que circulaban, por no mencionar los deseos de los líderes religiosos y civiles del momento.

A pesar de los intentos de las autoridades por oprimir las ideas de Locke y Hobbes, estas tuvieron un impacto monumental en las formas de pensamiento posteriores a la Ilustración, empezando por Rousseau, que esencialmente combinó ambas ideas y dio forma a lo que se convirtió en el fundamento de la democracia moderna.

64. De las gafas al microscopio

Óptico consumado, Zacharias Janssen experimentaba a menudo con diferentes lentes de aumento, lo que alimentó su curiosidad por investigar distintos usos de estos objetos. Estas lentes habían sido creadas para leer y habían mejorado mucho en el siglo XVI, pero fue necesaria la curiosidad de Janssen para que adquirieran nuevas funciones. Trabajando junto a su padre Hans, Zacharias descubrió que, sostenidas en el ángulo adecuado, las gafas de lectura podían mostrar cosas que no se podían ver a simple vista. Preguntándose cómo potenciar el efecto, Zacharias se lanzó a construir un dispositivo con varios lentes de aumento. Tal y como lo describió un amigo de Janssen, el diplomático holandés William Boreel, este dispositivo se colocaba sobre un trípode de latón, medía unos 60 centímetros de largo y se parecía a un delfín. Tenía un tubo de latón de una o dos pulgadas de ancho unido a una lente en un extremo y a un disco de ébano en el otro. Al principio, nadie prestó mucha atención al extraño invento de Janssen, porque nadie entendía lo que hacía. Sus amigos y conocidos lo consideraban un pasatiempo estrafalario hasta que Cornelis Drebbel, otro inventor holandés, lo vio y empezó a correr la voz entre sus amigos influyentes. Así se enteró también el médico de la corte francesa y empezó a preguntarse de dónde había salido el invento.

También se supo que Janssen construyó varios de estos aparatos, que más tarde recibirían el nombre de microscopios. Algunos tenían tres tubos que podían deslizarse, dos más pequeños y un tercero más grande. Cada tubo tenía diferentes lentes en sus extremos, lo que proporcionaba diversas capacidades de aumento. Los modelos más avanzados tenían un ocular biconvexo y aumentaban el tamaño de los objetos entre tres y nueve veces. Curiosamente, estos no tenían mecanismo de montaje, lo que significaba que Janssen podía llevarlos y probarlos donde fuera.

65. Experimentos extraños con bombas de aire

Cuando Otto von Guericke creó su primer prototipo de bomba de aire en 1650, no tenía ni idea de que serviría como una insólita fuente de entretenimiento aproximadamente una década más tarde. Todo empezó cuando Robert Boyle, hijo de un acaudalado noble de Cork, encargó un aparato para ver cómo funcionaba. Boyle, que era una persona de orientación científica, siempre estaba realizando experimentos, lo que lo llevó a pedir y obtener esta bomba de aire en 1659. Mientras entregaba la primera a la Royal Society, encargó dos más, esta vez con instrucciones específicas. Sin embargo, esto significaba que solo podía hacerlas funcionar con la ayuda de su fabricante, Robert Hooke. Así, el dúo hizo varias demostraciones públicas de este extraño invento, ideando experimentos que fueron muy criticados y a menudo cuestionables.

Además, como se describe en la publicación posterior de Boyle, *New Experiments Physico-Mechanical, Touching the Spring of the Air, and its Effects*, trabajar con este invento les enseñó mucho sobre las propiedades del aire. Probaron los efectos del aire normal y acondicionado sobre los barómetros, la combustión, el sonido e incluso el magnetismo. Boyle no se detuvo ahí. También empezó a probar cómo el aire acondicionado y la falta de aire afectaban a los seres vivos. Encerrando animales en un espacio confinado y sacando el aire de este espacio, demostró que los seres vivos necesitan aire para sobrevivir. El problema fue que después de su demostración pública, otros siguieron su ejemplo y empezaron a usar el experimento como una fuente de entretenimiento para vender. Este extraño método quedó inmortalizado en un óleo sobre lienzo de 1768 titulado *Experimento con un pájaro en la bomba de aire*, creado por Joseph Wright, de Derby. Además de las demostraciones públicas que hacían los científicos, cada vez más gente empezó a comprar sus propias bombas de aire y a hacer sus experimentos en casa por diversión.

Preguntas para reflexionar

1. Las noticias falsas sobre descubrimientos científicos siguen siendo habituales en los tiempos modernos. ¿Qué opina de este fenómeno?
2. ¿Los efectos reconstituyentes del mesmerismo podrían tener algo de cierto como método curativo alternativo?
3. ¿Qué opina de la lucha de Galileo, Newton y otros científicos de la Ilustración para demostrar teorías que iban en contra de las creencias religiosas?
4. ¿Qué opina sobre la importancia del contrato social y los derechos naturales como base de la sociedad democrática moderna?

Capítulo 7: La Inglaterra victoriana: vapor, intrigas y realezas surrealistas (1801-1900)

La era victoriana se desarrolló bajo el reinado de la reina Victoria y duró hasta su muerte. Este periodo cambió el curso de la historia en Gran Bretaña con nuevas y emocionantes innovaciones y descubrimientos. Fue una gran época para la nación, que se expandió y se convirtió en uno de los imperios más poderosos del mundo.

Fueron muchos los inventos que definieron la época, como las bicicletas, las máquinas de escribir, los automóviles y los teléfonos. Los ferrocarriles se expandieron, más gente se trasladó a las ciudades y el arte y la literatura florecieron. Algunos de los más grandes autores y poetas del mundo proceden de esta época, como Charles Dickens, Emily Brontë, Oscar Wilde y Elizabeth Browning.

La época victoriana estuvo llena de grandes momentos y detrás de cada uno de ellos hay historias asombrosas y extrañas.

La época victoriana se desarrolló principalmente bajo el reinado de la reina Victoria[16]

66. El gran hedor

¿Se imagina vivir en una ciudad apestosa? Vaya donde vaya, no hay forma de escapar del mal olor. Esto es exactamente lo que vivieron los londinenses durante el siglo XIX.

El río Támesis de Londres es uno de los más grandes y significativos de la ciudad. Sin embargo, se utilizaba como vertedero de desechos humanos y animales. Los victorianos no predijeron lo peligroso que era su tratamiento del río hasta que fue demasiado tarde.

En el verano de 1858, el olor a excrementos humanos se extendió por todo Londres, dificultando la vida de todos. Fue uno de los pocos incidentes en los que ricos y pobres sufrieron juntos. Se le llamó «El Gran Hedor». Imagínese a las mujeres paseando por

Londres con el pañuelo en la nariz, asqueadas, y a los hombres corriendo por la ciudad intentando llegar a casa lo más rápido posible para escapar del hedor.

No era solo el olor lo que molestaba a la gente, sino que el río se convirtió en un peligro para la salud. Hubo casos de vómitos y desmayos de personas cuando pasaban junto a él. Charles Dickens llegó a describirlo como «una cloaca mortal».

En esa época, Londres sufría uno de los veranos más calurosos jamás registrados. Incluso la reina Victoria describió el calor como «sofocante». Esto hizo que el hedor fuera mucho peor.

El olor llegaba hasta el Parlamento y hacía imposible que la gente siguiera con su trabajo. La única solución era empapar las cortinas en cloruro de cal para hacer tolerable el olor.

La situación seguía empeorando, así que los lores y los parlamentarios se reunieron y trataron de encontrar una solución. En julio de 1858 se arrojaron al río unas doscientas toneladas de cal de forma regular durante todo un año en un intento de desinfectar el agua.

Los ingleses no querían enfrentarse a problemas similares en el futuro, así que el gobierno contrató al ingeniero Joseph Bazalgette para crear un nuevo sistema de drenaje. Los victorianos dejaron de contaminar el Támesis y, en pocos años, se convirtió en uno de los ríos más limpios del mundo, que aún hoy abastece de agua dulce a toda la ciudad.

67. El cazador de ratas real de la reina Victoria

Los ríos apestosos no eran el único problema en la época victoriana, los británicos también sufrían una plaga de ratas. Estas pequeñas criaturas estaban causando graves problemas en todo el país al atascar los desagües, comerse las cosechas, asustar a mujeres y niños y transmitir enfermedades. Los agricultores empezaron a trabajar juntos para proteger sus tierras. También había «vigilantes de ratas» a los que la gente contrataba para que les ayudaran a deshacerse de su problema.

Sin embargo, un hombre destacó sobre los demás y quedó inmortalizado en la historia. Se convirtió en el enemigo número uno de las ratas; era el Superman del pueblo y las ratas su Lex Luther. Este hombre era Jack Black, cazador de ratas de Su Majestad, la reina.

Jack era un experto en ratas. No solo las cazaba, sino que hacía negocio criando algunos de estos animales de colores inusuales y vendiéndolos como mascotas. A muchos victorianos les encantaban las ratas y estaban dispuestos a pagar una gran suma de dinero por lo que él llamaba «ratas de fantasía». No había muchos otros criadores en el país, lo que hizo que los servicios de Jack fueran muy solicitados. Incluso la reina Victoria solicitó su ayuda.

Era tan bueno en su trabajo que todo el mundo sabía quién era. Se convirtió en una celebridad y la gente lo recomendaba diciendo: «Nadie puede eliminar tu problema de ratas como Jack Black». Su reputación parecía la de un superhéroe o un mago.

Jack no era un cazador de ratas cualquiera. Todo en él era fascinante. Tenía la habilidad de meter las manos en una jaula llena de ratas sin que lo mordieran. Vestía un chaleco escarlata a medida decorado con una hebilla en forma de rata, un abrigo verde y pantalones de cuero blanco. Su interesante atuendo llamó la atención del periodista Henry Mayhew, que publicó una columna sobre él en su serie enciclopédica.

El periodista lo describió como un hombre de unos cuarenta años, de pelo canoso y cejas oscuras y espesas, valiente y seguro de sí mismo. Su cuerpo estaba cubierto de cicatrices de las muchas ratas que había cazado. Le contó al periodista que le habían mordido en todo el cuerpo y que una rata le había arrancado el dedo.

Jack se tomaba su trabajo muy en serio y esto dio sus frutos cientos de años después, ya que la gente sigue hablando de sus logros.

68. La afición por las momias

Antiguamente, la élite tenía gustos y aficiones peculiares. En la época victoriana, la gente estaba fascinada, algunos incluso dicen que obsesionada, con el Antiguo Egipto. Estaban tan fascinados con las momias que organizaban «fiestas de desenvolvimiento». Hacían reuniones para ver cómo se desenvolvían las momias del Antiguo Egipto y entretener a sus invitados.

Esta fascinación comenzó en 1789, cuando Napoleón Bonaparte viajó a Egipto y despertó el interés de los europeos por la egiptología. En el siglo XIX, los ingleses empezaron a viajar a Egipto para traer momias antiguas reales para sus fiestas de desenvoltura.

El propósito de estas fiestas cambió con los años. Solían ser actos médicos públicos para que los doctores estudiaran los cadáveres. En 1834, el Dr. Thomas Pettigrew, por ejemplo, desenvolvió un cadáver del Antiguo Egipto en el Real Colegio de Cirujanos. Sin embargo, muchos creen que el elemento médico era una fachada y que este evento tenía principalmente fines de entretenimiento.

Más tarde, abandonaron la fachada médica y dejaron de fingir que desenvolvían las momias por motivos científicos. Se organizaban fiestas para el entretenimiento y la emoción. Los ricos presumían de su estatus comprando una momia cara y organizando un gran banquete con la mejor comida y bebida.

Tanto si se celebraban en público como en privado, nadie rechazaba nunca una invitación a estas lujosas fiestas. La emoción y el entusiasmo de ver cómo se desenvolvía un cadáver antiguo no tenían parangón.

Entonces, ¿por qué fascinaba tanto al pueblo inglés desenvolver momias? Bueno, muchos de ellos esperaban que la momia cobrara vida. Básicamente buscaban algo de acción.

69. Una alternativa al divorcio

En la época victoriana, el matrimonio era hasta que «la muerte nos separe». Solo los muy ricos podían conseguir el divorcio a través del parlamento, pero no era muy fácil. Sin embargo, el amor no siempre dura para siempre. La llama se apaga y la pasión muere. ¿Qué podía hacer un hombre que se había desenamorado de su mujer? Pues tenía que encontrar una alternativa para deshacerse de ella.

Un marino (o peón) de Stacksteads, Lancashire, extrañaba la vida de soltero y quería dejar a su mujer. Decidió ser creativo y encontrar la manera de separarse de ella sin divorciarse. ¿Qué hizo? Puso a su mujer en venta. Organizó una subasta para venderla al mejor postor. Y esto no fue todo, organizó la subasta en el domicilio conyugal.

Muchos curiosos se reunieron para observar. El marido se paró frente a ellos, disertando sobre cómo las mujeres eran más preciosas que los diamantes y el oro, esperando que sus palabras los impactaran y alguien pagara un alto precio por su esposa.

Solo un hombre estaba dispuesto a pagar un precio aceptable por la pobre mujer. Sin embargo, el marido era codicioso, así que ofreció a sus hijos en venta también para cerrar el trato, pero el hombre se negó.

No se sienta mal por la mujer. Estaba feliz de dejar a su horrible marido y empezar una nueva vida. Por suerte, el comprador no era un desconocido. Era su vecino.

Estas subastas sucedían con alguna frecuencia en la sociedad victoriana. Se convirtieron en la única forma en que los hombres podían separarse de sus esposas. Sin embargo, eran muy humillantes. Los maridos ponían cadenas de plomo a sus esposas y se paraban en un espacio público, básicamente diciéndole a todo el mundo que ya no las querían y que estaban buscando «compradores». Imagine cómo se sentían las mujeres en ese momento.

70. Los intentos de asesinato de la reina Victoria

La reina Victoria fue la segunda monarca británica que más tiempo reinó después de la reina Isabel II. Sin embargo, su reinado habría sido mucho más corto si algunos se hubieran salido con la suya. Hubo varios atentados contra su vida. Por suerte, sobrevivió a todos ellos. En 1840, un joven de 18 años llamado Edward Oxford atentó por primera vez contra la reina disparando contra su carruaje. Rápidamente fue detenido y acusado de alta traición.

En 1842, dos hombres dispararon contra la reina, pero fracasaron y fueron detenidos. En 1849, un inmigrante irlandés atacó su carruaje, pero fue desterrado durante siete años. El último atentado contra la reina tuvo lugar en marzo de 1882. Roderick Maclean, un poeta y un hombre problemático, intentó asesinar a la reina ocho veces, pero finalmente fue detenido y pasó el resto de su vida en un manicomio.

Todos estos incidentes no hicieron más que encariñar al pueblo con la reina Victoria y granjearle muchos partidarios.

71. Fotos de la muerte

Algunas historias son extrañas, pero esta es además espeluznante. Los victorianos sentían una extraña fascinación por la muerte. Es comprensible, ya que muchas enfermedades mortales como el cólera, el tifus, la rubéola, la difteria, la escarlatina y el sarampión eran comunes en aquella época. ¿Cómo afrontaban las familias la pérdida de un ser querido? ¿Guardaban algún recuerdo? Bueno, algunos lo hacían, mientras que otros recurrieron a algo más extraño.

En la época victoriana, la fotografía era todavía algo nuevo y no muy común. Solo unos pocos podían permitírsela. Por eso, solo utilizaban esta tecnología en ocasiones especiales o cuando ocurrían sucesos trágicos. Cuando perdían a un ser querido, inmortalizaban su recuerdo haciendo fotografías.

Foto de familia victoriana *posmortem*[17]

Probablemente piense que fotografiaban a sus seres queridos antes de morir para rememorar sus dulces recuerdos juntos. Pues bien, lo que ocurría era mucho más inquietante.

Cuando una persona moría, no la enterraban inmediatamente. La guardaban en casa para que la familia pudiera guardar luto y despedirse. Durante ese tiempo, escenificaban fotografías con los muertos. Los vestían como si estuvieran vivos y todos los miembros de la familia posaban con ellos. Los padres ponían a sus hijos muertos sobre su regazo y los niños posaban junto a sus padres muertos. Incluso pintaban ojos en las fotos para que parecieran vivos.

Estas fotos no solo eran espeluznantes, sino también trágicas. Imagine que la única foto que tiene de un ser querido es cuando está muerto.

72. Carrera de ladrón de tumbas

Hoy en día, las carreras más codiciadas son las de *youtuber* o *influencer*, pero durante la época victoriana, el robo de tumbas era bastante popular. Los estudiantes de medicina deben aprender sobre cadáveres, y en la edad victoriana no era diferente. Sin embargo, se enfrentaban a algunas dificultades. El gobierno solo les permitía utilizar los cadáveres de criminales que habían sido ejecutados.

En 1823, muy pocos delitos se castigaban con la ejecución, por lo que los estudiantes de medicina no encontraban suficientes cadáveres para practicar. Decidieron contratar a ladrones de tumbas, o resurreccionistas, como se les llamaba entonces, para que robaran cadáveres para ellos. Algunos pagaban por cada cadáver conseguido, mientras que otros mantenían a estos ladrones a sueldo. Los dentistas también contrataban resucitadores para robar dientes de los cadáveres.

Los cadáveres frescos eran muy solicitados, pero con el auge del robo de tumbas aumentó la seguridad en los cementerios, entonces los resucitadores tuvieron que ser creativos. En lugar de robar cadáveres frescos, mataban a las personas y entregaban sus cadáveres.

73. Los agapemonitas

Cuando se piensa en los victorianos, es común pesar en personas reservadas que no suelen expresar sus emociones. ¿Se imaginan su conmoción y desaprobación cuando una secta de amor libre llegó a Londres?

Un reverendo llamado Henry Prince afirmaba que estaba poseído y cada domingo ofrecía un espectáculo dramático para demostrar a la gente que algo lo dominaba. Los victorianos sentían curiosidad y muchos acudían a la iglesia cada semana para verlo.

Un día, dijo a la gente que había absorbido el espíritu del Señor. La iglesia respondió despojándolo de sus títulos, pero esto no puso fin a sus travesuras. Creó una secta de mujeres solteras, en su mayoría ricas, y las convenció de que le entregaran todas sus posesiones mundanas para poder comprar «La Morada del Amor». Se trataba de un grupo de casas de campo rodeadas por un muro de tres metros.

Sus principales donantes fueron las hermanas Nottidge, cinco hermanas solteras a las que casó con cinco de sus seguidores. Sin embargo, no se trataba de matrimonios ordinarios, sino espirituales. A los hombres y mujeres casados se les ordenaba permanecer célibes. Sin embargo, algunos de sus seguidores no acataban las normas.

De hecho, Prince no practicaba lo que predicaba. Solía realizar múltiples rituales sexuales en público. Uno de ellos fue con una virgen y tuvo lugar en una mesa de billar. Este acto lascivo lo hizo perder unos cuantos seguidores, pero la secta seguía en pie.

Está claro que Prince estaba loco. Llegó a afirmar que era inmortal, pero su muerte en 1889 demostró que estaba equivocado. John Hugh Smyth-Pigott ocupó su lugar y afirmaba que era el segundo advenimiento de Cristo y que era inmortal, pero murió en 1927. En 1956, la secta desapareció para siempre.

74. Medicina de cadáveres

La medicina de cadáveres es un tratamiento para todo tipo de enfermedades y es más inquietante de lo que cree. Los victorianos creían que consumir ciertas partes de un cadáver podía curarlos milagrosamente. Uno de los tratamientos más populares para la apoplejía consistía en mezclar chocolate con un cráneo humano. Sorpresa, sorpresa, no funcionaba.

Aunque este tipo de medicina era común en los siglos XVI y XVII, alcanzó su mayor popularidad en la época victoriana. Se publicaron muchos libros sobre el tema con recetas para preparar remedios a partir de cadáveres.

Los verdugos se beneficiaron mucho de este «negocio». Se enorgullecían de ser a la vez portadores de muerte y sanadores. Vendían la sangre de las personas que ejecutaban a los pobres que padecían diversas dolencias.

Debería agradecer que su médico lo mande a una farmacia y no a un verdugo.

75. ¿Fantasmas o alucinaciones?

La era victoriana fue una época de innovación y avances en diversas áreas. Uno de los mayores y más significativos inventos de la época fueron las lámparas de interior. La humanidad se alejaba poco a poco de la luz de las velas y acogía los primeros signos de innovación. Sin embargo, no fue gratis.

Estas luces funcionaban con gas y, como mucha gente las utilizaba, había una presión excesiva sobre las tuberías de gas, lo que provocaba incendios y explosiones. También se producían fugas de gases peligrosos en los hogares, como monóxido de carbono, azufre, hidrógeno y metano. Como la mayoría de las ventanas de la época estaban cubiertas con pesadas cortinas y no había una ventilación adecuada, el gas afectaba a la salud de las personas. Esto puede explicar por qué los victorianos se desmayaban mucho.

El gas también desprendía vapores tóxicos que provocaban alucinaciones. Muchas personas bajo los efectos del gas creían ver fantasmas. Esto llevó a la difusión de historias de fantasmas que muchos victorianos creían reales.

76. La montaña rusa romántica del rey Jorge IV

El rey Jorge IV era tío de la reina Victoria. Cuando nació, se convirtió en el príncipe de Gales. Era un joven encantador y educado, pero tuvo una vida amorosa muy escandalosa.

De joven, conoció a Maria Fitzherbert, que había enviudado dos veces. Fue amor a primera vista para el príncipe, que le pidió que se convirtiera en su amante de inmediato. María se escandalizó por la petición, pues era católica y religiosa y se negaba a vivir en pecado. Así que el príncipe le pidió que se casara con él. Jorge se cortó delante de su amada en un arrebato de pasión para demostrarle que no podía vivir sin ella. María no tuvo más remedio que aceptar la propuesta del príncipe loco de amor.

En 1785, la pareja contrajo matrimonio, pero lo mantuvo en secreto porque el príncipe había infringido algunas normas para casarse con su amada. Los miembros de la realeza menores de veinticinco años debían pedir permiso al rey antes de casarse, cosa que él no había hecho, por lo que su matrimonio era ilegal. Además, María era

El rey Jorge IV era tío de la reina Victoria[18]

católica y la ley prohibía a los católicos ocupar el trono. Esto iba a causar estragos cuando Jorge se convirtiera en rey. La reina debía sentarse en el trono al lado de su marido, pero la ley lo hacía imposible. Además, María era viuda y nunca sería aceptada por la familia real, que prefería novias vírgenes. Sin embargo, nada podía alejar al príncipe de la mujer que amaba, así que continuaron su romance durante muchos años. Jorge no era discreto y mucha gente sabía de su matrimonio secreto.

El príncipe tenía un gusto muy caro y gastaba su dinero en sus establos, agasajando a sus invitados y decorando sus casas. Esto le dejó una enorme deuda, por lo que no tuvo más remedio que pedir ayuda al Parlamento. Éste accedió, pero con una condición: debía abandonar a su esposa y casarse con su prima protestante Carolina de Brunswick. Jorge aceptó y abandonó a María.

Desde el momento en que Jorge vio a Carolina, quedó claro que su matrimonio fracasaría. En su primer encuentro, Jorge se emborrachó y Carolina consideró inaceptable su comportamiento. Tampoco le atraía físicamente, no le parecía guapo. El día de la boda, el príncipe no dejaba de beber.

El matrimonio no duró y la pareja se separó. El joven príncipe volvió rápidamente a los brazos de su amada María.

Los victorianos tenían costumbres muy peculiares. Desde las fiestas de despedida hasta sus fotos de la muerte y la medicina con cadáveres, así que es inevitable preguntarse qué más se desconoce de esta fascinante sociedad. Curiosamente, en una época que trajo al mundo algunas de las obras literarias e inventos creativos más increíbles de la historia, el pueblo seguía teniendo creencias y tradiciones incivilizadas.

Sin embargo, esto es lo que hace intrigante a cualquier sociedad: siempre hay más de lo que se ve a simple vista.

Preguntas para reflexionar:

1. ¿Qué opina de las fiestas de desenvolvimiento y qué revelan sobre la moral de la élite victoriana?
2. Si el divorcio no fuera una opción, ¿qué haría para poner fin a su matrimonio?
3. ¿Qué le parece la historia de las «fotos de la muerte»? ¿Es espeluznante o trágica?
4. ¿Por qué cree que las mujeres solteras eran presa fácil para un hombre como Prince?
5. ¿Se comería una parte de un cadáver si eso le salvara la vida?
6. ¿Se casaría con alguien a quien no ama para complacer a su familia o para salir de una mala situación?

Capítulo 8: El siglo XX (1901-2000 d. C.)

El siglo XX es uno de los periodos más impactantes en lo que se refiere a cómo se ha configurado el mundo moderno. La invención de la World Wide Web, la clonación, la electricidad comercializada, las peleas públicas, los bebés probeta, la obsesión por los famosos y muchas otras cosas contribuyeron a que el siglo XX fuera una época de locos. La experiencia de aceleración tecnológica e industrial de la época creó nuevas plataformas de expresión y libertad que nunca antes habían existido. Este siglo también fue testigo de muchos grupos marginados exigiendo representación en la sociedad, lo que vino acompañado de cambios culturales revolucionarios. Por lo tanto, el siglo XX puede verse como una transición radical de los antiguos sistemas a lo que hoy se considera normal.

La valentía de experimentar, cuestionar y desafiar el *statu quo* son las características que definen a este siglo clave en el desarrollo humano. A medida que el mundo moderno se sumerge en el progreso tecnológico a un ritmo más rápido que nunca y las personas se comprometen con nuevos marcos culturales, queda claro que la sociedad contemporánea se forma principalmente a partir de finales del siglo XX. Los extraños sucesos que definieron el mundo desde 1900 hasta el 2000 deben tenerse en cuenta a la hora de examinar el progreso humano. Sumérjase en el desorden loco, inspirador e impactante del siglo XX para ver cómo el progreso, la libertad y la igualdad surgieron de entornos caóticos.

77. Tesla y Edison

Las enemistades públicas son muy comunes hoy en día porque grandes nombres publican imprudentemente en las redes sociales, pero el antepasado de las enemistades públicas relativamente modernas es la batalla entre Nikola Tesla y Thomas Edison. A diferencia de muchos pseudointelectuales y expertos políticos que se pelean en las redes sociales, Tesla y Edison eran dos genios legítimos. El principal desacuerdo entre ambos eran sus opiniones divergentes sobre la ciencia. Una de sus discusiones más destacadas era la preferencia de Tesla por trabajar con corriente alterna, mientras que Edison promovía el uso de corriente continua, inventada por él. Aunque en un momento

Nikola Tesla prefería trabajar con corrientes eléctricas de CA[19]

dado Tesla trabajaba para Edison, este desacuerdo hizo que se restaran credibilidad el uno al otro constantemente en público.

El momento más curioso de su rivalidad tuvo lugar en 1903, cuando Edison electrocutó a un elefante para demostrar lo peligrosa que era la corriente alterna. El acto de matar animales con electricidad era habitual en las demostraciones itinerantes de Edison, pero el elefante del zoológico de Luna Park fue, con diferencia, el que más llamó la atención. Tesla murió sin un centavo debido a malas decisiones empresariales, mientras que Edison llegó a amasar una inmensa fortuna. Aunque los trucos de relaciones públicas de Edison eran impresionantes, su corriente continua pronto cayó en desuso y más hogares empezaron a instalar corriente alterna. Hoy en día, tanto Nikola Tesla como Thomas Edison son muy respetados en el ámbito científico por sus revolucionarias contribuciones a la tecnología.

78. La desaparición de Amelia Earhart

La trágica desaparición de Amelia Earhart se convirtió en un terreno fértil para especulaciones y teorías conspirativas que duró décadas. Earhart intentó la increíble hazaña de ser la primera mujer en cruzar el Océano Atlántico volando sola. Desapareció en 1937 y, aproximadamente un año y medio después, fue declarada muerta tras una intensa búsqueda llevada a cabo por el ejército. Earhart era una experta y famosa piloto que hizo una lucrativa carrera realizando numerosas acrobacias publicitarias. Nunca se encontró su cuerpo, por lo que muchos especularon sobre lo que le había ocurrido, sobre todo después de que el gobierno interrumpiera su búsqueda.

La explicación más lógica es que su avión se quedara sin combustible y se estrellara, pero eso era demasiado simple para que la gente lo aceptara como cierto, porque era una piloto increíble. Una de las teorías conspirativas más populares que surgió fue que Earhart había sido capturada por los japoneses, enemigos de Estados Unidos durante la Segunda Guerra Mundial. En los años 90, unos arqueólogos encontraron en las Islas Fénix unos huesos que, según ellos, podrían ser los restos de Earhart, pero esta teoría se cuestiona porque no se encontraron partes de avión cerca del hallazgo. Lo último en la saga de Amelia Earhart fue que el multimillonario Ted Waitt financió una expedición al fondo marino de la costa de la isla Howland en un intento de encontrar algunas partes del avión o incluso restos de Earhart. Hasta el día de hoy, nadie ha encontrado el avión ni su cuerpo, por lo que la fatal desaparición sigue envuelta en la oscuridad.

79. Beatlemanía y más allá

Resulta difícil entender la enorme popularidad de los Beatles, pero el hecho de que sus obsesivos fans crearan un fenómeno salvaje conocido como *Beatlemanía* da una pista. Los originarios de Liverpool procedían de un entorno humilde y se convirtieron en una de las bandas más influyentes de todos los tiempos. La obsesión por los Beatles alcanzó su punto álgido entre 1963 y 1966. La fama de la banda creció constantemente en Inglaterra y se extendió por todo el mundo con su actuación en directo en «The Ed Sullivan Show» en 1964. La Beatlemanía puede considerarse uno de los primeros momentos extraños de la cultura obsesiva de los fanáticos modernos hacia los famosos. A donde iban de gira, los Beatles eran recibidos por montones de fanáticos adolescentes, en su mayoría mujeres, que hacían cualquier cosa por ver a sus ídolos favoritos.

En el apogeo del fenómeno de la Beatlemanía, apenas podían tocar en los conciertos. Sus fanáticos gritaban tanto durante toda la actuación que no se podía oír la música. Imagínese ir a escuchar a un grupo y en su lugar oír gritos frenéticos sin pausa durante una hora. Los seguidores del grupo compraban cualquier cosa relacionada con The Beatles, desde fiambreras hasta pósteres y ropa, mientras las chicas declaraban qué integrantes de la banda eran sus favoritos. A partir de entonces, la cultura de los fanáticos se convirtió en un elemento básico del mundo del espectáculo, con la adoración de las *boy bands*, desde los Backstreet Boys de los 90 hasta las estrellas del K-Pop de hoy en día. Internet alimenta las obsesiones de los fanáticos porque la gente siente que tiene más acceso a la vida de las celebridades, pero todo empezó en los años sesenta con la banda británica que definía un género, llevaba un corte de pelo en honguito y era adorable.

80. El perro de dos cabezas de Christiaan Barnard

Christiaan Barnard fue un cirujano sudafricano que realizó con éxito el primer trasplante de corazón en 1967. El paciente vivió dieciocho días y falleció de una neumonía bilateral. Los aportes de Barnard al campo de la medicina tuvieron un gran impacto en el desarrollo de los trasplantes de órganos y las operaciones de corazón. Sin embargo, como suele ocurrir, los grandes hombres tienen algunas excentricidades. Barnard atribuyó gran parte del desarrollo de los trasplantes a Vladimir Demikhov, un cirujano ruso que había creado un perro de dos cabezas y logrado enormes avances en cirugía cardíaca. Concretamente, era la primera persona en realizar un *bypass* coronario en un mamífero. La confianza y arrogancia de Barnard lo llevaron a recrear inmediatamente el experimento del perro de dos cabezas, que paseó por la facultad de medicina de la que el médico formaba parte. Nadie sabe exactamente por qué el afamado cirujano lo hizo, salvo para demostrar que podía.

Tal vez fuera una forma de adoración a su héroe, pero el acto éticamente reprobable de crear un perro de dos cabezas no tenía ninguna utilidad médica para Barnard. Aunque se necesita mucha habilidad técnica para crear semejante abominación, no está claro por qué alguien querría hacerlo. Teniendo en cuenta que Barnard era un cirujano respetado y serio, parece algo fuera de lugar que se dedicara a este tipo de experimentos. Una vez realizado su primer trasplante de corazón, Barnard fue aclamado internacionalmente y viajó por todo el mundo para mostrar a los cirujanos cómo repetir su éxito. Hubo muchas muertes en el camino debido a cirujanos menos cualificados que intentaron lo que hacía Barnard con una formación y preparación inadecuadas. El camino hacia las maravillas médicas siempre está lleno de pérdidas trágicas, pero estos sacrificios impulsaron al mundo hacia una era más avanzada en medicina.

81. La oveja Dolly

Puesto que ya tiene en mente perros de dos cabezas, quizá un buen complemento es hablar de ovejas clonadas. El biólogo Ian Wilmut clonó una oveja Finn Dorset utilizando sus glándulas mamarias. En 1996, Dolly nació como una maravilla científica. Cuando la oveja fue revelada al público, causó un frenesí mediático. Algunos temían que la ciencia fuera demasiado lejos y otros celebraban las posibilidades que ofrecía este avance. El cuerpo de Dolly se encuentra ahora en el Museo Nacional de Escocia, en Edimburgo. Aunque Dolly no era la primera oveja que el equipo de Wilmut clonaba en el Instituto Roslin, lo que la hacía especial era que había sido clonada utilizando células de un espécimen adulto, lo que hasta el momento no era posible según los investigadores.

La oveja Dolly era un clon[20]

La clonación de Dolly fue importante porque abrió el conocimiento sobre cómo utilizar las células madre en diversas aplicaciones médicas. Después de todo, las células adultas habían sido capaces de producir una oveja completamente desarrollada y funcional. El proceso de clonación no fue perfecto, ya que Dolly envejeció más rápido que otras ovejas. Los científicos que trabajaron en el proyecto creen que pudo deberse a las células adultas que se utilizaron en el proceso de clonación. La existencia de Dolly plantea muchas cuestiones éticas en la medicina sobre hasta dónde van los límites morales aceptables de la exploración científica. Dolly dio a luz a unos cuantos corderos antes de morir a causa de un virus que provocaba cáncer de pulmón en las ovejas y que muchos de los animales del instituto habían contraído. Las aplicaciones de la clonación y de la investigación con células madre vinculadas al proceso continúan hoy en día, ya que se buscan formas novedosas de combatir dolencias y enfermedades que asolan a diversos seres vivos.

82. Bebés probeta

De la experimentación animal en forma de perros de dos cabezas y ovejas clonadas, vamos a pasar a la biología humana. En 1978, Louise Brown nació como el primer «bebé probeta» del mundo. Louise Brown nació mediante un proceso llamado fecundación in vitro, o FIV, que consiste en fecundar fuera del útero óvulos extraídos de los ovarios de una mujer para crear embriones. Hoy en día, muchas parejas que tienen problemas para concebir o personas con problemas médicos que hacen peligroso un embarazo recurren a la FIV. La expresión «bebé probeta» da lugar a ideas erróneas sobre el proceso de FIV porque crea la imagen de un bebé que crece en un laboratorio, pero el proceso funciona de forma muy diferente. Los embriones fecundados mediante FIV se implantan en el útero de la madre, que da a luz al bebé nueve meses después.

El público conoció a Louise Brown y a su familia a través de un documental titulado *To Mrs Brown... A Daughter* (*A la Sra. Brown... una hija*) que emitió la ITV. Lo que realmente cautivó al público era lo normales que parecían los padres, Lesley y John Brown, quienes eran conservadores y llevaban un hogar típico de los años setenta. Sin embargo, no todo el mundo estaba de acuerdo con el nacimiento atípico de Louise. Los líderes religiosos plantearon objeciones porque temían las implicaciones teológicas que tenía aceptar estas prácticas y consideraban que un bebé nacido de esta forma era «antinatural». Louise sigue viva y concibió a sus propios hijos. También publicó una popular biografía que recoge los detalles de su interesante existencia titulada «*Louise Brown: mi vida como el primer bebé probeta del mundo*».

83. La World Wide Web

El invento más importante del siglo XX es sin duda la World Wide Web. Teniendo en cuenta cómo se utiliza hoy en día, resulta chocante que estuviera pensada para que científicos, universidades e investigadores compartieran información a larga distancia. Hoy se utiliza para discusiones sin sentido en línea, hacer difusión de teorías conspirativas, analizar chismes de famosos y para que los influencers estafen a sus seguidores convenciéndolos de comprar criptomonedas sin valor. Tim Berners-Lee inventó esta tecnología mientras trabajaba para el CERN, en 1989. Berners-Lee nació en Londres, de padres informáticos, así que estaba destinado a tomar ese camino desde su nacimiento. Desde pequeño, Berners-Lee se interesó por los artilugios y jugaba constantemente con maquetas de trenes, ya que su mecánica le parecía intrigante.

En lugar de optar por la vía empresarial y tratar de vender «Internet» y controlarlo para ganar miles de millones, Berners-Lee fue un auténtico revolucionario que quiso que todo el mundo tuviera acceso a esta tecnología para que floreciera plenamente y se convirtiera en el invento que cambió la forma de vivir. El instituto CERN puso el código a disposición de los usuarios sin que tuvieran que pagar derechos de autor, lo que permitió a varios genios aprovechar la idea y expresar su creatividad con este nuevo medio. Los principios fundamentales que se desarrollaron cuando surgió la web siguen vigentes hoy en día, ya que Internet es una tecnología descentralizada que cualquiera puede utilizar sin el permiso específico de una empresa. Internet cambió radicalmente la forma de compartir, producir y consumir información, que pasó de los conglomerados mediáticos de gran presupuesto y las instituciones gubernamentales a manos de la gente corriente.

84. La masacre racial de Tulsa

En las décadas que siguieron a la abolición de la esclavitud, los afroamericanos empezaron a ascender socioeconómicamente y a establecerse como personas autónomas y ambiciosas. Construyeron muchas ciudades prósperas y algunos se convirtieron en empresarios exitosos. El barrio de Greenwood, en Tulsa (Oklahoma), era tan próspero que llegó a conocerse como Black Wall Street. Las calles estaban repletas de negocios como tiendas de comestibles, consultorios médicos y clubes nocturnos. El fin de la esclavitud no significó el fin de la intolerancia, por lo que muchos blancos de los alrededores sentían celos de la prosperidad que experimentaban las comunidades negras como Tulsa. Esto avivó tanto su odio que organizaron un grupo de personas fuertemente armadas para expulsar a la población negra de Tulsa y destruir todos los negocios.

Muchas personas murieron en la horrible masacre, que demostró que la lucha por exigir la igualdad de la población negra estaba lejos de haber terminado. Los medios de comunicación locales y nacionales encubrieron la atrocidad y las organizaciones históricas nacionales o estatales no la registraron, haciendo la pérdida aún más devastadora. Muchos de los residentes huyeron, pero los pocos que se quedaron mantuvieron vivo el recuerdo de Greenwood en susurros. Hoy en día, Greenwood es un faro de potencial para el crecimiento económico y la liberación de los negros, así como un símbolo de la opresión sistémica a la que siguen enfrentándose los afroamericanos. Se desconoce el número de personas que murieron en la revuelta, pero las estimaciones oscilan entre setenta y trescientos. Es casi imposible determinar la verdadera cifra de muertos porque muchas personas fueron enterradas en tumbas sin nombre.

85. Protestas contra la guerra de Vietnam

Protestas contra la guerra de Vietnam[21]

Durante la Segunda Guerra Mundial, el apoyo público a las tropas estadounidenses fue inigualable, los civiles hicieron muchos sacrificios personales para apoyar el esfuerzo bélico y muchas obras de arte se usaron como propaganda militar positiva. Sin embargo, no puede decirse lo mismo de la impopular guerra de Vietnam. El mundo acababa de salir de una guerra mundial unas décadas antes y la gente no estaba dispuesta a repetir la devastación que dejó miles de heridos y muertos en ambos bandos. La guerra de Vietnam pretendía detener la expansión de un gobierno comunista que acababa de derrotar a las fuerzas coloniales francesas. Muchos ciudadanos estadounidenses que habían visto a sus soldados regresar del servicio dañados y traumados y que habían visto imágenes de la catastrófica destrucción que se produjo como consecuencia de la ocupación estadounidense, consideraron esta guerra inaceptable.

En el punto álgido de la guerra, los soldados se volvieron drogadictos y apáticos. El movimiento hippie Flower Power era principalmente antibelicista, aunque también se caracterizaba por el consumo de sustancias alucinógenas ilícitas. A su regreso, los veteranos de la guerra de Vietnam hablaban del odio que sentían, afirmando que la gente les gritaba e incluso les escupía. Algunos soldados se unieron al movimiento de protesta a su regreso, tras haber sufrido lesiones mentales y físicas a causa de la guerra. Artistas y músicos también se sumaron y produjeron canciones clásicas de protesta como *What's Going On*, de Marvin Gaye o *Imagine*, de John Lennon. La guerra terminó oficialmente en 1973 debido a la constante narrativa que había en su contra, así como a la disminución de los beneficios de continuar la lucha.

86. El miedo a los rojos

Tras el final de la Segunda Guerra Mundial, la Unión Soviética y Estados Unidos entraron en la Guerra Fría, que consistía en que las dos superpotencias emergentes no se fiaban la una de la otra. Se libraron guerras por poderes en todo el mundo mientras los sistemas económicos y políticos del comunismo y el capitalismo se enfrentaban. En la década de 1940, así como a principios de la de 1950, el temor de que los comunistas se apoderaran de Estados Unidos y las amenazas nucleares se convirtieron en una preocupación constante para la población y el gobierno estadounidense.

El senador estadounidense Joseph R. McCarthy inició una cruzada contra quienes creía que eran infiltrados y promovían el comunismo en las costas estadounidenses. McCarthy acusó a famosos, funcionarios públicos e intelectuales de ser traidores comunistas. También creó una táctica de silenciamiento, miedo y represión política conocida como «macartismo». El abogado Joseph Welch, junto con algunos colegas de McCarthy, puso fin a las tácticas intimidatorias del senador en las audiencias Ejército-McCarthy. Durante el «miedo a los rojos», el comunismo fue demonizado y sigue siendo muy mal visto en la política estadounidense hasta el día de hoy. Muchas personas instalaron búnkeres contra explosiones nucleares en sus casas e hicieron simulacros de seguridad nuclear en las escuelas, temiendo un ataque de la Unión Soviética. Las tácticas del miedo a los rojos están resurgiendo lentamente a medida que China se convierte en una amenaza política y económica para EE. UU.

87. El pánico satánico

Mientras que el miedo a los rojos tuvo una fuerte influencia política, el pánico satánico fue más bien un movimiento social. En los años ochenta y noventa, la cultura fue impregnada de un creciente temor a que se dirigiera propaganda satanista y ocultista a los niños. Las falsas acusaciones de abusos en rituales satánicos en los que se obligaba a participar a la gente mediante hipnosis iniciaron una reacción contra todo lo que se consideraba demoníaco.

Comenzaron a extenderse teorías conspirativas según las cuales los iconos de la música rock escondían mensajes en sus canciones que se revelaban reproduciendo sus discos al revés. Los juegos de mesa como *Calabozos y dragones* también fueron objeto de críticas por sus imágenes místicas y temas mágicos. Mucha gente salió a la calle a quemar libros, juegos y discos en protesta contra el demonio que perseguía a sus hijos. Este tipo de histeria colectiva sigue vigente hoy en día, con gente que cree que músicos y actores forman parte de cultos satánicos devoradores de bebés.

88. Disturbios de Stonewall

El siglo XX fue una época de reformas sociales masivas en torno a la raza y la cultura. La comunidad LGBT también formó parte de estas reformas al empezar a exigir sus derechos. El movimiento por los derechos de los homosexuales comenzó con lo que hoy se conoce como los disturbios de Stonewall. Después de que la policía hiciera una redada en un club llamado The Stonewall Inn en Greenwich Village, Nueva York, comenzó un motín en respuesta a la brutalidad que sufría la comunidad LGBT. Los disturbios iniciaron una reacción en cadena que alimentó las protestas durante la semana siguiente. En aquella época, las relaciones entre personas del mismo sexo eran ilegales en Nueva York. El activismo que siguió a la revuelta de Stonewall cambió la vida de las personas LGBT, que ya no tienen que sufrir la opresión legal de antes.

Preguntas para reflexionar

1. ¿Por qué cree que la sociedad cae en frenesíes conspirativos como el miedo a los rojos o el pánico satánico?
2. ¿Hasta dónde cree que deberían llegar los científicos a la hora de experimentar con la vida? ¿Deben trazarse líneas éticas?
3. ¿Cómo afecta la organización y la voluntad pública a la formulación de políticas gubernamentales?
4. ¿Cree que el culto a los famosos es bueno o malo para la sociedad? ¿Por qué lo cree?

Capítulo 9: Dilemas digitales: momentos extraños desde la era tecnológica hasta nuestros días (2000-Actualidad)

El siglo XXI ha traído consigo notables avances tecnológicos y una eficiente conectividad global. Desde la proliferación de los teléfonos inteligentes hasta el auge de las redes sociales y la aparición de la inteligencia artificial, este mundo ha experimentado una transformación digital como no se había visto en siglos anteriores. Sin duda, estas innovaciones han traído consigo comodidad, eficiencia y la promesa de un futuro mejor. Sin embargo, en medio de estos increíbles avances, también han surgido retos y rarezas que definen la era moderna.

Este capítulo le invita a navegar por este laberinto digital en constante evolución. Destaca las peculiaridades que han surgido en medio de los revolucionarios avances tecnológicos. En el viaje a través de estos momentos extraños y cautivadores, será testigo de la extraordinaria

El siglo XXI ha sido testigo de la aparición de la inteligencia artificial[22]

creatividad de la era digital y se enfrentará a los dilemas y rarezas que han surgido junto a los progresos sin precedentes. Así pues, prepárese para explorar lo inesperado en esta fascinante odisea a través de las maravillas digitales.

Preparando el terreno para el siglo XXI

El siglo XXI ha sido una época de avances tecnológicos sin precedentes. He aquí un resumen de algunos de los avances clave que han dado forma a esta era:

- **Rápidos avances en la comunicación:** La llegada de Internet, unida a la creación de los teléfonos inteligentes, conecta a las personas de todo el mundo como nunca antes. La comunicación se ha vuelto instantánea, lo que permite salvar distancias geográficas y compartir información a la velocidad de la luz.
- **La revolución de las redes sociales:** Las redes sociales como Facebook, Twitter, Instagram y TikTok han revolucionado la forma de interactuar y compartir la vida. Estas plataformas han creado un paisaje social virtual en el que las tendencias, las noticias y las opiniones se difunden rápidamente, influyendo en el discurso público y moldeando la cultura.
- **Inteligencia artificial (IA):** El auge de la IA ha transformado sectores que van desde la sanidad a las finanzas. En la actualidad, las tecnologías basadas en la IA lo dirigen todo, desde asistentes de voz como Siri y Alexa hasta autos autoconducidos y análisis predictivos. Estos avances prometen una mayor eficiencia y comodidad, pero también plantean cuestiones sobre la privacidad y la ética.
- **Auge del comercio electrónico:** Las compras en línea y los gigantes del comercio electrónico, como Amazon, han revolucionado la forma de comprar. La comodidad de pedir productos con un clic ha transformado el comercio minorista, pero también ha planteado preocupaciones sobre el impacto en las empresas locales y la explotación de los trabajadores en la economía.

89. Las peculiaridades en medio de los avances

Aunque el siglo XXI ha aportado innovaciones tecnológicas disruptivas, también ha introducido retos y rarezas peculiares:

- **La adicción digital:** Con la conectividad constante que ofrecen los teléfonos inteligentes y las redes sociales, muchas personas se enfrentan a la adicción digital. La compulsión por comprobar las notificaciones, desplazarse por las interminables historias y ver contenidos en línea de forma compulsiva ha suscitado preocupación por sus impactos en la salud mental y las relaciones reales.
- **Desinformación y noticias falsas:** La facilidad con la que se difunde la información en Internet ha dado lugar a la desinformación y las noticias falsas. Separar los hechos de la ficción se ha convertido en un reto diario que afecta al discurso público e incluso influye en las elecciones y las políticas públicas.
- **Preocupación por la privacidad:** A medida que ha avanzado la tecnología, también lo ha hecho la preocupación por la privacidad digital. La recopilación y monetización de datos personales por parte de las empresas tecnológicas ha suscitado debates sobre el derecho a la intimidad de las personas y la necesidad de una sólida normativa de protección de datos.
- **Aislamiento social:** Aunque la gente está más conectada que nunca en Internet, paradójicamente muchas personas experimentan aislamiento social en su vida física. El atractivo de las relaciones virtuales y las interacciones digitales reduce el compromiso social cara a cara.

- **Estrés inducido por la tecnología:** El bombardeo constante de información y la presión para mantenerse al día de las últimas tendencias y avances en el mundo de la tecnología han contribuido al estrés inducido por la tecnología. Este estrés puede manifestarse como ansiedad, FOMO (miedo a perderse algo, por sus siglas en inglés) o agotamiento.

90. Elon Musk y sus tuits: un fenómeno al descubierto

Elon Musk, el enigmático empresario y visionario detrás de empresas como Tesla, SpaceX y Neuralink, es un nombre que resuena en el mundo de la tecnología como ningún otro. Su influencia se extiende mucho más allá de las salas de juntas y los laboratorios y una de sus herramientas más potentes para dar forma a la narrativa es Twitter (ahora llamado X). Es hora de sumergirse en el fenómeno Elon Musk, explorar su impacto en la industria tecnológica y examinar cómo sus tuits se han convertido en poderosos catalizadores del cambio y la conversación.

Elon Musk es el visionario detrás de Tesla[23]

El fenómeno Elon Musk

La trayectoria de Elon Musk desde que cofundó Zip2 en los años 90 hasta convertirse en consejero delegado de varias empresas ha sido extraordinaria. Se le considera un pionero de los vehículos eléctricos, la exploración espacial y el futuro de la interacción con las computadoras. Su incesante búsqueda de innovación y sus audaces objetivos, como colonizar Marte, lo han convertido en un ícono de la era tecnológica.

Sin embargo, no son solo sus empresas innovadoras las que han cautivado la imaginación del público, sino también su capacidad para relacionarse con el mundo a través de Twitter. Los tuits de Musk son una mezcla única de anuncios, humor y una visión sin filtros de su mente. Su cuenta de Twitter, con millones de seguidores, se ha convertido en una ventana digital al mundo de un magnate de la tecnología moderna.

Tuitear los mercados

Los tuits de Elon Musk han trascendido las meras publicaciones en las redes sociales. Se han convertido en potentes impulsores de las dinámicas del mercado y la cultura de Internet. He aquí algunos casos concretos en los que sus tuits han causado olas en el mercado bursátil y han desencadenado fenómenos masivos en Internet:

1. **La montaña rusa del precio de las acciones de Tesla:** Los tuits de Musk sobre Tesla, su empresa de autos eléctricos, han tenido un impacto notable en el precio de sus acciones. En 2018, Musk tuiteó sobre llevar a Tesla a un mercado privado a 420 dólares por acción, lo que provocó que las acciones se dispararan. Este tuit también provocó investigaciones regulatorias y desafíos legales. Sus tuits sobre

la valoración y los objetivos de producción de Tesla siguen influyendo en el precio de las acciones.

2. **Tuits sobre criptomonedas:** Los tuits de Musk sobre criptomonedas como Bitcoin y Dogecoin han provocado importantes fluctuaciones en el mercado. Su apoyo a Bitcoin provocó una subida de su precio, mientras que sus críticas al impacto medioambiental hicieron que cayera en picada. Los tuits humorísticos de Musk sobre Dogecoin, creada originalmente como un meme, la impulsaron hasta convertirla en una criptodivisa con un importante número de seguidores.

3. **GameStop y el «*Gamestonk*»:** Durante el frenesí bursátil de GameStop, a principios de 2021, Musk tuiteó «¡¡¡*Gamestonk*!!!» junto con un enlace al foro WallStreetBets de Reddit. Este tuit llamó más la atención sobre la subida de las acciones impulsada por los inversores minoristas y popularizó aún más los memes de Internet en torno a la inversión en la bolsa, creando un encuentro único entre la cultura online y las finanzas.

La influencia de un tuit

Los tuits de Elon Musk van más allá de la dinámica del mercado y los memes. Tienen profundas implicaciones para el mundo de las finanzas, la cultura online y otros ámbitos:

1. **Volatilidad de los mercados:** La capacidad de Musk para mover los mercados con un solo tuit ha suscitado dudas sobre el papel de las redes sociales en el comercio de acciones. Los reguladores están cada vez más atentos a la posible manipulación de los precios de las acciones a través de plataformas en línea.

2. **Compromiso en línea:** La presencia de Musk en Twitter ha contribuido a una tendencia más amplia de personas influyentes que utilizan las redes sociales como un canal directo para interactuar con el público y dar forma a las narrativas. Este cambio desafía los canales de comunicación tradicionales y puede tener consecuencias de gran alcance.

3. **Responsabilidad corporativa:** Los tuits de Musk han puesto de relieve la compleja relación entre los líderes empresariales, sus declaraciones públicas y sus responsabilidades fiduciarias. Sus comentarios han provocado batallas legales y debates sobre los límites de la libertad de expresión de los CEO.

Los tuits de Elon Musk lo han transformado de titán tecnológico a fenómeno cultural. Su capacidad para cautivar audiencias, mover mercados e impulsar conversaciones a través de Twitter muestra la evolución del panorama de la comunicación en la era digital. Sus tuits han dejado una huella indeleble en el mundo de la tecnología, recordando a todos que en la era digital, incluso un tuit puede cambiar el curso de la historia.

91. El fenómeno del *Ice Bucket Challenge*: haciendo olas por la ELA (esclerosis lateral amiotrófica)

El *Ice Bucket Challenge* (Desafío del Cubo de Hielo) es un testimonio del increíble poder de las redes sociales para movilizar a la gente por causas benéficas. Se originó en el verano de 2014 y rápidamente se convirtió en una sensación viral, dejando una marca indeleble en el activismo en línea y las campañas benéficas.

Los orígenes del reto

El *Ice Bucket Challenge* tuvo un comienzo modesto. Lo inició Pete Frates, un antiguo jugador de béisbol del Boston College al que diagnosticaron ELA (esclerosis lateral amiotrófica) en 2012. Frates, junto a su familia y amigos, lanzó el reto en julio de 2014 para concienciar y recaudar fondos para la investigación y el apoyo de la ELA.

El reto era sencillo, pero atractivo. Se retaba a los participantes a verter un cubo de agua helada sobre sus cabezas y luego nominar a otros para que hicieran lo mismo o donaran dinero para la investigación de la ELA. La campaña pretendía simular las sensaciones que experimentan los enfermos de ELA, cuyos músculos se debilitan progresivamente y a menudo quedan paralizados.

El poder de la viralidad

Lo que siguió fue extraordinario. El reto del cubo de hielo se extendió rápidamente por las redes sociales. Famosos, deportistas, políticos y particulares se sumaron a la iniciativa, creando una oleada de participación. La viralidad del reto se vio impulsada por la posibilidad de compartirlo y el uso de etiquetas populares como *#IceBucketChallenge*.

La campaña alcanzó varios hitos clave:

- **Sensibilización:** Millones de personas de todo el mundo se familiarizaron con la ELA, una enfermedad relativamente poco conocida. El *Ice Bucket Challenge* puso de relieve la ELA y educó al público sobre sus devastadores efectos en personas y familias.
- **Donaciones:** La Asociación ALS informó de un aumento significativo de las donaciones, recaudando más de 115 millones de dólares solo durante el verano de 2014. Estos fondos se destinaron a investigación, atención a pacientes y campañas de concienciación pública.
- **Imitaciones en todo el mundo:** El éxito del *Ice Bucket Challenge* inspiró retos virales similares para diversas causas, demostrando el potencial de las redes sociales para impulsar el apoyo a iniciativas benéficas.

Legado y lecciones

El *Ice Bucket Challenge* dejó un legado duradero en el activismo en línea y las campañas benéficas. Su impacto puede resumirse en algunas lecciones clave:

- **Aprovechar la viralidad:** El reto demostró que una campaña bien diseñada y fácil de compartir aprovecha el poder de las redes sociales para impulsar la participación y el apoyo a una causa.

- **Concienciar:** El *Ice Bucket Challenge* demostró que la sensibilización es a menudo el primer paso para movilizar recursos para una causa. Puso la ELA en el mapa mundial y aumentó el conocimiento sobre la enfermedad.
- **Transparencia y rendición de cuentas:** Las organizaciones benéficas deben ser transparentes sobre el uso de las donaciones. El éxito del *Ice Bucket Challenge* puso de relieve la importancia de garantizar a los donantes que sus contribuciones marcan una diferencia tangible.

El *Ice Bucket Challenge* fue un momento revolucionario en el mundo del activismo en línea. Puso de manifiesto el inmenso potencial de las redes sociales para sensibilizar, recoger fondos e inspirar la participación mundial en causas benéficas. Aunque el reto en sí desapareció, su legado perdura como testimonio del increíble impacto que se puede lograr cuando el mundo digital se une por un bien común.

92. El misterio del creador de Bitcoin: el enigma de Satoshi Nakamoto

En el mundo de las criptomonedas, pocos nombres despiertan tanta intriga y fascinación como el de Satoshi Nakamoto. Nakamoto, una figura enigmática, es el cerebro de Bitcoin, la criptomoneda pionera que ha transformado el panorama de las finanzas digitales. Pero a pesar del inmenso impacto de Bitcoin, la verdadera identidad de Satoshi Nakamoto sigue siendo uno de los misterios de la era de Internet.

El nacimiento de la criptodivisa

La creación de Satoshi Nakamoto, Bitcoin, surgió en 2008 con la publicación de un libro blanco titulado *Bitcoin: A Peer-to-Peer Electronic Cash System* (*Bitcoin: un sistema electrónico igualitario de dinero en efectivo*). Con la ayuda de esta idea innovadora, se estableció una moneda digital descentralizada que funcionaba sin la ayuda de gobiernos o bancos. Nakamoto creó la tecnología *blockchain*, que permitía transacciones seguras y abiertas y puso en problemas a las instituciones financieras establecidas.

La importancia de Bitcoin va más allá del ámbito de las finanzas. Encendió un movimiento global que generó miles de criptomonedas alternativas y sentó las bases para la revolución más amplia del *blockchain*. La tecnología *blockchain* se aplicó a las cadenas de suministros, los sistemas de votación e incluso la verificación de obras de arte y objetos de colección.

La búsqueda de Satoshi

A pesar de las revolucionarias contribuciones de Nakamoto, sus creadores decidieron permanecer en el anonimato durante el desarrollo y la proliferación de Bitcoin. Su desaparición de la escena pública en 2011 no hizo sino aumentar el misterio. La búsqueda para desvelar la verdadera identidad de Satoshi Nakamoto se ha convertido en una búsqueda de leyenda.

Numerosas personas han sido sospechosas de ser Nakamoto, incluidos informáticos, criptógrafos e incluso multimillonarios recluidos. Sin embargo, todas las pistas han conducido a callejones sin salida y la identidad de Nakamoto se mantiene en secreto.

La búsqueda de Satoshi Nakamoto ha dado lugar a controversias, demandas y dilemas éticos. Algunos argumentan que revelar la identidad de Nakamoto podría comprometer su privacidad, mientras que otros creen que es esencial para la transparencia dentro del espacio de las criptodivisas. Es incierto si la verdadera identidad de Nakamoto se desvelará algún día, pero su legado en el mundo de las criptodivisas es innegable y ha dejado una marca indeleble en la era digital.

93. Tendencias virales y fenómenos cibernéticos: Del «*Gangnam Style*» a los memes

La era digital ha sido testigo de una explosión de tendencias virales y fenómenos cibernéticos que han reconfigurado la forma de consumir y crear contenidos. Estas tendencias, a menudo nacidas en Internet, tienen el poder de cautivar al público mundial, desafiar las normas sociales y redefinir las expresiones culturales.

El *Gangnam Style* y los vídeos musicales virales

En 2012, la sensación del pop surcoreano Psy lanzó al mundo el *Gangnam Style*, que se convirtió en una sensación de la noche a la mañana. Con su melodía pegadiza, sus extravagantes movimientos de baile y sus coloridos efectos visuales, el vídeo musical se convirtió rápidamente en el más visto de YouTube del momento. Su impacto no fue solo musical, sino también cultural, ya que introdujo a millones de personas en el K-pop y la cultura coreana.

La cultura de la selfi

La selfi ha conquistado el mundo[24]

El auge de los teléfonos inteligentes y las redes sociales trajo consigo la era de la cultura selfi. El simple acto de hacerse una foto a uno mismo se ha convertido en una forma de autoexpresión, documentación e incluso empoderamiento. Sin embargo, también ha planteado cuestiones sobre el narcisismo y la búsqueda de la perfección.

Desafíos a la realidad

Los juegos de realidad aumentada como *Pokémon Go* difuminaron las fronteras entre el mundo físico y el digital. Los jugadores se aventuraron en el mundo real para capturar criaturas virtuales, fomentando un sentimiento de exploración y comunidad. Este fenómeno puso de relieve el potencial de la tecnología para mejorar las experiencias físicas y animó a la gente a relacionarse con su entorno de nuevas maneras. Sin embargo, también suscitó preocupación por la privacidad y el comportamiento distraído.

El auge de los memes

Los memes de Internet se han convertido en una forma de folclore digital que influye en el humor, la comunicación y las referencias culturales. Desde «Novio distraído» a «Mujer gritando a un gato», los memes tienen una capacidad única para destilar ideas complejas en imágenes o vídeos fácilmente compartibles y relacionables. Los memes se han convertido en una forma de cultura participativa que permite crear y compartir colectivamente el humor en el ámbito digital.

Redes sociales y cultura *influencer*: de Facebook a las Kardashians

La llegada de las redes sociales ha transformado radicalmente la forma en que la gente se conecta, se comunica y consume contenidos. Ha dado lugar a una era en la que personas corrientes pueden convertirse en figuras influyentes y en la que las controversias, los problemas de privacidad y la cultura de la cancelación ocupan un lugar preponderante. A continuación, se profundiza en la evolución de las redes sociales y el auge de la cultura *influencer*.

94. El nacimiento de Facebook

Facebook fue creada en 2004 por Mark Zuckerberg y sus compañeros de universidad en un dormitorio de Harvard. Lo que comenzó como una plataforma para que los estudiantes universitarios se conectaran, evolucionó rápidamente hasta convertirse en una red social global. El meteórico ascenso de Facebook trajo consigo cuestiones relacionadas con la privacidad, la seguridad de los datos y su impacto en la sociedad. Las polémicas en torno a las filtraciones de datos y la desinformación la han convertido en un foco del escrutinio. A pesar de los desafíos, Facebook sigue siendo un actor importante en el panorama de las redes sociales, conectando a miles de millones de personas en todo el mundo.

Facebook nació en 2004 [25]

95. Las Kardashian y el imperio de los *influencers*

La familia Kardashian, impulsada al estrellato por su reality show *Keeping Up with the Kardashians*, se transformó en una fuerza cultural importante. Kim Kardashian y sus hermanas convirtieron su fama en un imperio de cosméticos, moda y publicidad. Su dominio de las redes sociales, con millones de seguidores cada una, difuminó los límites entre celebridad e *influencer*. El fenómeno Kardashian ejemplifica el poder de las redes sociales para elevar a personas al reconocimiento mundial y el éxito comercial que puede seguir.

96. La cultura de la cancelación

La cultura de la cancelación, un fenómeno que cobró importancia en la era digital, se trata de la vergüenza o el boicot rápido y público a personas, a menudo famosas o figuras públicas, por acciones o declaraciones que se perciben como ofensivas. Aunque la cultura de la cancelación sirve para responsabilizar a las personas por sus malas conductas, también suscita preocupación por su intervención en la libertad de expresión y por el potencial de las masas en línea para imponer algo a través del miedo y la intimidación. Los matices de la cultura de la cancelación, incluido su impacto en el crecimiento personal y la redención, siguen siendo objeto de debate.

El auge de la inteligencia artificial: transformar vidas y desafiar la ética

La inteligencia artificial (IA) dejó de ser ciencia ficción y se está convirtiendo en una parte fundamental de la vida cotidiana. Está revolucionando las industrias, mejorando la comodidad y planteando importantes cuestiones éticas. Es hora de explorar el impacto multifacético de la IA, desde su integración en las rutinas diarias hasta los dilemas éticos que presenta y la búsqueda de la inteligencia artificial general (IAG).

97. La IA en la vida cotidiana

La IA se ha integrado sin problemas en la vida cotidiana, a menudo sin que nos demos cuenta. Los hogares se han vuelto más receptivos y están más conectados con la ayuda de asistentes de voz como Alexa y Siri, que ofrecen información en tiempo real y control sobre aparatos inteligentes. Los algoritmos de recomendación de plataformas como Netflix y Spotify personalizan las opciones de entretenimiento, mejorando sus experiencias de visualización y escucha. Los *chatbots* basados en IA ayudan en la atención al cliente y la tecnología de reconocimiento facial acelera el desbloqueo de teléfonos inteligentes e incluso el control de pasaportes en los aeropuertos.

Dilemas éticos de la IA

A medida que la IA se vuelve más omnipresente, las preocupaciones éticas pasan a primer plano. Un problema acuciante es el sesgo algorítmico, en el que los sistemas de IA discriminan debido a la introducción de datos sesgados. Por ejemplo, un algoritmo sesgado puede reforzar información errónea en un proceso de redacción. Por otra parte, la posibilidad de que la IA automatice ciertas tareas y reemplace puestos de trabajo plantea preguntas sobre el desempleo y el valor de la mano de obra. Equilibrar los beneficios de la IA con estas preocupaciones éticas es un desafío continuo.

98. La búsqueda de la inteligencia artificial

Aunque los sistemas de IA actuales destacan en tareas específicas, alcanzar la inteligencia artificial general (IAG) sigue siendo un objetivo importante. La IAG se refiere a los sistemas de IA que poseen una inteligencia general similar a la humana, es decir, la capacidad de comprender, aprender y adaptarse a diversos ámbitos. Los investigadores persiguen activamente la IAG, imaginando un futuro en el que la IA pueda pensar, razonar y resolver problemas como los humanos.

El camino hacia la inteligencia artificial implica el desarrollo de modelos de aprendizaje profundo, aprendizaje por refuerzo y redes neuronales. Empresas como OpenAI y DeepMind están a la vanguardia de esta búsqueda, ampliando los límites de la investigación en IA. Aunque la inteligencia artificial promete avances notables, también plantea problemas éticos sobre las posibles implicaciones de crear máquinas con una inteligencia similar a la humana.

Tendencias virales y fenómenos cibernéticos: TikTok, memes y el metaverso

En la era digital, las tendencias virales y los fenómenos cibernéticos dan forma a las experiencias en línea y reflejan la rápida evolución del panorama de Internet. Desde el auge de TikTok a los memes y el concepto de metaverso, sumérjase en estas intrigantes facetas del mundo digital.

99. TikTok y la revolución de los videos cortos

TikTok marcó el comienzo de la revolución de los vídeos cortos. Esta plataforma, conocida por su interfaz fácil de usar y sus herramientas creativas, permite a los usuarios convertirse en creadores de contenidos y animadores. La magia algorítmica de TikTok garantiza que incluso los recién llegados puedan ser virales de la noche a la mañana, generando retos de baile, tendencias de sincronización labial y videos cómicos que resuenan entre el público mundial. La influencia de la plataforma va más allá de la pantalla e influye en la moda, la música e incluso la política. TikTok se ha convertido en una fuerza cultural, demostrando que un video corto puede tener un impacto duradero.

100. Memes y movimientos en línea

La subida de las acciones de GameStop a principios de 2021 fue un momento decisivo en el mundo de las finanzas. El foro WallStreetBets de Reddit, poblado por operadores aficionados, coordinó un frenesí de compras de acciones de una empresa que disparó el precio, desafiando las prácticas tradicionales de Wall Street. La saga de GameStop puso de relieve el poder de las comunidades de Internet para movilizarse y perturbar los sistemas establecidos. También suscitó debates sobre el potencial de los movimientos coordinados en línea para remodelar los mercados.

101. El metaverso y la realidad virtual

El concepto de metaverso ha cobrado fuerza y promete una nueva dimensión de la vida en línea. Prevé un universo virtual en el que los individuos pueden interactuar, trabajar, jugar y crear, difuminando las fronteras entre el mundo digital y el físico. Empresas como Meta (antes Facebook) están invirtiendo mucho en tecnologías de realidad virtual para construir el metaverso. Los mundos virtuales ya no se limitan a los juegos. Abarcan las interacciones sociales, la educación y el comercio. A medida que el metaverso evoluciona, incita a reimaginar las posibilidades de la existencia digital.

La era digital es un viaje continuo. Sin duda surgirán nuevas rarezas, retos y oportunidades. El ritmo de los avances tecnológicos no muestra signos de desaceleración y nuestra relación con el reino digital seguirá avanzando.

Preguntas para reflexionar

1. ¿Cómo lograr un equilibrio entre la conveniencia de la IA y las preocupaciones éticas que genera, como la privacidad y la parcialidad?

2. ¿Cómo las comunidades en línea pueden utilizar su poder colectivo para lograr un cambio positivo más allá del ámbito de los memes y los retos virales?

3. Al aventurarse en los mundos virtuales y el metaverso, ¿qué normas y directrices éticas deberían existir para proteger los derechos y la privacidad de los usuarios?

4. ¿Qué responsabilidades tienen las empresas tecnológicas a la hora de abordar cuestiones como la desinformación, el acoso en línea y las consecuencias imprevistas de sus plataformas?

5. ¿Cómo podría adaptarse la sociedad a la naturaleza cambiante del trabajo en una era en la que la automatización y la inteligencia artificial están transformando las industrias?

Estas preguntas invitan a contemplar las implicaciones de los dilemas digitales y a participar en debates reflexivos sobre cómo navegar por una era tecnológica en constante evolución.

Conclusión

La historia es un tapiz tejido con innumerables hilos y los hechos explorados en *101 momentos extraños de la historia de la humanidad* son solo un atisbo del vasto y peculiar paisaje del pasado. A medida que profundice en estas rarezas históricas, notará intrigantes conexiones e hilos que enlazan acontecimientos aparentemente aislados, revelando un significado histórico global.

Por ejemplo, considere los extraños relatos del Antiguo Egipto y las peculiares prácticas del Imperio romano. Aunque estas dos civilizaciones existieron en épocas y lugares diferentes, comparten un rasgo común: la fascinación por el más allá. En Egipto, la construcción de elaboradas tumbas, momias y complejos rituales funerarios reflejaban la creencia en el viaje eterno del alma. Del mismo modo, los romanos, con sus elaboradas prácticas funerarias y de honrar a los difuntos, estaban profundamente influidos por sus puntos de vista sobre el más allá. Al examinar estos momentos aparentemente inconexos, se descubre una búsqueda humana compartida para comprender lo que hay más allá de nuestra existencia mortal.

En este viaje a través de la historia, también sucede que ciertos temas reaparecen, como la innovación y la tecnología. Desde las maravillas a vapor de la Inglaterra victoriana hasta los extraños momentos de la era digital, hay un hilo conductor del ingenio humano que se extiende a lo largo de los siglos. Es un testimonio del inagotable deseo humano de mejorar e innovar, ya sea mediante máquinas de vapor o tecnología de punta.

Además, algunos de los momentos extraños de la historia revelan lecciones inesperadas. Por ejemplo, las proezas de la Edad de Piedra. Aunque puedan parecer extraños, estos primeros experimentos y técnicas de supervivencia sentaron las bases para el desarrollo de habilidades cruciales que marcaron el curso de la evolución humana. Estas acciones aparentemente extrañas eran, de hecho, parte del camino hacia el progreso.

En los peculiares rituales de la Edad de Piedra y en las maravillas tecnológicas del siglo XXI se encuentra la curiosidad, creatividad y adaptabilidad que recorre la historia de la humanidad. Estos momentos recuerdan que, independientemente de la época, los seres humanos siempre se han esforzado por dar sentido al mundo que les rodea. Está en la naturaleza humana traspasar los límites de lo posible y conectar a través de experiencias compartidas (independientemente de lo extrañas que puedan parecer).

En este sentido, *101 momentos extraños de la historia de la humanidad* no es solo una colección de historias, sino un reflejo de la humanidad compartida, un testimonio del perdurable espíritu de exploración que nos define como especie. Este libro es una invitación a embarcarse en exploraciones históricas, a descubrir historias ocultas y rarezas que aún no se han explorado a fondo.

Los momentos extraños no son incidentes aislados, sino piezas interconectadas del intrincado rompecabezas del pasado común. Ofrecen una visión de los aspectos extraños, extraordinarios y profundamente humanos de la historia. Y aunque haya explorado 101 de estos momentos, sepa que hay otros incontables. Al fin y al cabo, la historia es un viaje de descubrimiento sin fin.

Mira otro libro de la serie

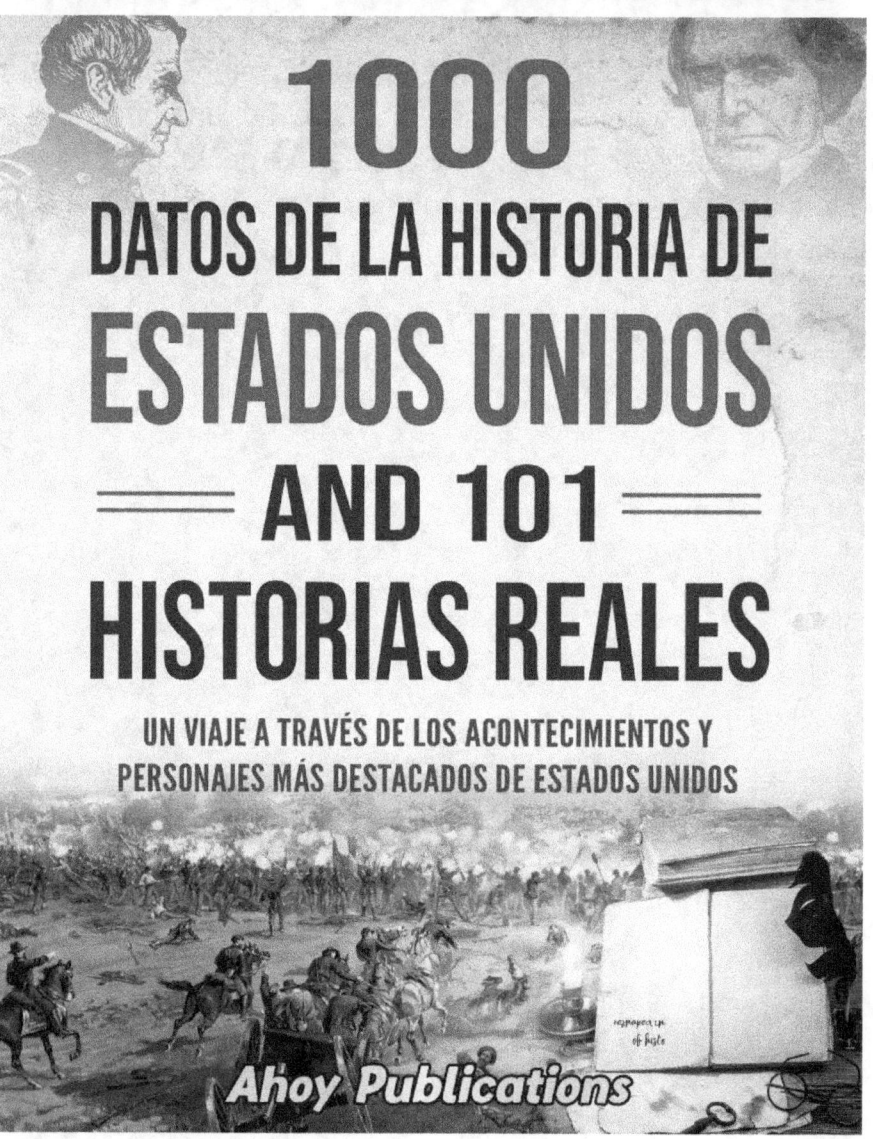

Fuentes y referencias adicionales

Primera Parte

1. «Hechos y resumen de la evolución humana - Especies homínidas». Encyclopedia Britannica Online Academic Edition, nov 2018, www.encyclopediabritannica.com/topic/human-evolution#ref83598

2. «Cómo el análisis de ADN está reescribiendo la historia de los primeros pobladores de Australia - BBC News». BBC, Feb 2017 https://www.bbc.com/news/world-australia-38904574

3. «Domesticación de los animales». History, history.com Staff, 2021, www.history.com/topics/prehistory/domestication-of-animals/

4. «Civilizaciones antiguas: Cronología y características». Enciclopedia de Historia Antigua, ancient.eu/civilization/

5. «Imperio romano: panorama de la República y el Imperio romano». Khan Academy, www.khanacademyorg/humanities/world-history/ancient-medieval1/roman-empire1/a/overview-of-the-roman-republic-and-empire

6. «Grecia antigua: Visión general del periodo griego clásico». Khan Academy., https://wwwkhanacademyorg/humanities/world-history/ancient-medieval1/greekclassical-period/-a//overview-of-classical-greek-period

7. «Civilización védica». Enciclopedia Británica. https://www.britannica.com/topic/Vedic-civilization

8. «Imperio asirio: visión general e historia» Khan Academy, https://wwwkhanacademyorg/humanities/world-history/ancientmedieval1/assyria-neo-assyrian-empire/a//overview-of-assyria-neo-assryian-empire

9. «Civilización nubia». Enciclopedia Británica, https://www.britannicacom/topic/Nubian-civilization

10. «China Antigua». Enciclopedia de Historia Antigua, https://www.ancienteu//china/

11. «Civilización maya». Enciclopedia Británica, https://www.britannica.com/topic/Maya-civilization

12. «Imperio inca». Enciclopedia Británica. https://www.britannica.com/topic/Inca-empire

13. «Aztecas». Encyclopedia Britannica. https://www.britannica.com/topic/Aztecs

14. «Mesopotamia». Enciclopedia Británica, https://www.britannica.com/place/Mesopotamia-ancient-region-Asia/Inventions#ref255748

15. Lehner, Mark y Gary Stickel eds., Las pirámides: Resolver los misterios antiguos (Londres: Thames & Hudson).

16. Drielen, Jelle Van y Marlies Heinen eds., 2000 BC: El libro de Bruce Trigger sobre las civilizaciones antiguas (Montreal: McGill-Queen's University Press)

17. «El antiguo Egipto: Una visión general». Enciclopedia de Historia Antigua, ancient.eu/Egypt/, 2020.

18. «La Edad de Bronce». History.com, A&E Television Networks, 2020, http://www.history.com/topics/pre-history/bronze-age.

19. «Antigua Grecia». Encyclopedia Britannica, Encyclopedia Britannica, Inc., https://www.britannica.com/place/ancient-Greece.

20. «Invasiones bárbaras». Encyclopedia Britannica Online Academic Edition/Enciclopedia Britannica Inc., 2019. www.britannica.com/event/barbarian-invasions#ref76591.

21. Gibbon, Edward. La decadencia y la caída del Imperio romano. Penguin Classics, 2000

22. Mackay Christopher S. Los mongoles en la historia del mundo. (Oxford University Press, 2011).

23. «Renacimiento». Encyclopedia Britannica, https://www.britannica.com/event/Renaissance-European-history

24. «La Revolución Científica». History.com, A&E Television Networks, 2010, www.history.com/topics/the-scientific-revolution

25. «Siglo de las Luces (1650-1800)». Encyclopedia Britannica Online Academic Edition, https://www.britannica/com/event/Age-of-Enlightenment-1650-1800#ref140967

26. Miller, John C., La guerra de la revolución: Una historia concreta de 1763 a 1783. (Nueva York: Oxford University Press, 2012).

27. Craig, Robert L. «La Revolución Industrial». Encyclopedia Britannica, Encyclopedia Britannica, Inc., 2015, www.britannica.com/event/Industrial-Revolution#ref2029816.

28. «Estadísticas y hechos de la guerra civil estadounidense». Servicio de Parques Nacionales, Departamento del Interior de Estados Unidos, https://www.nps.gov/civilwar/facts-and-figures-stats-on-the-american-.htm

29. Anderson, Jenny. «Primera Guerra Mundial (WW1): Causas y línea de tiempo». History Hit, 20 mar. 2020, www.historyhit.com/world-war-one/.

30. Gjelten, Tom. «El papel de la Revolución de Febrero en la historia de Rusia». NPR, NPR, 2017, www.npr.org/2017/03/08/519160968/the-role-of-the-february-revolution-in-russiashistory

31. Enciclopedia Británica. «La Gran Depresión». Encyclopedia Britannica, The Editors of Encyclopedia Britannica, 2021, www.britannica.com/event/Great-Depression.

32. «Datos de la Segunda Guerra Mundial: Cronología, causas y principales acontecimientos». History Hit, www.historyhit.com/world-war-two/

33. Brinkley, Alan y otros, eds. La nación indefinida: Una historia concreta del pueblo estadounidense (Nueva York: McGraw Hill Higher Education), 2017.

34. «Revolución cubana». Encyclopedia Britannica, https://www.britannica.com/event/Cuban-Revolution#ref188919

35. «Mijaíl Gorbachov». Britannica, The Editors of Encyclopedia Britannica, https://www.britannica.com/biography/Mikhail-Gorbachev.

Segunda Parte:

Tres hechos espeluznantes de la vida renacentista. (2015, 29 de abril). Inland 360. https://www.inland360.com/lewiston-moscow/3-horrifying-facts-of-renaissance-life/Content?oid=11374054

Breve historia de la Web. (s.f.). CERN. https://home.cern/science/computing/birth-web/short-history-web

Abeza, D. (2022, 30 de enero). 21 datos interesantes que debe conocer de la vida de Miguel Ángel. ATX Fine Arts. https://www.atxfinearts.com/blogs/news/michelangelo-facts

Adair, M. (2020, 19 de junio). Huesos en las iglesias, ¿de qué va eso? Michael el Canadiense. https://www.michaelthecanadian.com/blog/bones-in-churches-whats-that-about

África, H. (2019, 31 de mayo). El antiguo mito egipcio donde el dios Atum creó el universo masturbándose hasta eyacular. Hadithi Africa | Una plataforma para la narrativa africana; Hadithi Africa. https://hadithi.africa/the-ancient-egyptian-myth-where-the-god-atum-created-the-universe-by-masturbating-to-ejaculation/

Akenatón, Nefertiti y Atón: de muchos dioses a uno solo. (2019, 9 de febrero). ARCE. https://arce.org/resource/akhenaten-nefertiti-aten-many-gods-one/

Altmeyer, S. (s.f.). Revolución científica. Colby.Edu. https://web.colby.edu/st112a-fall18/2018/09/21/3761/#more-3761

Andrews, E. (2014, 4 de marzo). Diez datos que quizá no sepa sobre los gladiadores romanos. HISTORY. https://www.history.com/news/10-things-you-may-not-know-about-roman-gladiators

Andrews, E. (2015, 6 de marzo). Nueve cosas que quizá no sepa sobre Miguel Ángel. HISTORY. https://www.history.com/news/9-things-you-may-not-know-about-michelangelo

Arani, M. G., Fakharian, E., & Sarbandi, F. (2011). Antiguo legado de la cirugía craneal. Archives of Trauma Research, 1(2), 72-74. https://doi.org/10.5812/atr.6556

Arts, G. (s.f.). Cinco datos sorprendentes sobre Leonardo Da Vinci. Google Arts & Culture. https://artsandculture.google.com/story/5-surprising-facts-about-leonardo-da-vinci/WwUB-Ph6UEWmuA?hl=en

Autómatas en el Renacimiento - el Museo de Arte y Diseño Mecánico. (2016, 30 de junio). The Mechanical Art & Design Museum. https://themadmuseum.co.uk/history-of-automata/automata-through-the-renaissance/

Bahudodda, S. (s.f.). La revolución no tan científica. Colby.Edu. https://web.colby.edu/st112a-fall18/2018/09/19/scientific-revolution-3/#more-3742

BBC News. (2014, 14 de febrero). Diez extrañas historias de amor victorianas. BBC. https://www.bbc.com/news/magazine-26136764

Bio, M. (s.f.). Hieronymus Bosch. Thehistoryofart.org. https://www.thehistoryofart.org/hieronymus-bosch/

Pinturas de Bosch, Bio, Ideas. (s.f.). The Art Story. https://www.theartstory.org/artist/bosch-hieronymus/

Braun, A. (s.f.). El cazador de ratas de su majestad. Lapham's Quarterly. https://www.laphamsquarterly.org/roundtable/her-majestys-rat-catcher

Brigden, J. (sin fecha). El gran hedor: el insoportable verano londinense de 1858. Sky HISTORY TV Channel. https://www.history.co.uk/articles/the-great-stink-londons-unbearable-summer-of-1858

Burton, E. (2020, 9 de mayo). Akenatón: el olvidado pionero del ateísmo y el monoteísmo. TheCollector. https://www.thecollector.com/akhenaten-monotheism/

Carlton, G. (2019, 4 de enero). Los mitos y leyendas más espeluznantes del Antiguo Egipto. Ranker. https://www.ranker.com/list/creepy-myths-of-ancient-egypt/genevieve-carlton

Chandler, G. (2022, 15 de abril). Quince datos victorianos para niños. National Geographic Kids. https://www.natgeokids.com/uk/discover/history/general-history/victorian-facts/

Chao-Fong, L. (s.f.). Leonardo da Vinci: Diez datos que debe conocer. History Hit. https://www.historyhit.com/facts-you-might-not-know-about-leonardo-da-vinci/

Chavers, A. (2017, 21 de junio). 43 datos interesantes (y algunos francamente extraños) sobre los emperadores romanos. Medium. https://medium.com/@achavers23/43-interesting-and-some-downright-weird-facts-about-the-roman-emperors-654ce363fb7b

Chen, A. (2017, 6 de abril). ¿Bisonte o Brian? Desde el punto de vista calórico, el canibalismo no era rentable para los humanos. NPR. https://www.npr.org/sections/thesalt/2017/04/06/522880018/what-s-the-dietary-value-of-a-human

Daley, J. (2017, 11 de abril). Empastes de 13.000 años de antigüedad fueron «perforados» con piedra y rellenados con alquitrán. Smithsonian Magazine. https://www.smithsonianmag.com/smart-news/researchers-find-filling-made-stone-age-dentist-180962845/

Devdiscourse News Desk. (2023, 1 de febrero). El auge de la inteligencia artificial: Navegar el futuro con la IA. Devdiscourse. https://www.devdiscourse.com/article/technology/2338982-the-rise-of-artificial-intelligence-navigating-the-future-with-ai

¿Realmente tocó Nerón mientras ardía Roma? (2012, 20 de noviembre). HISTORY. https://www.history.com/news/did-nero-really-fiddle-while-rome-burned

Dow, K. (2019). Dentro de la probeta: El nacimiento de la FIV en la televisión británica. Medical History, 63(2), 189-208. https://doi.org/10.1017/mdh.2019.6

Duffy, C. (2023, 27 de abril). Cómo Elon Musk revolucionó Twitter y su propia reputación en seis meses como CEO. CNN. https://www.cnn.com/2023/04/27/tech/elon-musk-twitter-six-months/index.html

Frater, J. (2016, 21 de junio). Diez datos fascinantes sobre las vírgenes vestales de Roma. Listverse. https://listverse.com/2016/06/21/10-fascinating-facts-about-romes-vestal-virgins/

Datos curiosos sobre Miguel Ángel. (2023, 15 de febrero). The Art Post Blog | Blog italiano de arte y artistas. https://www.theartpostblog.com/en/fun-facts-about-michelangelo/

Jorge IV. (2018, 18 de octubre). Historic UK. https://www.historic-uk.com/HistoryUK/HistoryofBritain/George-IV/

Goodman, L. M. (s.f.). ¿Quién es el misterioso creador de Bitcoin, Satoshi Nakamoto? Cointelegraph. https://cointelegraph.com/learn/who-is-satoshi-nakamoto-the-creator-of-bitcoin

Gualano, M. R., Bert, F., Gili, R., Andriolo, V., Scaioli, G., & Siliquini, R. (2015). El «*Ice Bucket Challenge*»: el maravilloso impacto de las redes sociales para promover intervenciones de salud pública. Igiene e Sanita Pubblica, 71(4). https://pubmed.ncbi.nlm.nih.gov/26519744/

Hamilton, J. (2021, 20 de octubre). El ojo de Ra: el significado y el simbolismo de este ícono del Antiguo Egipto. MythBank. https://mythbank.com/eye-of-ra/

Handwerk, B. (2020, 2 de abril). En un hallazgo sin precedentes, tres tipos de humanos primitivos convivían en Sudáfrica. Smithsonian Magazine. https://www.smithsonianmag.com/science-nature/homo-erectus-australopithecus-saranthropus-south-africa-180974571/

Hapsara, I. V. W. (1596197154000). Contenidos virales, ciberacoso y el fenómeno de las multitudes. Linkedin.com. https://www.linkedin.com/pulse/viral-contents-cyberbullying-crowds-phenomenon-ignatius-vito

Harmes, M. (2022, 7 de junio). ¿Por qué la gente comía momias egipcias? Las extrañas y salvajes formas en que la fiebre de las momias arrasó Europa. The Conversation. http://theconversation.com/why-did-people-start-eating-egyptian-mummies-the-weird-and-wild-ways-mummy-fever-swept-through-europe-177551

He, A. (2022, 27 de julio). Remedios polarizantes, curas atractivas: Magnetismo animal, mesmerismo y tratamiento mente-materia. Biblioteca Médica Becker. https://becker.wustl.edu/news/polarizing-remedies-attractive-cures-animal-magnetism-mesmerism-and-mind-over-matter-treatments/

Historia del patrimonio. (s.f.). Heritage-history.com. https://www.heritage-history.com/index.php?c=read&author=macgregor&book=rome&story=geese

Historia de la Web - Fundación World Wide Web. (2009, 18 de octubre). World Wide Web Foundation - Founded by Tim Berners-Lee, Inventor de la Web, the World Wide Web Foundation Empowers People to Bring about Positive Change; World Wide Web Foundation. https://webfoundation.org/about/vision/history-of-the-web/

Hoffenberg, R. (2001). Christiaan Barnard: Sus primeros trasplantes y su impacto en el concepto de la muerte. BMJ: British Medical Journal, 323(7327), 1478-1480. https://doi.org/10.1136/bmj.323.7327.1478

Hughes, D. (2018, 25 de junio). El fenómeno del *Ice Cube Challenge* de la ELA. Digital Marketing Institute. https://digitalmarketinginstitute.com/blog/viral-marketing-the-als-ice-bucket-challenge

Fecundación in vitro (FIV). (2023, 1 de septiembre). Mayoclinic.org. https://www.mayoclinic.org/tests-procedures/in-vitro-fertilization/about/pac-20384716

Johnson, S. (2017, 19 de julio). El rey Jorge IV y la señora Fitzherbert. Downside Abbey. https://www.downsideabbey.co.uk/george-iv-mrs-fitzherbert/

Kashgar. (s.f.). Los grafitis de Pompeya y Herculano. Kashgar. https://kashgar.com.au/blogs/history/the-bawdy-graffiti-of-pompeii-and-herculaneu

Katdevitt, P. (2020, 31 de agosto). Morada del Amor: Hogar de un descabellado culto sexual victoriano. Kat Devitt. https://katdevitt.com/2020/08/31/abode-of-love-home-to-a-wacky-victorian-sex-cult/

Kelly, D. B. (2017, 14 de septiembre). Cosas desastrosas que ocurrieron de verdad en la Edad Media. Grunge. https://www.grunge.com/86007/messed-things-actually-happened-middle-ages/

Kelly, D. B. (2018, 10 de agosto). Cosas locas que ocurrieron en la época victoriana. Grunge. https://www.grunge.com/130940/victorian-era-messed-up-history/

Klein, C. (2022, 12 de agosto). Ocho datos fascinantes sobre la antigua medicina romana. HISTORY. https://www.history.com/news/ancient-roman-medicine-galen

LaFrance, A. (2016, 29 de marzo). Los grafitis de Pompeya. Atlantic Monthly (Boston, Mass.: 1993). https://www.theatlantic.com/technology/archive/2016/03/adrienne-was-here/475719/

Leakey, L. (2018, 12 de enero). La Edad de Piedra. HISTORY. https://www.history.com/topics/pre-history/stone-age

Leatherdale, D. (2019, 9 de febrero). Juicio por ordalía: Cuando el fuego y el agua determinan la culpabilidad. BBC. https://www.bbc.com/news/uk-45799443

Lesso, R. (2022, 1 de marzo). ¿Por qué empezó el Renacimiento en Italia? TheCollector. https://www.thecollector.com/why-did-the-renaissance-start-in-italy/

Lillywhite, M. (2023, 5 de febrero). Cinco cosas extrañas que era comunes en la Antigua Roma. Lessons from History. https://medium.com/lessons-from-history/5-weird-things-that-were-normal-in-ancient-rome-18267a70442f

Long, T. (2008, 4 de enero). 4 de enero de 1903: Edison electrocuta un elefante para probar que tiene razón. Wired. https://www.wired.com/2008/01/dayintech-0104/

Mann, E. (2016, 4 de abril). Historias de ciudades #14: El gran hedor de Londres anuncia una maravilla del mundo industrial. The Guardian.

https://www.theguardian.com/cities/2016/apr/04/story-cities-14-london-great-stink-river-thames-joseph-bazalgette-sewage-system

Margaritoff, M. (2023, 22 de abril). La reina Nefertiti era una poderosa soberana del Antiguo Egipto, hasta que desapareció misteriosamente. Todo lo que es interesante. https://allthatsinteresting.com/nefertiti

Mark, J. J. (2014). Nefertiti. Enciclopedia de Historia Mundial. https://www.worldhistory.org/Nefertiti/

Mark, J. J. (2018). Imperio romano. Enciclopedia de Historia Mundial. https://www.worldhistory.org/Roman_Empire/

Metta, S., Madhavan, N., & Krishnamoorthy Narayanan, K. (2022). El poder de 280: Medición del impacto de los tuits de Elon Musk en la Bolsa. Ushus Journal of Business Management, 21(1), 17-43. https://doi.org/10.12725/ujbm.58.2

Meyer, I. (2021, 31 de agosto). Datos de Miguel Ángel - Doce cosas que debe saber sobre Miguel Ángel. Artincontext.org; artincontext. https://artincontext.org/michelangelo-facts/

Mitchell, R. (2022, 27 de noviembre). Diez datos sorprendentes sobre los antiguos romanos. Ancient Origins. https://www.ancient-origins.net/history-ancient-traditions/shocking-roman-facts-0017584

Mitchell, R. (2022, 13 de septiembre). Divorcio medieval por combate: Garantía de 'hasta que la muerte nos separe'. Ancient Origins Reconstructing the Story of Humanity's Past; Ancient Origins. https://www.ancient-origins.net/history-ancient-traditions/divorce-combat-0017263

Expresiones moleculares: Ciencia, óptica y usted - Línea de tiempo - Zacharias Janssen. (s.f.). Fsu.Edu. https://micro.magnet.fsu.edu/optics/timeline/people/janssen.html

Mussio, G. (2015, 8 de julio). Ocho datos interesantes sobre Miguel Ángel que lo sorprenderán. Walksofitaly.com. https://www.walksofitaly.com/blog/art-culture/interesting-facts-about-michelangelo

Nix, E. (2016, 21 de junio). ¿Hizo Calígula cónsul a su caballo? HISTORIA. https://www.history.com/news/did-caligula-really-make-his-horse-a-consul

O'Carroll, S. (2013, 16 de febrero). La historia del experimento del perro de dos cabezas. The Journal.Ie. https://www.thejournal.ie/two-headed-dogs-794157-Feb2013/

Osiris. (s.f.). Cliffsnotes.com. https://www.cliffsnotes.com/literature/m/mythology/summary-and-analysis-egyptian-mythology/osiris

Parshina-Kottas, Y., Singhvi, A., Burch, A. D. S., Griggs, T., Gröndahl, M., Huang, L., Wallace, T., White, J., & Williams, J. (2021, 24 de mayo). Lo que la masacre racial de Tulsa de 1921 destruyó. The New York Times. https://www.nytimes.com/interactive/2021/05/24/us/tulsa-race-massacre.html

Pepi II y el enano. (2014, 17 de junio). Descubriendo el Antiguo Egipto.
https://discoveringegypt.com/ancient-egyptian-kings-queens/pepi-ii-and-the-dwarf/

El miedo a los rojos. (2010, 1 de junio). HISTORIA.
https://www.history.com/topics/cold-war/red-scare

Reilly, L. (2019, 13 de enero). Cuando la reina Victoria empleó a un cazador de ratas oficial. Mental Floss. https://www.mentalfloss.com/article/91629/queen-victoria-employed-official-rat-catcher

Romano, A. (2021, 31 de marzo). La larga historia del pánico satánico (y por qué nunca terminó realmente). Vox. https://www.vox.com/culture/22358153/satanic-panic-ritual-abuse-history-conspiracy-theories-explained

Schiffer, Z., Newton, C., & Heath, A. (2023, 17 de enero). Dentro del Twitter extremadamente pesado de Elon Musk. The Verge.
https://www.theverge.com/23551060/elon-musk-twitter-takeover-layoffs-workplace-salute-emoji

Avances científicos de la Ilustración que cambiaron el mundo. (sin fecha). IMNOVATION. https://www.imnovation-hub.com/society/scientific-breakthroughs-enlightenment/

Reflexiones serenas. (s.f.). Blogspot.com. http://serene-musings.blogspot.com/2010/10/boy-king-governor-and-dwarf.html

Simon, M. (2014, 24 de septiembre). Fantásticamente equivocado: la demencial historia europea de juzgar y ejecutar animales. Wired.
https://www.wired.com/2014/09/fantastically-wrong-europes-insane-history-putting-animals-trial-executing/

Sonia, P. (s.f.). Diez cosas locas que hicieron los romanos. The Day Creek Howl.
https://daycreekhowl.org/3765/arts-entertainment/10-crazy-things-the-ancient-romans-actually-did/

Stańska, Z. (2023a, 15 de abril). Onces cosas que debe saber sobre Leonardo da Vinci. DailyArt Magazine. https://www.dailyartmagazine.com/11-things-you-might-not-know-about-leonardo-da-vinci/

Stańska, Z. (2023b, 13 de agosto). 10 datos que no sabía sobre Miguel Ángel. DailyArt Magazine. https://www.dailyartmagazine.com/facts-didnt-know-michelangelo/

Stewart, J. (2022, 14 de febrero). Catorce datos sobre la increíble vida de Leonardo da Vinci. My Modern Met. https://mymodernmet.com/leonardo-da-vinci-facts/

Disturbios de Stonewall. (2017, 31 de mayo). HISTORIA.
https://www.history.com/topics/gay-rights/the-stonewall-riots

La creación. (s.f.). Cliffsnotes.com.
https://www.cliffsnotes.com/literature/m/mythology/summary-and-analysis-egyptian-mythology/the-creation

El gran hedor: una solución victoriana al problema de los residuos de Londres. (s.f.). Org.uk. https://historicengland.org.uk/images-books/archive/collections/photographs/the-great-stink/

La vida de Dolly. (s.f.). Ed.ac.uk.

La vida de los gladiadores en Roma. (s.f.). Omnia Roma y Paso del Vaticano. https://romeandvaticanpass.com/en-us/blog/the-life-of-gladiators-in-rome

El misterio del hombre desconocido E - Archaeology Magazine Archive. (s.f.). Archaeology.org. https://archive.archaeology.org/0603/abstracts/mysteryman.html

El auge de la Beatlemanía. (2022, 19 de noviembre). Museo de Cultura Joven. https://museumofyouthculture.com/beatlemania/

Este mes en arqueología: Tres tipos diferentes de humanos primitivos convivían en Sudáfrica. (sin fecha). Museo Australiano. https://australian.museum/blog/amri-news/three-different-early-humans-coexisted-in-south-africa/

TIMESOFINDIA.COM. (2022, 5 de abril). Cinco veces en que Elon Musk Cambió las reglas a través de un tuit. Times Of India. https://timesofindia.indiatimes.com/business/international-business/five-times-elon-musk-changed-the-rules-with-his-tweets/articleshow/90668461.cms

Los principales misterios sin resolver del Antiguo Egipto. (2023, 19 de enero). Egypt Tours Portal. https://www.egypttoursportal.com/blog/ancient-egyptian-civilization/top-unsolved-mysteries-of-ancient-egypt/

Turtle, M. (2017, 15 de mayo). Visitando el osario de Sedlec: ¡la iglesia de los huesos de Kutna Hora! (2023). Time Travel Turtle. https://www.timetravelturtle.com/czech-republic/sedlec-ossuary-kutna-hora/

Vargas, C. (2018, 4 de enero). Dieciséis datos fascinantes sobre la reina Victoria. Town & Country. https://www.townandcountrymag.com/society/tradition/a14510744/queen-victoria-facts/

Protestas por la guerra de Vietnam. (2010, 22 de febrero). HISTORY. https://www.history.com/topics/vietnam-war/vietnam-war-protests

Waxman, O. B. (2019, 4 de enero). Amelia Earhart fue declarada muerta hace ochenta años. Esto es lo que hay que saber sobre lo que le ocurrió. Time. https://time.com/5486999/amelia-earhart-disappearance-theories/

Weber, G. W., Lukeneder, A., Harzhauser, M., Mitteroecker, P., Wurm, L., Hollaus, L.-M., Kainz, S., Haack, F., Antl-Weiser, W., & Kern, A. (2022). La microestructura y el origen de la Venus de Willendorf. Scientific Reports, 12(1), 1-10. https://doi.org/10.1038/s41598-022-06799-z

White, F. (2019, 23 de septiembre). Doce extrañas costumbres medievales. Livescience.Com; Live Science. https://www.livescience.com/12-bizarre-medieval-trends.html

Por qué Thomas Edison y Nikola Tesla se enfrentaron en la llamada batalla de las corrientes. (2021, 13 de mayo). Biografía. https://www.biography.com/inventors/thomas-edison-nikola-tesla-feud

Wilford, J. N. (2009, 24 de junio). Las flautas ofrecen pistas sobre la música de la Edad de Piedra. The New York Times. https://www.nytimes.com/2009/06/25/science/25flute.html

Wong, H. (2019, 20 de septiembre). Los secretos de las víctimas del Vesubio. Pompeii Tours. https://www.pompeiitours.it/blog/the-secrets-of-the-victims-of-mount-vesuvius/

Young, L. J. (2018, 6 de febrero). La verdadera revolución científica detrás de «Frankenstein». Science Friday. https://www.sciencefriday.com/articles/real-scientific-revolution-behind-frankenstein/

Zarevich, E. (2022, 13 de diciembre). La Corte del Amor de Leonor de Aquitania. JSTOR Daily. https://daily.jstor.org/eleanor-of-aquitaines-court-of-love/

Fuentes de imágenes

[1] *Robert Begouën, CC BY 4.0* https://creativecommons.org/licenses/by/4.0, *vía Wikimedia Commons:* https://commons.wikimedia.org/wiki/File:Engraving_of_a_presumed_hydruntine_in_the_cave_%E2%80%9CLes_Trois_Fr%C3%A8res%E2%80%9D.jpg

[2] *Gary Todd, CC0, vía Wikimedia Commons:* https://commons.wikimedia.org/wiki/File:Early_Peiligang_Culture_Bone_Flute,_Wuyang.jpg

[3] *Probablemente Hamish2k, el primero en subirla, CC BY-SA 3.0* http://creativecommons.org/licenses/by-sa/3.0/, *vía Wikimedia Commons:* https://commons.wikimedia.org/wiki/File:Egypt.Giza.Sphinx.02_(cropped).jpg

[4] *Arkadiy Etumyan, CC BY-SA 3.0* http://creativecommons.org/licenses/by-sa/3.0/, *vía Wikimedia Commons:* https://commons.wikimedia.org/wiki/File:Nefertiti_30-01-2006.jpg

[5] https://commons.wikimedia.org/wiki/File:Coffin_fragment_with_Nut_and_Anubis,_view_2,_Egypt,_stuccoed_and_painted_wood,_perhaps_100_BC_to_100_AD,_A_1314_-_Martin_von_Wagner_Museum_-_W%C3%BCrzburg,_Germany_-_DSC05318.jpg

[6] *User: Historicair um15:17, 13 de agosto de 2007 (UTC), CC BY-SA 3.0* http://creativecommons.org/licenses/by-sa/3.0/, *vía Wikimedia Commons:* https://commons.wikimedia.org/wiki/File:Map_of_the_Ancient_Rome_at_Caesar_time_(with_conquests)-fr.svg

[7] *Jebulon, CC0, vía Wikimedia Commons:* https://commons.wikimedia.org/wiki/File:Temple_of_Jupiter_side_view_Pompeii.jpg

[8] *Sergey Sosnovskiy de San Petersburgo, Rusia, CC BY-SA 2.0* https://creativecommons.org/licenses/by-sa/2.0, *vía Wikimedia Commons:* https://commons.wikimedia.org/wiki/File:Caligula.Carlsberg_Glyptotek.(cropped).jpg

[9] *O.Mustafin, CC0, vía Wikimedia Commons:* https://commons.wikimedia.org/wiki/File:Mithridates_VI.jpg

[10] https://commons.wikimedia.org/wiki/File:Jean_Fouquet-_Portrait_of_the_Ferrara_Court_Jester_Gonella.JPG

[11] *Biblioteca Municipal de Trento, CC0, vía Wikimedia Commons:* https://commons.wikimedia.org/wiki/File:Formosus._Papa_Formoso.jpg

[12] https://commons.wikimedia.org/wiki/File:Michelangelo_Daniele_da_Volterra_(dettaglio).jpg

[13] *Ff38492, CC BY 4.0* https://creativecommons.org/licenses/by/4.0, *vía Wikimedia Commons:* https://commons.wikimedia.org/wiki/File:High_Definition_Sistine_Chapel,_Modified.jpg

[14] https://commons.wikimedia.org/wiki/File:Sir_John_Frederick_William_Herschel._Mezzotint_by_W._Ward,_1_Wellcome_V0002717_(cropped)-34-(brightness).jpg

[15] https://commons.wikimedia.org/wiki/File:Galileo.arp.300pix.jpg

[16] https://commons.wikimedia.org/wiki/File:Queen_Victoria_-_Winterhalter_1859.jpg

[17] https://commons.wikimedia.org/wiki/File:Victorian_era_post-mortem_family_portrait_of_parents_with_their_deceased_daughter.jpg

[18] https://commons.wikimedia.org/wiki/File:George_IV_bust1.jpg

[19] https://commons.wikimedia.org/wiki/File:Tesla_Sarony.jpg

[20] *Toni Barros de São Paulo, Brasil, CC BY-SA 2.0* https://creativecommons.org/licenses/by-sa/2.0, *vía Wikimedia Commons:* https://commons.wikimedia.org/wiki/File:Dolly_face_closeup.jpg

[21] *The Tribune / SEARCH Foundation, CC BY 4.0* https://creativecommons.org/licenses/by/4.0, *vía Wikimedia Commons:* https://commons.wikimedia.org/wiki/File:Anti-Vietnam_War_protest_March_from_U.S._Consulate_7_Wynyard_Street_to_Hyde_Park,_Sydney,_NSW_09.jpg

[22] https://unsplash.com/photos/white-and-brown-human-robot-illustration-YKW0JjP7rlU?utm_content=creditShareLink&utm_medium=referral&utm_source=unsplash

[23] *https://commons.wikimedia.org/wiki/File:Elon_Musk_Colorado_2022_(cropped2).jpg*

[24] *https://www.pexels.com/photo/happy-multiethnic-friends-taking-selfie-in-street-6141099/*

[25] *https://commons.wikimedia.org/wiki/File:Facebook_f_logo_(2019).svg*